U0023759

思想觀念的帶動者
文化現象的觀察者
本土經驗的整理者
生命故事的關懷者

心靈工坊 |PsyGarden|

Holistic

探索身體，追求智性，呼喊靈性
攀向更高遠的意義與價值
是幸福，是恩典，更是內在心靈的基本需求
企求穿越回歸真我的旅程

兩種上帝

我們該信什麼，該怎麼活？
心理學家佛洛伊德與文學家路易斯的終極辯論

THE QUESTION OF GOD

C. S. Lewis and Sigmund Freud Debate God,
Love, Sex, and the Meaning of Life

阿曼德·尼科利（DR. ARMAND M. NICHOLI, JR.）／著

鄧伯宸／譯

目錄 ◐

【推薦序一】 一個能與自己和解的人,也是與神取得
　　　　　　和解的人/ 鐘穎 ･･････････････････ vi

【推薦序二】 關於神,你怎麼説?/ 蔡怡佳 ･･････ xi

前言 ････････････････････････････････ 001

【第一部】 我們應該相信什麼? ───

一、兩位主角:佛洛伊德與路易斯的生平　　012

二、造物者:有超宇宙的智慧存在嗎?　　036

三、良知:有普世的道德法則嗎?　　059

四、大轉變:哪一條道路通往真實?　　079

【第二部】 我們應該怎麼活? ───

五、快樂:人生的至樂來自何處?　　102

六、性:追求享樂是唯一目的?　　132

七、愛:一切的愛皆為性的昇華?　　166

八、苦：人生之苦如何開解？　　　　　194

九、死亡：生命唯一的終結？　　　　　225

後記 ‧‧‧‧‧‧‧‧‧‧‧‧‧‧‧‧‧‧‧‧‧‧‧‧‧‧‧‧‧ 251

附註 ‧‧‧‧‧‧‧‧‧‧‧‧‧‧‧‧‧‧‧‧‧‧‧‧‧‧‧‧‧ 257

參考書目 ‧‧‧‧‧‧‧‧‧‧‧‧‧‧‧‧‧‧‧‧‧‧‧ 283

致謝 ‧‧‧‧‧‧‧‧‧‧‧‧‧‧‧‧‧‧‧‧‧‧‧‧‧‧‧‧‧ 288

索引 ‧‧‧‧‧‧‧‧‧‧‧‧‧‧‧‧‧‧‧‧‧‧‧‧‧‧‧‧‧ 290

一個能與自己和解的人，
也是與神取得和解的人

鐘穎（心理學作家、愛智者書窩版主）

　　我們有百千種不同的生命哲學，有千萬種不同的生活方式，如果要用一個比較簡便的劃分法來做區分，或許可以這麼說：有信仰的，跟沒有信仰的。

　　心理學研究告訴我們，有信仰的人比較快樂。但在這個傳統宗教破敗的時代，多數人對信仰變得不置可否。但這並不意味著信仰正從我們身旁消失，剛好相反，對信仰的需求從未消失，它所意味的，是我們必須努力，才能找到真正的信仰。

　　佛洛伊德便是那個在信仰中苦尋不得，從而憂鬱且常感絕望的代表人物。而 C·S·路易斯則反是，他早年雖然也否定信仰，但最後他卻找到了上帝，信仰因此讓他改頭換面，從類似佛洛伊德那樣的憂鬱狀態中成為自在而安樂的人。

　　這本書所探討的正是這兩種不同的態度在人生不同面向所反映出來的差異。

我在這裡一直避免使用無神論與有神論這樣的詞彙，爲什麼？因爲多數讀者可能不清楚，我們現在所熟知的宗教，在其草創之初，其創教者與教徒也都曾被攻擊爲不信神的無神論者。

　　佛陀、耶穌、與穆罕默德都是如此。佛教說一切無常，既沒有不滅的靈魂，自然也沒有不死的鬼神。世間萬物都是因緣結合所生，六道衆生（包含神鬼）都在輪迴，成神根本不是修行者的目標。基督教與伊斯蘭教致力於撲滅偶像崇拜，前者對聖人崇拜與天使崇拜時允時禁，後者的宇宙觀裡除了阿拉外，更無其他鬼神（而用精靈來替代），這使穆罕默德創教之初相當艱難。

　　在他們倡議改革的年代，同樣受到當地的傳統宗教抨擊爲無神論者。再想想蘇格拉底的罪名：不信神。想想孔子的名言：「未能事人，焉能事鬼？」其背後所反映的，其實都是軸心時代全新的人文精神。

　　但兩千年後，他們當時的「無神言論」卻重新成爲了教條，再次受到了大衆的反感與批判。因此人們眞正厭惡的究竟是信仰，還是教條呢？

　　作爲佛洛伊德曾經最器重的學生，榮格這麼評論他的老師，他認爲佛洛伊德一直是理性、開放的人，但只要談到性，他就會臉色大變，不准任何人提出反對意見。言下之意，佛洛伊德並非沒有信仰，性就是他的信仰。他一直念茲在茲的，是使精神分析成爲抵禦神祕主義（佛洛伊德將其稱爲黑色浪潮）

的堡壘。

　　有趣的是，佛洛伊德想要守護什麼？精神分析想要取代什麼？知名的心理學家佛洛姆在《佛洛伊德的使命》一書中這麼評論：這位心理學的摩西想要創立的不只是一門新科學，而是一門新教派。反對基督教的他卻經常以摩西自況，這不是很令人玩味的現象嗎？

　　讓我們再次回頭思考這個問題：究竟人們需不需要信仰？一個沒有信仰的人要如何挺過生命各種現實的要求，或者說，抵禦來自死亡與意義感的鐵拳呢？

　　這本書，詳細討論了兩位思想家對性、愛、苦難、死亡、宗教、與生命的觀點。一個找到信仰的人，和一個自稱沒有信仰的人。而他們同樣值得尊敬。

　　在你往下翻這本書之前，我想跟你分享一段往事，那是一次我和存在心理治療大師歐文·亞隆的簡短對話，他就是一個標準的無神論者。他並不反對宗教，但他並不相信有超越人類的存在。

　　歐文·亞隆這幾年歷經了幾位重要親人的離世，我曾詢問他，他對宗教的觀點是否有所改變？他斬釘截鐵地回答我：沒有。

　　我祝賀他的勇敢，但我明白，這樣的勇敢並不適合每個人。榮格認為，信仰的需求是人的基本需求。無論我們是否接受，都應思考我們在對抗什麼，又想從中獲得什麼？

　　盲目地投入信仰是不對的，因為那經常反映了我們的膽

怯和囫圇吞棗的思考習慣。但堅決地否認這個需求也很值得懷疑，這本書裡羅列了佛洛伊德的各種信件與著作，當中清楚可見他的猶豫與痛苦。

一個能與自己和解的人，也是與神取得和解的人。

且不論這個「神」指的是誰，有什麼名字，在內還是在外？這些形上學的問題先不討論，我們只談經驗。誰不曾對滿天的星空感到敬畏，不曾在親友的葬禮感到焦慮？人對自己的反思，對個人有限性的反思，促使我們追求那終極不變的東西。

你可以像哲學家邊沁那樣，在保守的年代將自己的遺體捐給任教的大學，目的是要嘲諷世人對死亡的恐懼。也可以像佛洛伊德與歐文‧亞隆那樣，和上帝展開漫長的對決。但我更希望你像 C‧S‧路易斯，在半生的痛苦及迷惘後，找到了認識上帝的路。

當然，不用是上帝，可以是佛陀、可以是道祖，也可以是祖靈，或者其他足以安頓你自己、甚至專屬於你的私人信仰。

我相信作者阿曼德‧尼科利之所以費心地讓佛洛伊德與 C‧S‧路易斯做出跨時空的終極辯論，其未說出口的目的便是如此。退一萬步來說，哪怕信仰是一種妄想，我也認為它是理性且健康的妄想。

就像每個孩子都需要相信自己很勇敢、自己跑步比爸爸媽媽還快一樣。每個大人也都需要相信希望。

這本書是給那些自認沒有信仰的人讀的，也是給那些自認擁有信仰的人讀的。無論您在光譜的哪一邊，請來看看兩位偉大的前輩思想家如何用一生的時光來認識和剖析這個問題，而他們又活出了什麼模樣。

關於神，你怎麼說？

蔡怡佳（輔仁大學宗教學系教授）

「宗教是幻覺嗎？」這個問題是探討宗教之心理起源時所有辯論的起點。提出這個論點的佛洛伊德，往往被輕易地貼上「反宗教」的標籤。他在《圖騰與禁忌》希伯來文版的前言自稱「無神論的猶太人」，讓這個標籤顯得更加證據確鑿。佛洛伊德的宗教幻覺論冒犯了信徒與許多的神學家，但田立克（Paul Tillich）與孔漢斯（Hans Küng）這兩位神學家卻獨排眾議，認為佛洛伊德的幻覺說對信徒來說仍有重要的價值。信徒不能迴避佛洛伊德拋出來的問題：你信的是怎樣的上帝？你怎麼知道你信的上帝是不是幻覺的產物？「無神論」立場能夠提出關於信仰的重要提問，是這兩位神學家獨特的見識。田立克還進一步主張，信徒與神學家需要回應佛洛伊德對神的問題的質問。從這個角度來看，本書作者尼科利所設想的佛洛伊德與路易斯的「終極辯論」，可以視為有基督宗教背景的尼科利藉著英國文學巨擘路易斯之信仰生命的轉折，對於「無神論者」

之提問的回應。

　　尼科利有臨床精神醫學與基督宗教的背景，本書的主題是他長期在哈佛大學的授課內容。換言之，關於神的存在的終極辯論，是尼科利在課堂上，為了回應大學生對生命方向與意義的探求，所設置的思考材料。雖然這不是真實發生的辯論，卻不減其思辨上的精彩。大學雖然是一個要對宗教問題保持「中立」的地方，但「中立」並不意味著迴避。在大學的課程中藉著「無神論者」與「有神論者」對上帝問題的辯論來開啟對於「我們應該相信什麼？」以及「我們應該怎麼活？」的討論，在我們這個表面上主張「中立」，實則逃避討論終極意義的教育環境中，有著非常重要的意義。

　　意義與價值的探詢是無可規避，又無法讓別人為自己回答的問題。誠如宗教哲學家希克（John Hick）在《宗教之詮釋：人對超越的回應》中所言，宗教是人的認知自由度最大的展現。有神論或是無神論的主張都有其合理性與可靠性，沒有一個立場可以宣稱自己是唯一的、絕對的真理。宗教的含混性（ambiguity）所指向的認知自由度意味著宗教所關切的終極議題沒有現成的、給定的答案，人在探尋宗教之時必然也要成為宗教的「詮釋者」。本書呈現了兩位立場迥異的詮釋者對終極議題的直面與真切的探求，在彼此的交鋒之處，就像希克所言，沒有一個立場擁有絕對的真確性。尼科利從佛洛伊德與路易斯的生命經驗為入口，透過較不為人知的信件、口述歷史等材料，為看來分明的立場與主張賦予了生動而細膩的生

命肌理。在面對沒有現成答案的終極議題時，兩人的生命故事可以視爲「對超越的回應」。而且，正因爲如此相異、卻又動人的回應，才使得我們在這些思辨的交鋒之處，得以迎面自己的「自由」。重要的或許並不是佛洛伊德或路易斯誰說的比較對，而是在閱讀他們對生命終極議題的詮釋之後，作爲讀者的我們，關於神、關於生命的意義、關於痛苦、關於死亡、關於這些生命的重要議題，我們自己會怎麼說、我們要成爲怎樣的「詮釋者」。

在本書的最後一章中，尼科利以佛洛伊德與路易斯在死前最後的時刻所閱讀的書來討論他們如何面對死亡，是全書極爲動人的一章。佛洛伊德在生命結束前的幾個小時從書架上拿下來閱讀的書是《驢皮記》。書中的年輕主角在願望逐一實現的過程中，生命隨之短縮。魔鬼告訴年輕人，死亡的兩大成因是「願望」，以及「願望的實現」。主角最終在對愛的慾念中擁抱愛人，並遭逢死亡。佛洛伊德一生對於「願望」的關注，是否透過閱讀再一次辯證願望的難題？佛洛伊德對於宗教的警醒來自於宗教與「願想」（wishful thinking）的連結。他認爲宗教常常是內在願望的投射，是人在無力承擔自身之脆弱與有限性時，對永恆的想望。當佛洛伊德拒絕宗教式的超脫，而選擇奔向生命實在的矛盾與有限時，就像那個懷抱著愛人而死亡的年輕人，擁抱了愛，也擁抱了死亡。路易斯在死前的幾個星期閱讀的是早年喜歡的經典《伊里亞德》，以及近代的《危險關係》。尼科利從路易斯的友人與家人的回憶中勾勒了路易斯

面對死亡的泰然。相信「家在別處」，此生只是「一趟尋家之旅」的路易斯，在重讀經典中得到更勝以往的樂趣，也在初讀近代小說中驚嘆連連。儘管已經準備好「返家」，此生之家仍然在路易斯生命最後的時刻散發著光芒。

我們應該相信什麼？我們應該怎麼活？面對這些重要的問題，我們有幸有這些宗教之詮釋者的生命故事可以閱讀，也有幸在他們的交會與交鋒之處照見自己的「自由」。關於神，你怎麼說？但願在閱讀本書之後，你找到的答案能夠給你活下去的勇氣、接納生命的勇氣，以及懷抱盼望的勇氣。

前 言

　　1939 年九月二十六日上午，倫敦西北方，高德斯格林
（Golders Green），親朋好友齊聚，送西格蒙特・佛洛伊德最後
一程。遺體火化後，歐內斯特・瓊斯（Ernest Jones）致詞：
「如今他已入土……如他所願……一切從簡，不發訃聞，沒有
鋪張儀式。」作家史蒂芬・茨威格（Stefan Zweig）致詞，結尾
預言說：「爾今爾後，我們深入探索人類心靈的迷宮時，無論
走到哪裡，他的智慧都將光照我們的道路。」

　　《紐約時報》星期日頭版報導：「西格蒙特・佛洛伊德博
士於流亡中辭世，享年八十三歲」，副標題：「精神分析學派創
始人……病逝倫敦附近家中」。報導敘述了他為逃避納粹而出
亡，納粹焚燒其著作，斥其理論為淫穢，並向他勒索贖金才換
得自由。報導也提到佛洛伊德「享譽世界的聲望與地位」，說
他是「最具爭議性的科學家之一」，「使精神分析成為全球討論
的話題」，他的思想已滲透進入了我們的文化與語言。

　　青少年時期，佛洛伊德就展現了極高的天分，連續七年
在班上名列前茅，大學預科以最優成績畢業，進入維也納大

學，時年十七，以多種語文博覽群書並從事研究，涉獵的領域從物理到哲學。

佛洛伊德在科學上的貢獻，今日史家將之與普朗克及愛因斯坦並列，每論及史上最傑出科學家，經常有他名列其中。最近還與愛因斯坦一同登上《時代雜誌》本世紀最傑出科學家特刊的封面，[1] 另外，在一本百位最具影響力科學家的書中，他排名第六。[2] 然而，儘管辭世六十年，佛洛伊德的名聲與影響持續增長，同樣地，批判與爭議也始終圍繞，但他屹立如故，肖像躍上了奧地利的貨幣，其思想也已根植我們的文化與語言之中。

今天一些常用的名詞，諸如**自我**（ego）、**壓抑**（repression）、**情結**（complex）、**投射**（projection）、**抑制**（inhibition）、**精神官能症**（neurosis）、**精神病**（psychosis）、**抗拒**（resistance）、**手足競爭**（sibling rivalry）、**佛洛伊德式失言**（Freudian slip），人人耳熟能詳，一般人甚至不知其出處。在已知的各種心理模型中，佛洛伊德的或許仍是最為周延的。而當今的心理治療，方法不下百種，或多或少也都還在使用他的觀念。最重要的是，在對人類行為的詮釋上，他的理論影響至深，不僅見於傳記、文學評論、社會學、醫學、歷史、教育及倫理，甚且及於法律。此外，精神分析的基本概念：幼年生活經驗重大影響成年後的思想、感情及行為，今天我們更是視為理所當然。由於他的思想影響無可動搖，有些學者甚至將二十世紀稱為「佛洛伊德世紀」。

佛洛伊德留下來的心智遺產中，其中有一部分是他極力主張的無神論人生哲學，此一觀點他稱之爲「科學世界觀」。同時，他也長期對抗他稱之爲「宗教世界觀」的精神世界觀（spiritual worldview）。佛洛伊德的哲學性論著廣爲流傳——閱讀率遠高於他的詮釋性或科學性著作——在西方文化的世俗化中扮演了一個重要角色。十七世紀，是天文發現凸顯了科學與信仰之間無可調和的衝突；十八世紀，是牛頓物理學；十九世紀，是達爾文；二十世紀直到今天，則是佛洛伊德的無神論。

佛洛伊德逝世後二十四年，1963 年十一月二十六日上午，英格蘭倫敦東北方，牛津，朋友與家人齊聚海汀頓採石場聖三一教堂，悼念 C・S・路易斯。儀式在引述經文：「主說，復活在我，生命也在我」之後揭開序幕。儀式結束，人群緩緩而行，走入白日清朗的冷峭，默送棺木自教堂移靈墓園。

1963 年十一月二十五日，《紐約時報》整版報導約翰・甘迺迪的遇刺，其中一角仍有一個標題寫著：「作家路易斯逝世，享年六十四歲」。照片下方，報導文長數欄，扼要敍述路易斯多采多姿的一生，說他的學術成就斐然，實至名歸，並評論了他銷量數以百萬計的學術與通俗著作，同時特別提到，他是在改變了世界觀，從無神論者轉成信仰者之後，作品才大獲成功。

路易斯身爲牛津名師，著名文學評論家，也是二十世紀最孚衆望的理性宣教大師，1963年去世前早已名揚國際。二次世界大戰期間，邱吉爾之外，英國國家廣播公司（BBC）最爲聽衆所熟知的聲音就屬路易斯。戰後數年，《時代雜誌》封面故事將之譽爲精神世界觀最有力的代言人。他的書持續熱賣，影響力日增。1998年，路易斯百歲誕辰紀念，全美國及歐洲各地紛紛舉辦他的作品研討會。他的《納尼亞傳奇》（*Chronicles of Narnia*）風行世界，爲全球無數兒童開啓了想像力。有關他行誼、生平、文學的著作及文章汗牛充棟，路易斯研究社遍佈各個大專院校，加上《影子大地》（*shadowland*）——以他的眞實故事改編獲獎的倫敦及百老匯戲劇與電影——在在可見其人其事日益爲世人津津樂道。

　　在牛津念大學時，路易斯就展露了才華，拿下三冠王，在三項學術領域中皆名列前茅，是極爲難得的最高榮譽。畢業後留在學校任教。接下來的三十年間，他先教哲學，然後是英國文學。1955年，離開牛津，轉至劍橋大學麥迪倫學院（Magdalene College），講授中古世紀暨文藝復興時期英國文學。無論在牛津或劍橋，所開課程廣受歡迎，往往座無虛席。

　　前半生，路易斯擁抱無神世界觀，經常引用佛洛伊德的理論爲自己的無神論辯護，後半生卻揚棄無神論，成爲虔誠的信徒，發文反駁佛洛伊德的反宗教世界觀，說服力十足。舉凡佛洛伊德的議論，他無不做出回應，兩人的觀點有如兩條平行線。如果說佛洛伊德是唯物論的首席發言人，那麼佛洛伊德攻

擊唯恐不及的精神觀點，其首席發言人就是路易斯。

可惜的是，兩人從未面對面交鋒過。剛開始在牛津教書時，路易斯才二十來歲，而佛洛伊德已經年過七旬。當時，佛洛伊德的理論已經廣受討論，因此，路易斯對這門新興的心理學也相當熟稔；甚至更早些時候，路易斯尚在牛津念大學專攻文學評論時，佛洛伊德就已經是新文學評論的開山祖師了。後來，佛洛伊德或許看過路易斯的某些早期作品，譬如佛洛伊德去世前幾年出版，頗獲好評的《愛情寓言》（*Allegory of Love*）；他也可能讀過路易斯的《天路歸程》（*Pilgrim's Regress*），在這本書中，路易斯嘲諷佛洛伊德的心理學，將書中人物取名為西基斯蒙（Sigismund），而這正是佛洛伊德的原名，西格蒙特（Sigmund）是他二十二歲時才改的。

遺憾的是，路易斯畢竟晚佛洛伊德一個世代，他對佛洛伊德理論的回應也就成了一面之詞，佛洛伊德根本沒有機會反駁。但話又說回來，如果把他們的論點並排，一場針鋒相對的辯論會場面就出現了。只見兩人步步為營，小心謹慎檢視自己的缺點，思索對策，並審視對方的觀點。

三十年前應哈佛之邀，我開授一門佛洛伊德的課，一直教到今天；先是在大學部，十年前又在哈佛醫學院開同樣的課。起初，課程僅專注於佛洛伊德的哲學觀點。班上將近一半學生同意他的觀點，另一半則極度不以為然。當課程進展到佛洛伊德與路易斯的比較時，興致提升起來了，討論也變得熱絡。從此我便保持這樣的上課方式。然而我發現，除了讓他們

兩人的作品發言之外，也有必要以他們的生平事蹟為緯，加入第三種聲音。畢竟，他們的論點並不能證明或否定上帝的存在。但他們的生活卻可以為其觀點之可信、真實及實用提供有力的註腳（但話又說回來，我們務當謹記，人之為人，所行未必常是其所言，所言也未必常是其所行）。

　　本書旨在從兩個截然相反的觀點來觀照人生：信神者與不信神者（佛洛伊德就把人分成這兩類）。我們將用這兩個對立的觀點來檢視人生的幾個議題，態度上力求客觀冷靜，儘量讓論點本身發言（我深知，包括作者在內，這樣充滿爭議的議題，沒有人能夠保持中立。畢竟，誰也不願意把自己的世界觀建立在一個錯誤的前提上，以致人生的方向出現偏差）。由於對人的一生影響深遠，對於自己不認同的觀點，我們往往排斥有之，反對有之。我希望的是，面對佛洛伊德與路易斯的觀點，每位讀者都能夠用心加以評比，以法蘭西斯‧培根（Sir Francis Bacon）為師：「學問之為用，不在於爭論辯駁……而在於慎思明辨。」

　　蘇格拉底說：「未經檢視的生命，無有生活的價值。」在哈佛大學，對於宇宙之鑽研，從數以十億計的星系到次原子、電子、夸克，學生與老師力求及於各個面向，但對於自己生命的檢視卻避之唯恐不及。活在這個廣闊的世界，我們忙忙碌

碌，卽使有分秒閒暇，卻無不塡之以工作、電腦、電視、電影、廣播、雜誌、報紙、運動、酒精、藥物和派對。我們之所以不願意面對自己，或許是因爲檢視自身時，就要面對自己的乏善可陳、苦悶與寂寞，外加人生的困難、脆弱及短暫。或許，巴斯卡（Pascal）講得對，他說：「如果我心眞正快樂，應該就不至於迴避自我的省思……我們不快樂，原因無他，不知如何在空室中安置自身而已。」在哈佛的課堂討論中，一個學生說：「生而爲人，活著眞苦！」又或許，我們之所以無法靜坐下來檢視自身，是因爲那會使我們焦慮不安。但我們若不知檢視自我，想要少些苦悶多些充實，那卻又有所不能了。我所希望的是，透過佛洛伊德與路易斯的指引，或許有助於我們通過這番檢視。

　　無論自己知道與否，每個人都有自己的世界觀。出生不過幾年，人生觀就逐漸形成，多數人都會在兩個基本假設中選擇一個。其一，將宇宙的形成視爲一隨機事件，地球上的生命純屬偶然；其二，假定有一個超宇宙的主宰，賦予宇宙秩序與生命意義。世界觀形塑每個人的個人生活、社會生活及政治生活，影響人們如何看待自己、對待別人、對應逆境，以及對自己人生追求的認知。世界觀決定我們的價值觀、道德觀及追求快樂的方式，也有助於理解下列問題：我們從何而來，自己的

淵源；我們是誰，自己的身分；我們活在這個世界所為何來，自己的目標；是什麼樣的力量在驅動我們，自己的動機；我們將何去何從，自己的歸宿。某些科學史家，如湯瑪斯‧孔恩（Thomas Kuhn）就曾指出，即使是科學家，其世界觀不僅影響他的研究內容，也影響他對研究結果的判讀。一個人的世界觀，恐怕比他一生所展現的任何一面都更能代表個人。

從有歷史以來，佛洛伊德與路易斯的觀點就已經存在——精神世界觀，主要根源於古以色列，著重的是道德真理、正直行為，其格言是**上帝如是說**；唯物的或「科學的」世界觀，則根源於古希臘，著重的是理性、求知，其格言是**自然之所言**。無論佛洛伊德或路易斯的世界觀，我們每個人都或多或少認同。如果接受的是佛洛伊德的唯物論，便可說是無神論者、不可知論者或懷疑論者。同樣地，認同路易斯的世界觀的人，也有多種不同的稱謂。我們所要探討的是路易斯所認同的精神世界觀，根據蓋洛普民調，這也是超過百分之八十美國人所接受的世界觀。

你或許會問，為什麼選擇佛洛伊德與路易斯？首先，兩位先生都有大量著作談論一種特定的、具有代表性的世界觀，而且深度、清晰、精要一應俱全。佛洛伊德得過令人稱羨的歌德獎，路易斯則是文學教授，著名文學評論家，博覽群書，著作等身。更重要的是，兩人都寫過自傳及無數的書信，可以供我們細覽詳閱他們的生平行誼。他們有如兩面清澈的透鏡，讓我們得以詳細檢視這兩種觀點。

這兩種世界觀，是否只是思想性的推論而無關對錯？當然不是。其中之一，其基本前提爲上帝不存在；另一則相反，其前提爲上帝存在。因此，兩者互不相容，換句話說，若一方爲對，另一方必爲錯。既然如此，我們又要問，知道何者爲眞有那麼重要嗎？沒錯，佛洛伊德與路易斯都認爲的確如此。兩人都窮盡大半生之力探討這些問題，反覆質問：「眞的是這樣嗎？」

　　上帝是否存在，佛洛伊德念茲在茲。從他的書信集中就可看出，早在維也納大學念書時，上帝存在的問題就已經屢見不鮮。在他的思想論述中更是一以貫之，直至他的最後一本大作《摩西與一神教》（*Moses and Monotheism*）。在〈世界觀的問題〉（The Question of a *Weltanschauung*）一文中，佛洛伊德力斥上帝存在之說。針對受苦的問題，他提出一套心理學論點，說神的概念其實別無其他，只不過是面對人生的苦痛與無常，稚弱的心靈渴望父母保護的一種心理投射而已。同時，針對抱持精神世界觀的人所提出的看法，針對信仰「源自神聖，是人心所無法理解的聖靈賜給人類的天啟」，他也提出反駁，說這「明顯是在逃避問題」，並說：「眞正的問題在於，聖靈云云，天啟云云，是否眞的存在，而不在於不能質問這個問題。」

　　路易斯同意佛洛伊德的看法，這的確才是最重要的問題。他寫道：「按照某些人的說法，這裡有一扇門，門後面等著你的是宇宙的奧祕。此說非眞即假。若是假的，那麼，說門後藏有什麼，那就是史上……最大的騙局。」但許多人都支

持路易斯的結論——最近的蓋洛普問卷調查顯示，絕大多數美國人相信上帝——那麼照說路易斯應該是對的：如果這不是真的，那麼，精神世界觀不僅是胡說謊言，而且是對人類最殘酷的玩笑。這樣一來，我們就別無選擇，唯有接受佛洛伊德的意見，孤獨無助地活著，面對人類在宇宙中的嚴酷現實。按照他的說法，情況儘管嚴酷，我們或許找不到什麼慰藉，但畢竟將自己從不切實際的虛假期望中解放了出來。但若精神世界觀是真的，那麼，其他一切真理也就無關緊要了。因為，對人生而言，再也沒有比這影響更為深遠的了。

佛洛伊德與路易斯都認為，上帝存在與否是人生最重大的問題，但兩人的結論卻互為矛盾，這裡且讓我們來看看，他們究竟是如何達成自己的結論的。同時，也來看看他們的傳記——他們的真實生活——究竟是強化，還是弱化了他們的論點，傳達了更多他們未曾說過的訊息。

第 1 部

我們應該
相信什麼？

1
兩位主角：佛洛伊德與
路易斯的生平

　　路易斯晚佛洛伊德整整一個世代，雖然前半生接受佛洛
伊德的無神論觀點，最後還是予以揚棄。路易斯初在牛津執
教時，佛洛伊德的著作已經影響了許多知識範疇，包括路易
斯的專業——文學。他熟知佛洛伊德所有的理論，這或許是因
為，身為一個無神論者時，他可以引用某些論點來支撐自己的
立場。

　　在自傳中他寫道：「新心理學當時所向披靡，我們並非
全盤接受……但全都深受影響。我們最在意的是『幻想』
（Fantasy）還是『願想』（wishful thinking）。畢竟我們是詩人，
是評論家，一如柯立芝（Coleridge）對『想像力』賦予高度評
價，因此，區隔**想像力**與心理學家所說的**幻想**，就變得格外重
要了。」[1]

　　觀點終身不變，這樣的人畢竟罕見。因此，在比較路易斯

與佛洛伊德的觀點之前,有必要先了解一下他們觀點的形成。

佛洛伊德的背景

1856 年五月六日,在摩拉維亞(Moravia)的小鎮弗萊堡(Freiberg),艾瑪莉亞·佛洛伊德(Amalia Freud)產下一子,壓根沒料想到,這孩子有朝一日會名列世界最有影響力科學家之林。父親雅各(Jacob)為孩子取名西基斯蒙·什洛摩(Sigismund Schlomo),並登錄於家族聖經。孩子後來卻放棄了這兩個名字。什洛摩是祖父的名字,他從未用過,就讀維也納大學時,則把西基斯蒙改成了西格蒙特(Sigmund)。

打從出生起至兩歲半,小佛洛伊德都是由褓母照顧。褓母篤信羅馬天主教,上教堂都帶著孩子。多年以後母親告訴佛洛伊德,當年從教堂回來,稚齡的他都會「向我們傳講萬能的神所做的一切」。褓母對孩子呵護備至,尤其是母親再孕,生下弟弟時。佛洛伊德則視她如母,對她極為依賴。不到兩歲時,弟弟朱利亞夭折。弟弟生病及病故佔去了母親所有的時間,照顧佛洛伊德的責任完全落到褓母身上。他曾寫道,儘管「她辭嚴色厲」,他卻「愛這位老婦人」。[2] 在給多年好友耳鼻喉專家威廉·菲利斯(Wilhelm Fliess)的信中,他說:「就我來說,這位『啟蒙者』既老又醜,卻是個聰明婦人,告訴我許多關於上帝和地獄的事,並培養我對自己的能力擁有高度的自信。」[3] 也就是在這段時間,褓母被控偷竊,突然離職。長成

大人後，佛洛伊德還不時夢見她。[4]

　　有的學者推斷，佛洛伊德對精神世界觀——特別是天主教——存有敵意，多少與篤信天主教的褓母在他人生關鍵時期棄他而去，使他感到憤怒、失望有關。佛洛伊德承認，「如果婦人消失得如此突然……這事定然會在我心裡留下印象。如今怎麼一點也無呢？」然後，他又憶起了一幕情景，「二十九年來，不停地在記憶中浮現……我傷心痛哭……找不到媽媽……害怕她會消失，一如不久前的褓母。」[5]儘管如此，把他對教會的觀感歸因於一個人自他的生命中消失，看來只是一個佛洛伊德式的聯想吧。

　　無可否認地，褓母帶著佛洛伊德接觸了天主教，帶著小男孩望彌撒，佛洛伊德肯定觀察到了信徒們的跪拜、禱告及劃十字聖號。長大後，寫論文，拿宗教活動與強迫性症狀相比，將信仰歸為「一般的強迫性精神官能症」，[6]他心裡想到的，有可能就是這些童年印象。隨褓母上教堂，也有可能是佛洛伊德第一次接觸到音樂、羅馬、復活節及五旬節假期（又稱聖靈降臨日〔聖神降臨節〕——紀念聖靈降臨到門徒身上）。雖然不喜歡音樂，對羅馬卻表現出奇特的興趣，對這兩個節日也格外在意，經常在他的書信中提到，寫到他「對羅馬的嚮往」，[7]希望「能在羅馬過下一個復活節」，[8]以及他「十分想再看到羅馬」。[9]

　　佛洛伊德生長在一個獨特且複雜的家庭。父親雅各與艾瑪莉亞・納坦崧成親時，她才十來歲，而他卻已年屆四十，且

已做了祖父。艾瑪莉亞是他的第三任妻子。雅各的第一次婚姻生有兩個兒子，一個年長於艾瑪莉亞，另一個小她一歲。

父親生在一個正統猶太教家庭，後來卻逐漸放棄宗教活動，家人只過普珥節及逾越節，但在家裡還是固定讀希伯來文聖經，顯然也說得一口流利的希伯來語。[10] 在七十歲時寫的自傳中，佛洛伊德回憶道：「我後來才發覺，自己很小就熟悉聖經故事（幾乎更早於學習閱讀），對我的興趣發展有著深遠的影響。」[11] 我曾數度造訪佛洛伊德在倫敦的家，獨自一人在書房瀏覽書架，特別注到一本大型版本的馬丁·路得聖經。從他著作中大量引用的聖經經文，看得出來他讀的就是這個譯本。但話又說回來，小時候，他讀的明顯是菲力普森版舊約聖經（Philippson Bible，學者菲力普森為猶太教維新派改革運動者）。佛洛伊德三十五歲生日，父親送他一本菲力普森版聖經，並以希伯來文題辭如下：

親愛的兒子：

在你七歲之齡，上主之靈啟動了你的學習之旅。以我所知，上主之靈是這樣對你說的：「讀我的書，將開啟知識與智慧的大門。」這乃是書中之書；是智者所掘之井，立法者從中汲取知識之泉。

在這書中，你看見全能者的願景，你傾心聆聽，你全力以赴，嘗試乘著聖靈的翅膀高飛。我一直保存著這本聖經。如今，在你三十五歲生日這天，將之自休眠中請出來，送給你以

示老父對你的關愛。[12]

很自然地，佛洛伊德把精神世界觀與父親關聯到一塊。
而他對父親的感情頂多也就是不好不壞。不同於父親，佛洛伊
德從未學過希伯來語，只懂得幾句母親的意第緒語。[13]

雅各做羊毛生意，辛苦勉強度日，一家人租間小屋，擠
一個房間。房東是個鐵匠，自居一樓，佛洛伊德家住樓上。佛
洛伊德出生時，弗萊堡──今日捷克斯洛伐克的普萊堡──居
民約四至五千人。弗萊堡天主教居民占多數，基督新教與猶太
教居民各約百分之二至三。

1859 年，將近三歲時，佛洛伊德與家人遷往萊比錫，一
年後又移居維也納。此後生活、工作都在維也納，直至 1938
年，納粹入侵，在同業、美國國務卿及總統羅斯福的協助下出
走倫敦，時年八十二歲。

青少年時期，在維也納，師從塞繆爾・海默舒萊（Samuel
Hammerschlag），研究猶太教。老師之所教，猶太民族的倫理
與歷史重於宗教信仰。海默舒萊亦師亦友，此後多年贊助佛洛
伊德。十五歲時，佛洛伊德開始與朋友艾德華・席爾伯斯坦
（Eduard Silberstein）通信，時間長達十年。青年佛洛伊德在神
學與哲學上的看法及感覺，特別是宇宙是否存在智慧生命的問
題，這些書信都為我們提供了一些認知。席爾伯斯坦為一虔誠
教徒，後來成為律師，與一年輕婦人結婚，妻子患憂鬱症，他
送她前去佛洛伊德處治療。到了佛洛伊德診所，她吩咐女僕在

樓下等候，卻沒去候診室，逕直上了四樓，跳樓身亡。[14]

　　1873 年，佛洛伊德進入維也納大學，師從著名哲學家法朗茲‧布倫塔諾（Franz Brentano）。布倫塔諾原為神父，無法接受「教宗絕對正確論」，因而辭去神職。佛洛伊德在給席爾伯斯坦的信中特別提到這件事；在年輕的佛洛伊德心中，布倫塔諾顯然留下深刻的印象。十八歲的佛洛伊德還在信中宣告：「我，一個無神論醫學生，經驗主義者，修了兩門哲學課……其中一門──聽好，別嚇著了！──探討上帝的存在，講座教授布倫塔諾，一個了不起的人物，學者兼哲學家，儘管如此，他認為自己仍有必要全力以赴支撐上帝那虛無飄渺的存在。至於他的最後論點（目前我們仍未突破初步階段），我將會盡快讓你知道，免得你對救贖之路的信心為之斷絕。」[15]

　　幾個月後，佛洛伊德進一步談到自己對布倫塔諾的印象：「等我們碰面，我會跟你更多談談這個了不起的人（一個信徒，一個目的論者……還有，一個極端聰明的傢伙，事實上，一個天才），無論就哪方面來說，一個完美的人。」[16]受到布倫塔諾的影響，佛洛伊德動搖了，考慮接受信仰。他向席爾伯斯坦招認，布倫塔諾對他影響深遠：「……我無法擺脫他的影響──他的有神論觀點，哪怕再簡單，加在一起就成了他論述的冠冕……他闡述上帝的存在，不偏不倚，精確精準，一如科學家之論波動論優於粒子論。」[17]佛洛伊德也鼓勵席爾伯斯坦來上布倫塔諾的課：「哲學家布倫塔諾，你知道他，我在信裡提過，上午八點至九點講授倫理學，亦即實踐哲學，你來

聽聽定有極大好處，因為此人正直誠實且想像力豐富，儘管有人說他這個人城府很深，這我卻是不信……」[18]

然後，佛洛伊德來了一次驚人的不打自招：「無庸置疑，我這個有神論者是不得已的，說老實話，面對他的論述我毫無招架之力；但話又說回來，我可不打算這麼快就完全投降。」就在同一段落，他又來了一段互為矛盾的陳述：「就目前來說，我暫且不是唯物論者，也還不是一個有神論者。」[19]就算他曾多次宣稱，自己贊成無神論，言猶在耳，這種含混與模稜兩可始終跟定了他。

幾個星期後，另一封信，佛洛伊德繼續談到自己的掙扎：「尤其是對我來說，壞就壞在萬事萬物的科學到頭來還是要訴諸上帝的存在……」[20]

一個「不得已的有神論者」，這或許是佛洛伊德一生都在壓抑的一種感受。七十歲時，在一次聖約之子協會（B'nai B'rith）的演講中，他說：「維繫我和猶太人關係的（說來慚愧），既不是信仰也不是民族光榮，因為我是一個不信神的人……」[21]布倫塔諾的上帝存在論述，佛洛伊德承認非常具有說服力，但他拒絕接受，不願意向他自己無法「反駁」的道理「投降」，何以致之？答案或許存在於長年醫學教育中他所受到的其他影響。

首先，在他給席爾伯斯坦的信中，佛洛伊德提到他讀過的另一位哲學家，路德威·費爾巴哈（Ludwig Feuerbach）。1875 年，他寫道：「費爾巴哈是所有哲學家中我最敬仰的一

位。」[22]費爾巴哈，1804 年生，在海德堡大學攻讀神學，師承黑格爾，寫書批判有神論，寫道：「人與人的關係——『人我關係』——更重於人與上帝的關係。」雖然他宣稱自己是個信神者，他的作品卻強化了馬克思與佛洛伊德的無神論。在《基督教的本質》（*The Essence of Christianity*）一書中，他的主要論點則是：信仰只是人類需求的投射，是內心深層願望的實現。

費爾巴哈寫道，此書目的旨在「打破一種幻覺」，並在結論中總結說：「我們已經清楚指出，宗教的主體與目的都是人；神的智慧乃是人的智慧；神學的奧祕是人類學；絕對意志即是所謂的有限主觀意志。」[23]佛洛伊德成年後，下了多年工夫研究費爾巴哈這些主張的意涵。

影響佛洛伊德排斥精神世界觀，或許還有其他重要因素，包括：十九世紀末、二十世紀初的歐洲文化氛圍，以及佛洛伊德念書時特殊的醫學院環境。十九世紀末，有關科學與宗教衝突的討論汗牛充棟。兩本名作——約翰·威廉·德雷柏（John William Draper）的《宗教與科學衝突史》（*History of the Conflict Between Religion and Science*）及安德魯·迪根森·懷特（Andrew Dickson White）的《科學與基督教神學爭鬥史》（*History of the Warfare of Science with Theology in Christendom*），詳細說明了當時盛行的觀點。歷史家彼得·蓋伊（Peter Gay）所說的：「鄙視宗教的反教權主義及世俗主義聲勢浩大」，[24]在佛洛伊德念醫學院的年代，充斥於歐洲文化界。許多這類「團體」，包括醫學社群，佛洛伊德極度渴望獲得他們的青睞，一來是為

了早年的教職升遷，後來，則是希望自己的理論獲得接納。

佛洛伊德曾在恩斯特‧布魯克（Ernst Brücke）實驗室工作。當時，布魯克結合一群生理學家，嘗試建立一門以純粹唯物論爲基礎的生物科學，這個試驗室即爲其中之一。佛洛伊德在自傳中寫道，布魯克是「一生中影響我最深的人」。[25]布魯克結合許多佛洛伊德欽佩的醫學界人士，大力反對精神世界觀，堅持科學與宗教之間存在無可妥協的差異，唯有透過科學方法才得以獲得眞理。同樣地，佛洛伊德到了晚年也說：「除了我們所說的研究探索……宇宙的知識別無其他來源。」[26]

在維也納大學，教授地位尊崇，佛洛伊德渴望已久，多年來，教書和他同樣多年的同事都已升等教授，年復一年，他卻眼睜睜看著一連串的任命擦肩而過。不願意再被動等待下去，他找了一位朋友，他以前的病人，動用政治影響力，才終於如願以償。依佛洛伊德的經驗，教授升等一般都是等四年，而他卻熬了十七年。一位老哲學教授曾經警告他，校方管理階層對他有偏見。此外，兩位推薦他升等的教授也提醒他，奧地利當時的反猶心態甚盛，暗示他可能會遭到抵制。[27]

佛洛伊德接受醫學訓練的歲月，反猶太主義盛行於奧地利政界與民間，醫學界也受到感染。在這樣的氛圍中，十九世紀末期生活於維也納的猶太人，在心理上已經有了朝不保夕的浩劫感——預示了一個世代之後的納粹暴行。從當時的醫學文獻就可看出，種族主義與反猶太主義已經非常嚴重。史家桑鐸爾‧吉爾曼（Sándor Gilman）指出，歐洲的醫學期刊充分反映

了十八世紀以來的觀念：「猶太人有嚴重缺陷……容易罹患多種疾病」。[28]佛洛伊德正版傳記作者歐內斯特‧瓊斯就說：「對於反猶太主義，哪怕只是一絲絲的暗示，就和所有的猶太人一樣，佛洛伊德極端敏感，在反猶主義瀰漫的維也納，打從上學讀書的日子，尤其是大學時期，就飽受折磨。」[29]

佛洛伊德早年面對反猶太主義的經驗，深刻影響他對精神世界觀的心態。在奧地利，百分之九十的人是天主教徒。在這樣的環境中，佛洛伊德說：「他們指望我自覺低人一等，是異類，只因為我是猶太人。」[30]對他所謂的「宗教世界觀」，他之所以懷疑且欲加以摧毀，並視宗教為「敵人」，也就不難理解了。如果沒有這個「敵人」，他也就不致於淪為極少數的弱勢，也不會自覺「是次等人，是異類」。

十歲左右，父親跟他講了一個親身經歷，佛洛伊德終生不忘。一個反猶太的惡漢，將父親的帽子打落到泥巴地上，吼道：「猶太人！滾出人行道！」佛洛伊德問父親的反應。父親回答：「我走上馬路，撿起帽子。」佛洛伊德說，他感到震驚：「堂堂一個男子漢，行事竟怯懦至此……」[31]面對反猶太主義，不同於父親的消極忍受，佛洛伊德心存全力抗爭的強烈慾念。

1882 年四月，佛洛伊德認識了瑪莎‧伯納斯（Martha Bernays），兩個月後兩人訂婚。瑪莎的祖父曾是漢堡的首席拉比，父親承繼家風，信奉猶太教正統派。

二十七歲那年，在寫給未婚妻的信裡，他談到一段自己

在火車上的經歷：「妳知道的，我一向渴求新鮮空氣，尤其是在火車上，總是迫不及待打開窗戶，伸出頭去大大吸一口氣。但馬上有人吼道，關上……我理直氣壯說，若對面窗子打開，沒問題，我就關上全車廂唯一開著的這面窗。那人卻說，打開通風孔可以，開窗免談。這時候後面冒出一個吼聲：『他是個骯髒猶太鬼！』——這一來，情況開始變調了。」佛洛伊德描述當時的情形，一個加入爭論的人甚至威脅說要動手打人。佛洛伊德說：「我一點也沒被他們嚇倒，叫那人把他的空話自己留著，我不吃他那一套，並叫另一人放馬過來。我蓄勢待發，若他真敢過來，我甚至準備把他給宰了……」[32]

1886 年復活節星期日，時年三十，佛洛伊德開了一家神經內科私人診所。此後，每逢復活節都讓他想起這件事。半個世紀後，在一封信中他寫道：「對我而言，星期日復活節象徵我行醫五十周年了。」[33]許多學者指出，復活節對他意義重大，可以回溯到褓母帶他上教堂的日子。有些學者寫道，佛洛伊德在復活節主日開業，反映了他對這個日子的重視，[34]有人卻認為，那反而是在反映他的違抗或不敬。[35]

診所開業，帶來的收入足供他結婚養家。1886 年九月十三日，與瑪莎結婚。但他不要猶太教婚禮，覺得宗教的方方面面都彆扭。有一段短時間，甚至考慮成為基督新教教徒，以避免猶太教儀式，但被朋友及導師約瑟夫‧布洛伊爾（Josef Breuer）勸阻。所以兩個人跑到德國結婚，先在市政廳辦理公證，第二天再到新娘家辦一個簡單的猶太教儀式，出席的就只

少數幾個家人。[36]

　　十年後，1896年十月，父親去世。佛洛伊德寫給菲利斯
（Fliess）的信說，父親之死「影響我至深……喚醒了早年所有
的感情……覺得整個人被掏空。」說：「人生大事，最重大最
傷痛的，莫過於喪父。」雅各一直為財務拮据所苦，供不起兒
子念完漫長的醫學院，不得不接受妻子娘家資助，並為此深
感羞愧。在兒子心目中，他是個失敗的父親。但他的去世卻使
他傷痛莫名。確實，在我自己的臨床治療經驗中就不乏這樣的
個案，依我的觀察，對父母親的心結如果未能在他們生前予
以化解，喪父失母之痛也就更難以化解。父親的去世激發了
佛洛伊德的自我分析，寫下了他自認為最重要的作品《夢的解
析》（*The Interpretation of Dreams*），他的伊底帕斯情結（Oedipus
complex，又譯「戀母情結」）理論也於焉形成。此一學說無論
在精神分析學界內外皆備受爭議，或許也有助於說明他對至高
權威（Ultimate Authority）的想法，以及他對精神世界觀的持
續攻擊。

　　伊底帕斯理論動輒遭到醜化，有必要在這裡重溫一下。
佛洛伊德從臨床上觀察到，在性心理發展的一個階段中，幼童
對異性的父母會產生好感，對同性的父母則產生敵意。「幼年
時期，兒子對母親已經開始發展出一種特殊的感情，覺得母親
是屬於他的，並開始覺得父親是一個競爭對手，在爭奪他的獨
佔。」在一次1915年發表的講話中，佛洛伊德說：「同樣地，
小女孩將母親看成是一個介入她與父親親密關係的人，佔據了

應該是她的位子。觀察發現，這種心態可以追溯到幼年，我們稱之爲『伊底帕斯情結』。之所以給這樣一個名字，因爲伊底帕斯神話具體實現了兒子內心兩種極端的願望：弒父娶母。」[37]

佛洛伊德在自我分析中也察覺到了這種情結。在給菲利斯的信中，他坦承：「我發現我自己的情況如出一轍，愛上母親，嫉妒父親，現在我認爲，這乃是幼兒時期一種普遍現象。果眞如此的話，伊底帕斯王不顧理性的反對，決意要與命運周旋到底之所以扣人心弦，也就不難理解了。」[38]（如果佛洛伊德的伊底帕斯理論僅以他自己的自我分析爲基礎，說它是一種「普遍現象」，當然大可質疑。佛洛伊德的家庭，一個高齡的父親，一個未滿二十歲的漂亮母親，以及幾乎與母親同齡的同父異母兄弟，畢竟不能視之爲典型。）

佛洛伊德承認，初聞此一理論，大家都認爲荒謬：「此一發現所引發的反對，最激烈的莫過於成年人世界……」但他又說，如果此一理論爲眞──不論多麼令人反感──我們都應該接受。「我始終相信，這一切不容否認也無須諱言，我們必須調整心態，承認希臘神話是無可迴避的命運。」[39]

在佛洛伊德心目中，此一概念無比重要，爲什麼？答案是：他認爲這些普遍的兒時情結若未獲得開解，將會成爲未來人生中諸多情緒失調之根源。「於今來看，事理愈明。」佛洛伊德 1924 年在《精神分析概述》（*A Short Account of Psychoanalysis*）中說道：「幼兒對父母的糾結感情關係──所謂的伊底帕斯情結──乃是一切精神官能症的本源。」[40]這個論

點後來也成為他否定有超宇宙智慧存在的主要論點。在他看來，對父母權威的矛盾感情——特別是矛盾中的正面感受——是人衷心企求上帝的根源。

今天，在精神分析學界，伊底帕斯情結仍然是個爭議。但無可否認，即使對此一理論的普適性有所質疑，一般卻都同意，早年與父母的關係對人生後期的心理健康影響巨大。或許，對上帝的信仰，是親近還是疏離，在早年的親子關係中就已經埋下了種子。

路易斯的背景

1898 年十一月二十九日，愛爾蘭，貝爾法斯特郊區。芙蘿倫絲‧漢彌敦‧路易斯（Florence Hamilton Lewis）產下一子，與夫君亞伯特‧詹姆斯‧路易斯（Albert James Lewis）為新生兒取名克利夫‧史代波（Clive Staples）。兩人怎麼也沒料到這孩子有朝一日將成為傑出學者兼知名作家，作品擁有數以百萬計讀者且榮譽加身，包括大英帝國勳章（此一榮譽路易斯拒而未受）。

在自傳《驚喜之旅》（*Surprised by Joy*）中，路易斯簡單敘述了他的家庭。雖然出生於愛爾蘭，但父親是威爾斯人，母親是蘇格蘭人。父母親「性情之相異一如其血緣」。父親一家人，「純粹的威爾斯種，感性，熱情，浮誇，動怒容易，動情亦然，時哭時笑，生來不懂得找樂子。」母親一家人，截

然不同,「標準的淡定一族,性喜挑剔、調侃,天生的快樂胚子……」路易斯認爲,「母親的性情開朗、恬淡」,父親的情緒「大起大落」,養成了他「對情緒的厭惡或懷疑,覺得麻煩、尷尬,甚至危險」。

結婚前,芙蘿倫絲就讀貝爾法斯特皇后學院,邏輯與數學成績出類拔萃。亞伯特在英格蘭念住宿學校,師從嚴格而傑出的校長 W・T・寇克派崔克(W. T. Kirkpatrick)。畢業後擔任見習初級律師,只能處理初級法院的案子,見習結束,返回貝爾法斯特開業,並終此一身。1894 年八月二十九日與芙蘿倫絲結成連理。

祖父擔任在地教會牧師,路易斯一家人都在這裡事奉。祖父講道時情緒激昂,經常在講壇上垂泣。在路易斯的記憶中,小時候和哥哥華倫(Warren)做禮拜,都覺得教堂的事奉麻煩又尷尬──尷尬到要拼命忍住才不致大聲笑出來。早年的教會經驗對路易斯影響重大,後來甚至因此揚棄了童年有名無實的信仰,視精神世界觀爲「愚蠢」,轉而擁抱唯物主義。

四歲左右,路易斯向父母宣布,他的名字叫「傑克斯」(Jacksie),最後縮減爲「傑克」(Jack),一般熟識他的人都這樣叫他。

寫自傳時,路易斯回想起早年某些充滿精神意義的經驗。其中一椿發生於六歲之前。在《驚喜之旅》中他說:「小時候,有一次哥哥帶了一個餅乾盒蓋到托兒所來,上覆青苔,飾以細枝和花朵,像是一座花園或玩具森林。這是我生命中最

早所見之美……若我對天堂樂園仍有想像，那也就是哥哥的玩具花園了。」路易斯認為，這段記憶，加上「我們從托兒所窗戶所見到的『綠山』（Green Hills）景緻」，使他懂得了什麼是「渴望」。[41]棄絕無神論後，回顧過往，他才知道這種感受曾經反覆出現，並將之形容為「**喜樂**」，說這種感受「截然不同於**快樂**及**歡愉**」。後來，他總結說，這種渴望不是早先以為的嚮往一個「地方」，而是嚮往一個「人」。

七歲時，他家搬到一個叫「小坪」（Little Lea）的新家，一棟較大的鄉村住宅。在自傳中他提到說：「在我的人生中，新家扮演一個重要角色。」在這裡，閱讀度過大部分的成長歲月，「在長廊間、陽光充足的房間內、樓上內室的寂靜中、閣樓裡，獨自一人探索，蓄水池水管的汨汨流水聲從遠處傳來，瓦下有風吟唱」。愛爾蘭貝爾法斯特長年潮濕，路易斯和哥哥在新家度過許多繪畫及寫作的時光：「……鉛筆、紙張、粉筆及顏料盒我們永遠不缺，關在屋內是常有的事，卻給了我們機會和刺激，養成創意想像的習慣……我們一同構思了繁榮的虛擬國家『博森』（Boxen），為後來的許多年帶來了慰藉與喜樂。」也就是在這段期間，路易斯開始醞釀成年後獨樹一格的想像力與寫作技巧。後來，哥哥華倫「打包行李赴英格蘭上寄宿學校」，路易斯獨自一人度過了漫長的一段時間。他回憶道：「六歲、七歲和八歲，我幾乎完全活在自己的想像世界裡。」

到了九歲，路易斯溫暖舒適的世界面臨瓦解。先是祖父

去世。接下來是母親重病。經與多位醫學專家諮詢，醫師診斷為癌症，建議開刀切除。手術在家中進行，這種事情在愛爾蘭的中產階級家庭司空見慣。他回憶人們匆忙進出母親房間時的聲響和氣味；幾乎半個世紀後，清楚記得，父親費了好大的勁，「才把他從未想過的可怕事情傳達給他」。母親的病，嚇人的手術，她的死亡，徹底壓垮了小男孩。他回憶自己被帶進她臥室，看到遺體，「恐懼壓倒了悲傷」。

這次喪失所帶來的打擊——父親的神態舉止變了，和兩個孩子的關係變了，路易斯自己沮喪與悲觀多年，為母親康復禱告徒然無功的「第一次的宗教經驗」——所有都至關重大。

妻子去世，傷痛逾恆，擔心無法周全照顧兩個孩子，亞伯特・路易斯決定送他們去英格蘭上寄宿學校。寄宿學校（又稱公學）當時為私立，迄今依然。或許是因為太年幼（才九歲），而且是因為失去了摯愛的母親才不得不離家，路易斯對英格蘭「第一眼就毫無好感」。他討厭「奇怪的英倫腔……平平坦坦……哩復一哩平淡單調的景觀，遠離大海，封閉，囚禁，窒息。每件事情都不對勁，木柵欄取代了石牆和樹籬，紅磚農舍取代了白色村屋，農田太大……那一刻，我厭惡英格蘭，後來花了好多年才改觀」。[42] 小小年紀，心中滿是悲傷、寂寞，可能也造成了他日後戀家，不願與親人分離的個性。

父親為孩子選擇的第一所學校，結果落得一場失望。路易斯彷彿身在地獄。全校只有二十個學生，校長綽號「老殆」（Oldie），以棍子侍候學生，出了名的殘暴。教師除了校

長，就是他的兒子和女兒。談起那殘暴，路易斯說：「瘋狂難測。」哥哥華倫這樣寫過這位校長：「只見他抓住一個十二歲左右男孩的衣後領，把他從地上提起來，像拎條小狗一樣……拿棍子抽他小腿。」一個男孩的父親還把校長告到高等法院，指控他暴力。最後，學校關門，因為學生流失。校長經診斷罹患精神病，兩年後去世。老殆擁有英格蘭聖公會的神職，這讓路易斯終身難忘，半個世紀後仍然耿耿於懷。有些人質疑校長是否從他的殘暴行為中獲得性快感，路易斯卻不認為：「性虐待狂今天大家都在談，但若說他的殘暴有任何性的成分我存疑。」但校長也是神職人員這件事，年輕的路易斯卻始終無法釋懷。

但並非所有的經歷都是負面的。回憶過往，他明白，有些歷練是在幫助他，為他終將接受的信仰做準備。在自傳中他回憶：「生活在這樣一個惡劣的寄宿學校……教會了人要依靠希望，甚至信仰，才能活下去；因為，每學期開學，放假回家就像天國一樣遙不可及，只能眼睜睜望著。」路易斯回想，在這些年當中，他上教堂，開始「禱告，讀聖經，並試著順從自己的良知」。這又是什麼力量在推動他呢？「我為自己的靈魂擔憂；特別是在月光明亮的夜晚，在沒有窗簾的宿舍。」[43]

第一間寄宿學校關閉後，亞伯特・路易斯把兒子送到莫爾文鎮（Malvern）的瑟堡（Cherbourg）。在這裡，舍監考伊小姐對路易斯影響極大，成為他第一個視同生母的婦人。她清楚意識到了路易斯的敏感及寂寞，對她的關注，路易斯也做出回

應。有一次，她正緊緊抱住路易斯，剛好被校長撞見，儘管她也這樣摟抱其他男孩，而孩子們也都認爲那是出自母性的關愛，但校長還是立即開除了她。路易斯懷念她，五十年後還寫到她：「沒有比她更好的學校**舍監**，生病的孩子，她悉心照顧，健康的孩子，她貼心陪伴，她是我所見過最無私的人，我們都愛她。」[44]

考伊小姐對他還有另一層更深遠的影響。她的「靈性尙未成熟」，猶在各種教派間「猶豫徘徊」，也和他討論過這些信仰問題。對一個十三歲的孩子，這造成了極大的困惑，原本有名無實的信仰開始動搖，最後終至消失。「一點一點地，不知不覺間，她鬆解了我的整個信仰結構，鈍化了我的信仰。神祕主義純出於推論的曖昧晦澀特質開始擴散……」[45]

開始接觸古典文學，促使他的信仰結構進一步崩解。路易斯回憶道：「在這裡，尤其是衛吉爾（Virgil）的作品，充斥大量宗教思想，而老師也好，編輯也罷，一開始就理所當然地將宗教思想視爲純粹幻覺……他們給我的印象是，宗教之爲物，儘管全然錯誤，卻是自然形成，是人類很容易犯下的一種具有傳染性的愚行。」[46]

寄宿學校的歲月，無非寂寞與沮喪。回憶往事，路易斯清楚意識到其間的負面影響。「如果每一代的父母……眞正了解兒子在學校的所學，教育史可能都要改寫了。」[47]他記得有一位老師，拼命灌輸學生，「要追求耀眼、時髦、與衆不同，要追求名聲」，影響所及，使路易斯「拼命用功，把自己搞成

了一個粗俗、勢利、妄自尊大的小人」。

　　眼看自己這樣的轉變，以及周遭年輕人的嘴臉，路易斯並不開心。「我從未看過這樣的一個團體，競爭、勢利、奉承，無所不用其極，統治階級自私自利，底層階級搖尾乞憐，不知團結、合作、榮譽為何物。」[48]整個環境教出來的孩子，無非傲慢自大、目中無人。多年之後他寫道：「過去三十年左右，英格蘭充斥著刻薄好鬥、多疑又好揭隱私、憤世嫉俗的知識份子。他們絕大部分來自（私立的）公學，依我看，即使他們自己也沒有幾個人會喜歡。」接下來又補充說，那些力挺這些學校的人卻說，這些個案都只是「體制沒給教好，踢打、嘲諷……鞭策及羞辱，他們所受的還不夠」。[49]

　　父親終於拿定主意，進私塾或許比寄宿學校更適合兒子的學習。在一封給路易斯哥哥的信中，他說：「總之，整件事情都是個錯誤，必須告一個段落了。他的來信讓我很是痛心……我認為……我能做的最好選擇，就是下個學期送他去寇克派崔克那兒。」

　　威廉‧寇克派崔克（William T. Kirkpatrick），退休校長，曾經教過路易斯的父親，當時辦了一間私塾，為準備進大學的學生補習功課。接下來兩年半，在這位路易斯口中的「大槌」（the Great Knock）教導下，路易斯度過了一生中成長最多、最快樂的歲月。每天長時間沉浸於喜愛的書中，下午則「倘佯鄉間金色的樹林與山谷間，閱讀、寫作或沉思」。[50]

　　這一段優哉游哉的時光，他發現了喬治‧麥唐納（George

MacDonald），一位對他自己及寫作都影響深遠的作家。三十年後他寫道：「我從不諱言自己是他的私淑弟子，視他爲恩師，我寫的每一本書，沒有一本不曾引述他的句子。」談到他認識麥唐納的入門書《仙緣》（*Phantastes*），路易斯說：「有如清晨的沁涼、純淨……使我的想像力脫胎換骨，接受了一場洗禮。」[51]當時他還不知道，十五年後自己會擁抱麥唐納所寫的精神世界觀。

寇克派崔克，一個強硬的無神論者、邏輯學家，教導路易斯以嚴密的邏輯從事批判性思考。在「大槌」的影響下，路易斯養成的研究習慣終其一生未變。但話又說回來，他堅持，寇克派崔克從未強加無神論於學生，他說：「讀者應當記得，我的無神論與悲觀主義早在去布克罕（Bookham）之前就已形成，在布克罕，我只是添了一些捍衛自己既有立場的新武器。即便這些，也是自己受他思想風格的薰陶，閱讀他的著作得來，而非出於他的要求。換句話說，是間接的，獨立的。」[52]在路易斯心中，寇克派崔克是他最好的老師，每談到他，心中歡喜：「老師於我有恩，感念至今，未曾稍減。」[53]

無論路易斯或大槌，兩人的無神論都來自人類學，譬如弗雷澤（Frazer）的《金枝》（*The Golden Bough*）。在路易斯看來，「所有宗教皆是神話，正確地說，皆爲人所杜撰。」路易斯認爲，一如其他異教神話，新約聖經講的也是一個神來到世間，死去而後復活的事蹟。這段期間，在寫給朋友亞瑟‧葛里夫斯（Arthur Greeves）的信中，他這樣說道：「……偉人死

後往往被尊爲神，譬如赫克力斯（Heracles）或奧丁（Odin），同樣地，希伯來哲人約書亞（Yeshua）——後被人訛稱爲耶穌（Jesus）——也被尊爲神，於是信仰出現……如此乃有了基督教——衆多神話中的一支……每個時代，一般平常人都迷信，唯有讀書人，有思想的人，不爲所動……」[54]

1916 年十二月四日，路易斯前往牛津應試古典文學獎學金，獲得大學學院（University College）認可，但還需要通過另一項「初試」（Responsions）才算正式錄取，卻因數學測驗未過鎩羽而歸。所幸他報名軍官訓練團加入陸軍，取得了牛津入學資格（儘管從未通過數學測驗，因戰時服役，退伍後獲准免試進入牛津）。軍官訓練期間，有年輕室友名愛德華·「派迪」·摩爾（Edward "Paddy" Moore），兩人結爲莫逆，相互承諾，誰若戰死，另一人要負責照顧對方父母。

路易斯進入戰壕那日，適逢十九歲生日。眼見袍澤殉難，自己中彈受傷後送，斯情思景反覆入夢多年。或許這一切都令他焦慮，他很少書寫戰時經歷，即便付諸筆墨，也只是輕描淡寫：「說到我是如何『擒獲』六十個戰俘的——其實是，突然間，一群身穿灰色野戰服的人，也不知打哪兒冒出來，高舉著雙手——說來不值一提，當作笑話可以了。」[55]

後來，派迪陣亡。路易斯記得自己的承諾，毅然擔起責任，搬去與摩爾夫人與女兒同住，打理家務，大小雜務事必躬親，並承擔房租。摩爾夫人，年長他約三十歲，路易斯視同親娘。有些傳記作家猜測，他與摩爾夫人有著情侶關係。但證據

顯示，這無非是空穴來風。兩人的「母子」關係，在他的書信當中再清楚不過：「這位老婦人，我喚她作母親，同食同住」；「她其實是朋友的母親」；[56]「我多病的母親」；[57]「我年老的母親」。[58]

摩爾夫人去世後，提到她時，路易斯仍然不改一貫口吻：「這位老婦人，我喚作母親，半昏迷了好幾個月，安詳去世。她的死於我的人生乃是一大改變，但若說哀傷卻又不免矯情了。」[59]喬治·沙耶爾（George Sayer），路易斯的學生、好友兼傳記作家，對他和派迪母親的關係有所觀察，如此描述道：「路易斯與摩爾夫人的關係是多重的……既感激她的母性慈愛與寬容、也同情她身為戰死袍澤的母親，更有派迪不幸陣亡後照顧她的承諾。」[60]

1919 年，路易斯回到牛津，在那兒度過往後的三十五年歲月。大學一年級，出了第一本書《受縛的靈魂》（*Spirits in Bondage*），一本詩集，銷路可憐。大學畢業，教了一年哲學，1925 年，受邀至麥迪倫學院教授英國文學。說到這裡，餘事就不贅述。

佛洛伊德與路易斯的早期生涯，有許多驚人的相似之處。兩人都是年少早現才華，預告了日後將帶來的重大影響；早歲都曾遭逢巨大變故；與父親的親子關係扞格不睦；幼年都

受家庭信仰薰陶，接受了信仰但有名無實，也都在青少年時期受讀物影響揚棄了童年信仰，成為無神論者；對佛洛伊德造成深遠影響的，包括費爾巴哈及念醫學院時的許多科學家；影響路易斯的，則是老師的教導所給種下的印象：「宗教思想純出於幻覺……是人類很容易犯下的一種具有傳染性的愚行。」

　　但路易斯最後還是棄絕了無神論，轉而接受他曾經視為愚行的觀點。如此劇烈的改變，他自己又是怎麼說的？而佛洛伊德摒棄家族長遠的精神傳統，堅持不改其無神論的立場，又是為什麼呢？

2

造物者：
有超宇宙的智慧存在嗎？

　　接受無神論時期，路易斯認同佛洛伊德的觀點：宇宙之所以存在，其發生純出於意外。但面對宇宙如此的浩瀚無垠、細密精確、秩序井然，最終他仍然不免要問，如此無以倫比的繁複，在在顯示必有某個大能者存在。宇宙之外另有一創造者存在嗎？

　　對這個「無比重要的問題」，佛洛伊德的回答斬釘截鐵：「沒有！」按照他的說法，所謂天上「有一理想完美的超人」，此一觀念「顯然幼稚無知，完全脫離現實……可惱的是，居然有那麼多的人無法跳脫此一生命觀」。然而，他又預言，只要接受更好的教育，再多的人也會自「這種宗教神話中……超脫出來」[1]。他提醒我們，「世界不是幼兒園」，敦促我們面對殘酷的現實：在宇宙中，人類無所依靠。總之，他大聲疾呼：「長大！」

改變了自己的世界觀之後，路易斯的回答同樣斬釘截鐵：「有！」他斷言，宇宙到處可見「指標」，一如康德（Immanuel Kant）所言：「星辰遍布天際，道德自在人心。」在在顯示有一大能者在焉。他敦促我們睜開眼睛，環顧四周，領略自己眼目所見的一切。總之，路易斯大聲疾呼：「覺悟！」無論佛洛伊德或路易斯，所給的答案都果斷、清晰、明確，但互不相容，天壤有別。

無論在學術著作、自傳或一生所寫的書信中，佛洛伊德都說自己是「唯物主義者」、「無神論者」、「不信神的醫者」、「異教徒」及「無信仰者」。去世之前一年，佛洛伊德八十二歲，在給歷史家查理·辛格（Charles Singer）的信中說：「無論在私人生活或著作中，我從不諱言自己是個徹底的無信仰者。」[2]但他顯然忘了，在給席爾伯斯坦的信中，他曾經猶疑過，只不過那僅是求學生涯中一段為時甚短的時期。

在他的哲學論著中，佛洛伊德給人做出分類，但不是按照精神醫學分類，而是將人分成「信仰者」與「無信仰者」。「無信仰者」包括所有自稱為「唯物主義者」、「追根究柢者」、「懷疑論者」、「不可知論者」及「無神論者」；「信仰者」包括所有理智上贊同有某種超自然存在的人，以及類似路易斯這一類經歷過精神上的轉變，改變了他們的人生，並使自己成為

「新人」的人。

佛洛伊德稱他的世界觀爲「科學的」，因爲其前提是，知識只能來自於研究。當然，此一基本前提本身就不是建立在科學研究上，相反地，它只是一個無法驗證的哲學假設。知識來自於「研究」而非來自於「啟示」，只是**假設**而已。

佛洛伊德顯然明白，「上帝不存在」此一否定命題，就邏輯上來說，是無法加以**證明**的。因此，他若要爲自己的世界觀辯護，唯一的方法就是把與其相對立的世界觀貶至一無是處。因此，佛洛伊德對精神世界觀採取有系統的持續攻擊。攻擊不遺餘力。他寫道：「奇蹟故事……與嚴謹觀察所傳達的訊息相牴觸，並明顯背離人類想像力所產生的影響。」[3]他一口咬定，聖經「充滿了矛盾、竄改及造假」，又說，有頭腦的人無法接受信仰者的「非理性」或「童話故事」。

他寫道，宗教教義「是人類剛出現時期蒙昧無知階段的印記」，[4]所以才有這樣的教義：「宇宙的創造出於一個像人類的存有，但各個方面都被放大……是一個理想完美的超人……充分反映原始人類的集體無知。」

在他看來，精神世界觀有如「因錯覺而扭曲眞實世界的畫面……強將人定位於一種心理幼稚狀態」，[5]把宗教視爲「人類普世可見的強迫性精神官能症」。[6]他懷疑，「耶穌基督……若非神話的一部分」，那就只是個「失常的凡人」。[7]在寫給牧師朋友奧斯卡·費斯特（Oskar Pfister）的信中，談到耶穌的教導，他說：「在心理學上根本不可能，對人生毫無用處。」並

結論說：「『效法基督』云云，於我毫無意義。」佛洛伊德這裡講的，是湯瑪斯・侃皮士（Thomas à Kempis）於 1390 至 1440 年間寫的名著《效法基督》（*The Imitation of Christ*），[8] 此書鼓勵讀者學習耶穌基督的捨己愛人，影響力極大。

　　人生前三十年，路易斯認同佛洛伊德的無神論。邁入青少年後不久，唯物論就已在心中定型。在此之前，卻是參加傳統宗教活動，一概唯家庭與寄宿學校的規矩是從。強制性的禮拜儀式則是「做白日夢的機會」。在自傳中，他回憶說：「宗教體驗完全沒有……照本宣科做禱告，時間到了上教堂。」覺得這一切既厭煩又無聊。機械式地信他的教，「不覺得有什麼樂趣可言」。[9]

　　童年的宗教只留殘跡，寄宿學校的生活更是逐漸將之抹除。青少年後期，在給同齡朋友亞瑟・葛里夫斯的信中寫道：「我不相信有上帝。」即使在這樣的年少時期，路易斯就已經簡明扼要地交代了自己。

　　十年後，到牛津任教，路易斯經歷了一次重大改變，從無神論轉而成為以舊約及新約為本的信仰。同事中頗有他深為敬仰的才俊之士，與他們深入討論之餘，多年來閱讀某些作家作品，路易斯建立了堅定的信仰，不僅相信有一個宇宙的創造者，而且相信這位創造者曾經介入了人類的歷史。

在他最暢銷著作的序言裡，路易斯用十幾個字道出了他的世界觀：「世間有一上帝……耶穌基督是祂唯一的兒子。」並在書中做了更詳細的交代。他這樣寫道，全體人類可以分成兩類：「相信有一神或多神的多數人，以及不相信有神的少數人。」

路易斯又說，相信的人又可細分：其一是印度教，「神是超越善與惡的」；其次是猶太教、伊斯蘭教與基督教，相信「神是絕對的『善良』與『公義』，喜善嫉惡，愛恨分明。」聖經的世界觀如是說：「上帝創造世界……空間與時間、熱與冷、各種顏色與味道，以及一切動物與植物……」但也有「許許多多事情，危害了神所造的世界，並堅持──義正詞嚴地堅持──定要將之導入正軌。」

但上帝並非唯一的超自然存在。「宇宙中另有一個**黑暗力量**……藏身死亡、疾病與罪惡背後……也是上帝所造，造出時本為善，後來卻變質變壞了。」路易斯確信，此一黑暗力量就是「現今世界的王」，而我們現在就是住在「仇敵盤據的領土上」。

一個全能良善的創造者所造的世界，居然會變質變壞，何以致之？「上帝所造一切皆有自由意志，自由意志雖然有可能作惡，但同樣地，無價的愛或喜樂，若沒有自由意志也不可得。」然而，這種自由的濫用已經使人類被上帝及其本身所唾棄，其結果是，充滿奴役、戰爭、荒淫與貧窮的人類歷史，成了「一篇人類捨棄上帝，企圖另尋他途追求快樂的故事，冗長

而又可怕。」

上帝如何介入我們的人生，路易斯是這樣寫的：「首先，祂賦予我們良知，使我們知道對錯，古往今來，不乏有人努力遵循，卻從未有人完全做到。」其次，上帝為人類講故事，「散播至各處的異教，說有一神會死後復活，並藉由他的死給人帶來新生。」其三，上帝揀選特定的民族——猶太人——教導他們學上帝的樣子，「因祂乃是唯一，在意行對的事」。希伯來聖經就記載了此一學習的過程。

然後，有天大的事情發生了。「在這些猶太人中間，突然出現一人，四處行走言說，彷彿祂就是上帝。」路易斯寫道，這人若出現在印度人或其他泛神論者中間，人們會說，我們自己與神本是一體，他這樣說我們完全理解。但這人卻是猶太人，對猶太人來說，上帝者，「指的是一個高於祂自己所造之世界的存在實體」。因此，路易斯強調，這個人宣稱自己是上帝，「那就是人類有史以來最為驚動天地的大事」。

佛洛伊德卻沒怎麼受到驚動。針對超宇宙的**智慧**，他提出兩個論點反駁：其一，有關願望實現的心理學論點，其二，有關人類受苦的論點。兩個論點今天都十分盛行於我們的文化。心理學論點早在佛洛伊德之前就已存在，他只是給添了一點新的變化而已。至於人類受苦，其實也算不上什麼新調，沒

錯，無論信者或不信者，信仰這條路上，受苦始終都是最大的障礙。此一論點佛洛伊德運用起來也得心應手。

　　對抗精神世界觀，佛洛伊德所用的心理學論點是：一切宗教理念皆源起於內心的深層願望，因此都是幻覺，所信亦皆為假。在他的暢銷書《一個幻覺的未來》（*Future of an Illusion*）中，他這樣說：「如果有一個上帝，他創造這個世界，是慈愛的恩典，如果世間自有道德秩序並有永生，我們會告訴自己，這是何等美好的事，但事實卻是，這一切都只是我們一廂情願的想法。」[10] 因此，佛洛伊德做出結論，信上帝只是強烈願望與內心需求的一種投射。他寫道：「……宗教理念，亦即教義……皆屬幻覺，是人類為實現最原始、最強烈、最迫切的願望所發出的企求。相信的強度取決於願望的強度。願望愈強，信仰也就越堅定。」[11]

　　佛洛伊德承認，在他之前，此一論點已有許多人有所認知並書寫，特別是德國哲學家費爾巴哈。他謙虛地說：「在我之前，已有更優秀的人有所闡述，而且更具說服力也更完整。」接著又坦承：「他們都是鼎鼎有名之士，我之所以不引述他們，主要是不想給人一種印象，以為我在自抬身價，把自己與他們並列。」[12]

　　許多學者發現，佛洛伊德的論點反映了幾位啟蒙時期作家的思想，費爾巴哈之外，主要是伏爾泰（Voltaire）、狄德羅（Diderot）與達爾文。[13] 在一封給佛洛伊德的信中，瑞士牧師奧斯卡・費斯特就毫不客氣地指出，唯物論只不過是另一種信

仰，「你信仰的不是別的，其實是十八世紀啟蒙運動的理念，貼上了炫耀的現代標籤而已。」[14]

在《一個幻覺的未來》中，話說得沒那麼謙虛，倒是更為精準，佛洛伊德說：「我所做的一切，也是我論點中唯一的新東西，就是為老前輩們所做的批判加添一些重要的心理學基礎。」[15]佛洛伊德之前，上帝乃是人類需求與願望的投射，這樣的話已有許多人寫過。佛洛伊德的成就則在於十分具體地指認了這些願望。

他堅信，這種對「神」的概念所做的深層心理投射，可以追溯到幼兒時期。最初的感受是無助，而且會延續至成年。佛洛伊德寫道：「從生物學角度來看，宗教的種子可以追溯到童年長期的無助及需要幫助。」[16]他強調，所有的人都會無意識地強烈渴望父母尤其是父親的保護。長大成人後，面對巨大的生活壓力，無助感再度出現，於是一個形象隨之升起，那就是童年的保護者。在 1910 年論達文西（Leonardo da Vinci）的論文中，佛洛伊德說：「精神分析顯示，就心理學角度來看，神等同於高高在上的父親……父親的權威一旦瓦解，年輕人的宗教信仰隨即崩塌，就是尋常可見的證明。」[17]

三年後，在《圖騰與禁忌》（*Totem and Taboo*）中，佛洛伊德寫道：「精神分析的個案……在在顯示，每個人的神都是按照父親的形象打造，因此，與神的關係取決於現實生活中的父子關係，隨著關係的變化而擺盪、改變，因此，一言以蔽之，神不是別的什麼，就只是一個高高在上的父親罷了。」[18]二十

年後，在《文明及其缺憾》（*Civilization and Its Discontents*）中，他寫道：「信仰的需求起源於嬰兒的無助，以及因無助而引起對父親的企望，這在我看來完全不容置疑……一般人對此一至尊者的想像非至高至上的父親莫屬。」同時，佛洛伊德注意到，「人們毫不掩飾，稱這個造物者神為『父』」，並斬釘截鐵說道：「依精神分析的推論，神其實就是父，幼兒心中的那個宏大形象在這裡體現無遺。」[19]

佛洛伊德堅持，人與神的關係完全取決於這人與其父親的關係。之所以如此，他解釋道：「孩子的存在來自於父親（更正確說，是父母的結合），不僅如此，在他柔弱無助，暴露於外在世界四伏的危機中時，保護他照顧他的，同樣也是這個人；在父親的保護下，人得到安全感。」[20]

佛洛伊德進一步說，等孩子長大了，「他清楚知道自己羽毛逐漸變硬，但內心對生活艱鉅的感應也隨之增強，他告訴自己，基本上，一如童稚時期，自己依然無助無靠，面對世界時仍然只是個孩子。」這時候，他轉而訴諸「童稚時期記憶深處那個被高估的父親形象，並將之提升成神，一個現實中真實的神。」最後，佛洛伊德做出結論：「此一強有力的形象……與自己一日不可或缺的保護需求，兩者相加，對神的信仰於焉確立」。[21]

在《一個幻覺的未來》中，佛洛伊德指出，母親是孩子「面臨外在世界各種不明危險帶來威脅時的第一道防線，也是對抗焦慮不安的第一道保護牆，這我們承認」，[22]接下來，情

況有了變化。「就此一功能（保護）來說，母親的地位很快就被更強有力的父親取代，並持續至孩子長大。但孩子對父親的態度卻帶有一種特殊的**矛盾**色彩。或許是因爲孩子與母親的早期關係，對孩子來說，父親反而變成了一種威脅。如此一來，孩子對父親變得敬愛與忌憚兼而有之。」佛洛伊德強調：「這種對父親的矛盾心態深深拓印於每個人的信仰中……孩子漸漸長大，發現自己無法擺脫仍然是個孩子的命運，碰到更強大的莫名外力時，若沒有保護，自己便束手無策，乃將父親這個角色的特質轉嫁給了這些力量。」所以，一講到神，總是又愛又怕，道理在此。

佛洛伊德說，如此這般，人爲自己造的神，「他既害怕，又要取悅，而且還把自己的防護交託於祂。」總而言之，「童稚時期的無助總有人擋著，成年後意識到無助時，轉嫁這種角色特質的反應便應運而生。正是此一反應，宗教於焉形成。」[23]

因此，佛洛伊德斷言，強烈的深層願望是構想神及相信神的基本要素。不是神照他的形象造了我們，而是我們照父母的形象——或更精確地說，照我們童稚時期父親的形象——造了神。神，只存在於我們的意念中。於是，佛洛伊德大力敦促我們長大，放棄「宗教的童話」。

佛洛伊德的願望實現論，路易斯提出反駁。他說，聖經

的世界觀也包括大量的失望與痛苦，這些都不是人所**願望**的。他強調，要理解這種世界觀，首先要明白，人之所以深陷煩惱，是因為人違反了道德法則，需要得到寬恕並與神修好。他寫道：「世間確有道德法則，此法則背後則有一權威，若違背了道德，也就壞了與此一權威的關係。」[24] 唯有明白這一點，才能理解此一世界觀。唯有明白人生在世的處境其實「近乎無路可走」，才會開始懂得聖經。雖然信仰的慰藉「難以言喻」，路易斯寫道：「信仰不始於平安，而始於沮喪。」又說：「非經沮喪，指望信仰的慰藉亦屬徒然。」

驚覺自己與造物主的標準相去何止萬里，需要改進的地方還不知有多少，唯有體驗過這樣的沮喪，才能真正體驗到信仰的慰藉。路易斯寫道，在信仰中，「如同在戰爭及其他任何事情中，慰藉是尋求不來的。若尋求的是真理，或許最終可以得著慰藉；若尋求的是慰藉，無論慰藉或真理都將落空——打一開始就顧著取悅和祈求，到頭來只會以失望收場。」[25]

路易斯又說，任何人若活在此一嚴苛的世界觀中，痛苦在所難免，這當然非一般人之所願。在《痛苦的奧祕》（*The Problem of Pain*）中，他指出：「要我們把長久以來宣稱為自己所有的個人意志交回去，其本身就是一件極端痛苦的事。此一熾熱膨脹的自我意志，我們一向據為己有，視為當然，一旦放棄，形同死亡。」[26]

此外，路易斯又點明，根據佛洛伊德從臨床觀察得到的論點，孩子對父親的情感總是帶有「嚴重的矛盾」，亦即同時

具有強烈的正面情緒與負面情緒。但佛洛伊德的觀察如果無誤，這兩種互為矛盾的願望其實是並存的，一如負面情感導向神的**不存在**，另一方面，渴望神**存在**的心願豈不也同樣強烈？

路易斯發現，他自己的人生就是如此。在自傳中他說，身為無神論者時，他最強烈的願望就是神**不存在**，不希望自己的人生受到任何干預。在《驚喜之旅》中，他寫道：「在我的字典裡，最深惡痛絕的就是干預一詞。」[27]他深切體驗到，新舊約聖經之於他「正是一種超自然干預的核心力量」。無神論之所以合他的胃口，正在於滿足了他獨立自主的深層願望。他說，佛洛伊德的臨床觀察揭露了思想與情感的狀態，卻不明白這種情感裡面同時包含了對神存在的渴望與排拒。佛洛伊德自己沒跟上自己的觀察。

路易斯進一步申論自己的觀點。心中既有想望之事物，不僅表示那事物確實存在，同時也**證明**了那事物的存在。在他自己的人生中，他不時體驗到一種對他稱之為喜樂的深切想望，最後他總結說，那無非就是想要與造物者有所連繫的心願。他強調：「生命之為物，生來所具有的慾望都是可以獲得滿足的。嬰兒覺得餓了，自會有食物這樣的東西；小鴨想要游泳，自會有水這樣的東西。人有性的渴望時，自有兩性在焉。」[28]由此他引而申之，想要與造物者有所連繫，想要有生後的存在，這樣的欲求人皆有之，只不過我們往往求錯了東西。最近神經科學家的研究就別有所見。證據顯示，人類大腦與生俱有信仰的「迴路」。[29]若此說成立，此一迴路是否會

對超宇宙的智慧有所感應，關鍵則在於一個人的世界觀。正如路易斯所說：證據對我們的意義，「在於我們對證據所持的觀點」。[30]

路易斯寫道：「若我發現自己的願想並非此一世界所能滿足，最可能的解釋就是，我是為另一世界而生。」接著又說：「若塵世的享樂無法滿足此一願想，並不表示問題出在這個世界。這有可能是塵世的享樂根本就不在於滿足此一願想，而只是要喚醒我們，關注真正的要務。果真如此的話，那我就得當心點，一方面，要心存感恩，千萬不可看輕了這些塵世的福氣，另一方面，千萬不可把它們當真，那只是海市蜃樓，是回音，是影像而已。」

談到這種願想對人生的意義，路易斯說：「我應謹守盼望，嚮往真正的國，那只存在於死後；不當任其蒙塵荒廢，而當將之看作人生的主要目標，廣推至其他的國，幫助其他人行同樣的事。」[31]

總而言之：「終此一生，有一不可得之至福，始終遙不可及，非意識所能掌握。唯有當那一日來臨，一覺醒來喜出望外發現，一切都已成就，如若不然，即便伸手可及也失之交臂，永不可得。」[32]

佛洛伊德承認，他也有過類似的渴望。他用的的是德文 *Sehnsucht* 一字，與路易斯談到渴望時所用的是同一個字。[33] 在 1899 年發表的一篇文章中，他說有一「渴望」終身縈繞不去。在他的筆下，他把此一渴望與童年時和父親在林中散步時

的渴望聯繫到一塊。他寫道:「到現在我還相信,我始終未能甩開我家附近的那片美麗樹林……我總想要擺脫父親,儘管我幾乎還沒學會走路。」[34]

　　根據我的臨床觀察,每個人多少都與父母有過衝突,因此,對權威多少都懷有矛盾心理,其差異不在於程度而在於類型。前面我們曾提到過,佛洛伊德說到孩子對父親的心態:「對父親的害怕不下於渴慕與敬愛。」佛洛伊德或許是對的:這些早年對父母權威的情感會影響一個人對上帝的認知與態度,而且決定了成年之後他們對無上權威採取開放還是排拒封閉的態度。佛洛伊德主張無神,路易斯前半生不信神,部分原因或許根植於童年對父親的負面感受。此一說法有大量文獻可供佐證。童年時對父親強烈的負面感受,兩人都曾留下書面紀錄,也都把父親與他們年輕時排斥精神世界觀關聯到一塊。

　　佛洛伊德的父母結婚時,父親已經做了祖父。年輕的母親,年邁的父親,很自然地,孩子與母親較為親近。在他的自我分析中,佛洛伊德發現,自己對父親充滿了強烈的嫉妒與敵意。父親的財務拮据使狀況變本加厲。兒子後來成就非凡,父親在他心目中卻是個失敗者。年近六十時,在一篇文章中寫一個學童與父親的關係,寫的其實也是他自己。「童年的後半段,男孩與父親的關係起了變化,一次稱之為重大絕不為過的

變化……他發現，父親不再是最偉大、最聰明、最富有的人；對他越來越不滿意，開始批評他，重估他的社會地位，結果不出所料，由於對父親失望，孩子想讓他付出沉重的代價……他既是自己模仿的偶像，也是去之而後快，想要取而代之的對象。從此以後，這種愛恨交纏的情感一路伴隨，往往要到生命結束才終止……」[35]

十歲那年，知悉父親遭到反猶人士霸凌，被推出人行道卻忍氣吞聲，佛洛伊德視為奇恥大辱，終生不忘。父親篤信正統猶太教，每日讀經，說得一口流利的希伯來語，所有這些他都將之與宗教信仰畫上等號。

路易斯與父親的關係也充滿衝突。九歲喪母後，在他的筆下，父親經常情緒失控，亂發脾氣，「言語粗鄙，行事不公」。在他感情需要最迫切的時刻，父親送他遠走異鄉，他永遠無法原諒，接下去幾年，便與父親越發疏遠。在自傳中，他描述了父子關係的緊張，父親經常激怒他，任何問題的討論總是以爭論收場，作戰負傷調養時，請求父親來探視，得到的卻是相應不理。

「可憐亦復可笑」，路易斯這樣說他父親。一直到父親過世後許久，他才了解，自己與父親的衝突多半還是要怪自己，在自傳中，他承認：「我年輕氣盛，冷酷無情，父親那些一般老人都有的脾性——自那以後，於我看來不過是可愛的小毛病而已——我卻動輒火冒三丈。」[36]

如同佛洛伊德，路易斯也把精神世界觀跟父親關連起

來。父親鼓勵他上教堂，信上帝。十來歲成為無神論者時，他不僅未向父親稟報，而且還不止一次假裝自己是信徒。在自傳中，他承認，「與父親的關係可說是我人生的一大敗筆」。儘管是個無神論者，他還是為堅信禮做了準備，並在「完全不信」的狀況下領了第一次聖餐。在自傳中，他說：「懦弱使我虛偽，虛偽使我褻瀆上帝……我活在謊言中……完全無法跟父親溝通自己的想法。」

自己的無神思想與對父親的負面感受，兩者之間有著某種關聯，這一點路易斯似乎也注意到了。他不僅將精神世界觀與父親關連到一塊，而且知道自己之所以擁抱無神論，是故意要挑戰父親，困擾父親。父親去世時，想起自己對父親的冷漠、憤怒與不耐，深感懊悔。

無論佛洛伊德或路易斯，成年之後對權威都難以適應，對無上權威如此，對所有一般的權威也如此。在自傳中，佛洛伊德談到自己拼命想要擺脫「對權威最後一絲的愚忠」。[37]他說，他與下屬相處良好，「對上級或其他方面的高位者」則感到不耐。路易斯也寫過，身為無神論者時，「對權威深惡痛絕」。年幼時面對人生中第一個權威的負面感受，或許正是導致他們抗拒無上權威的癥結。

但話又說回來，觀念是會變的，佛洛伊德的理論卻沒有講到這一點。路易斯如何克復對信仰的抗拒？他做到了，而佛洛伊德卻沒有。為什麼？佛洛伊德沒有做出解釋。

說到佛洛伊德的許多教導，這位精神病理學大師所提供

的論點，都是支持他自己思想的片面事實，而對於他的結論有所質疑，他則隻字不提。針對神的存在，他的論點火力全開。但他的邏輯卻充滿先入為主的矛盾。終其一生，他飽受神存在的問題困擾，正反映了這種矛盾。沒錯，說到神的存在，他滿腦子想到的，都是「幼兒的」「神話故事」。某些佛洛伊德的讀者對此或許感到吃驚，但事實確實如此，證據在他的書信中隨處可見。

佛洛伊德的女兒安娜（Anna），唯一繼承他衣缽的孩子，有一次對我說：「若要了解家父，別讀他的傳記，讀他的書信。」細讀他的書信，其中一些材料，就算不令人迷惑，驚訝也屬難免。首先，佛洛伊德常常引用聖經，無論舊約或新約。在自傳中，他寫道：「聖經故事我從小耳熟能詳……到後來才發現，這對我的興趣發展有著深遠的影響。」[38] 其次，在他一生所寫的書信中，諸如「藉上帝之助我通過了這次考試」、「若蒙上帝允許」、「恩慈的主」、「上帝所不許」、「願主保守」、「直到復活之後」、「科學似乎也要求上帝存在」、「上帝的旨意」、「上帝的恩典」、「天上的主」、「如果有天我們在天上重聚」、「在未來的世界」、「我暗中的禱告」等詞句俯拾皆是。在一封給奧斯卡・費斯特的信中，佛洛伊德說費斯特是「神真正的僕人……有幸帶領人們歸向上帝」。這又是什麼意思呢？我們可以看作只是英文與德文的一般修飾語而予以忽略嗎？不，當然不行，若是別人固然無妨，出自佛洛伊德則不可。更何況他堅持口誤也是有意義的。

這種情形如影隨形，直至他的最後一本著作《摩西與一神教》，寫於半個世紀之後，時年八十。這個問題他為什麼始終放不下？神的存在問題如果他已經有了答案，為什麼還一直這樣糾纏著他？或許路易斯說得對，上帝可不是用解釋就可以抹掉的。佛洛伊德與路易斯都體驗過的那種深層渴望若得不到滿足，換做是我們也無法尋得安頓。

　　我的一些學生斷然否定神的存在，但都承認坐飛機遇到亂流時會不由自主地禱告。同樣地，佛洛伊德人生中有許多地方也與他的無神論主張相互牴觸。路易斯則說，身為無神論者時，他的生活也充滿矛盾。他寫道：「在這段期間，我活得如同許多無神論者……陷身矛盾的漩渦，我主張上帝不存在，卻也氣惱上帝的不管事，氣惱祂創造了這個世界……為什麼世上萬物毫無選擇的餘地，卻要背負生存的包袱？」[39] 即使是個無神論者，路易斯明白自己內心對上帝充滿了矛盾——一方面恨不得沒有上帝，另一方面又熱切渴望祂的存在。

　　路易斯與佛洛伊德，早年頗有些重要的相似之處。兩人童年都接受宗教教育，但也都在青少年時期成為無神論者。兩個絕頂聰明的青少年，之所以會拒斥宗教的養成教育，轉而擁抱無神論的世界觀，定是心理上受到過某種重大的影響。他們可曾慎重地檢驗過自己的信仰，並發現其中有不合於理智的地

方？對於求學過程中所受的影響，他們了然於心，但對父親及權威的矛盾感情，整體來說卻未必有所覺察。

要了解其中的來龍去脈，戈登·艾爾波特（W. Allport）所研發的宗教信仰分類法或許有所幫助。他把信仰分成兩類：**外在的**與**內在的**。[40]外在型信仰的動力來自於爭取地位與接納。小孩的信仰旨在取悅父母，通常屬於此類。內在型信仰則在於內化自己的信念，使之成為影響生活的主要動力。現代醫學研究顯示，外在型信仰可能為身心健康帶來負面效果，而內在型信仰經科學證實則具有正面效果[41]（參閱本書附錄）。

童年的宗教信仰無非是為取悅父母，佛洛伊德與路易斯都可視為外在型，很容易受外界的影響而動搖。如我們所知，他們排拒這種空有其名的外在信仰還有其他的外在因素，亦即他們對父親的反抗。兩個人在離家之後，路易斯是在念寄宿學校時，佛洛伊德則是在大學時期，不再受到父親的權威控制，便揚棄了他們空有其名的信仰。在對病人的分析中（或許也在對自己的分析中），佛洛伊德指出，「一旦父親的權威瓦解」，[42]年輕人很快就會放棄信仰。

佛洛依德的思想論著，其語調並非以臨床醫師及科學家的客觀與冷靜見稱，反倒是隨處流露激動、感性、好辯，有時候則是絕望與懇求。他彷彿吃了秤砣鐵了心，任何支持宗教世界觀成立的理由，他都去之而後快。

有的時候，佛洛伊德的攻擊不僅流於武斷而且矛盾。譬如他說，信神者均非上智之人，有「弱智」之嫌，就流於以偏

概全。他很篤定地說：「當一個人絲毫不加批判地接受宗教教條的荒謬，對其中的矛盾視而不見時，其智能之低落也就不太令人驚訝了。」[43] 沒錯，佛洛伊德對人的評價本來就不高，在他看來，一般人懶於思考，行事不依理性而受制於感情。他寫道：「一般人懶惰且沒有頭腦……生性怠惰……感情用事，沒辦法跟他們講道理。」[44] 將近八十歲時，他寫道：「一路走來，要我改變對人性的看法，那實在太難了。」[45] 但佛洛伊德卻明白，許多他所景仰的心智巨擘卻都是有信仰的人。在他的心目中，牛頓是不世出的天才，並常引用他的言論。寫到聖保羅，他說是「歷史的中流砥柱」。奧斯卡·費斯特，瑞士牧師兼精神分析學者，始終是佛洛伊德的知心好友，「在兒童心理分析的技巧上，我常接受他的各種建議。」[46] 這些人算是例外，總的來說，對於信神者，佛洛伊德無非冷嘲熱諷。

路易斯的論點就完全相反。按照他的看法，聖經世界觀其實類似我們的物質宇宙——極端複雜且與我們的認知不同。舉例來說，他指出，桌子不單純只是一張桌子，而是由原子、電子等構成。此外，宇宙也不僅只是物質元素的總和。路易斯相信，任何努力理解並活出此一世界觀的人都會發現，「自己的智慧增長了……一個未受過教育的人如班揚（Bunyan，譯按：《天路歷程》作者）能夠寫出一本驚世之作，道理在此。」

在佛洛伊德看來，抱持精神世界觀的人不僅缺乏智慧，而且患有「強迫性精神官能症」。童年跟著褓母上教堂，佛洛伊德看到人們頻頻下跪劃十字，可能也注意到正統猶太教教徒

禱告時的身體搖晃。後來，在臨床治療中，治療強迫症患者時，他注意到的症狀就讓他想起了這些早年的觀察。一個人若是患了強迫症，會重覆某些動作，諸如禱告、數數或洗手，以減緩強迫性念頭——持續且重覆的衝動或意象，具有侵擾力量並導致不安——所造成的焦慮。[47]

在他論宗教世界觀的第一篇論文〈強迫行爲與宗教儀式〉（Obsessive Actions and Religious Practices）中，佛洛伊德指出：「精神官能症患者的強迫行爲與信徒爲表達虔敬所展現的動作頗有相似之處。」[48] 他認爲，人類所經歷的發展階段可以類比爲個人所經歷的階段，一般的強迫性精神官能症也可以類比爲每個人成長過程中所經歷的幼兒期精神官能症，人類終有一天會擺脫宗教信仰的需求，尤其是接受了更高的教育之後。但事實上，根據最近的蓋洛普民調，儘管今天美國人的教育程度遠高於過去，但信仰在生活中扮演重要角色的人卻也更多於以往。[49]

今天精神科醫師所用的專業用語，許多來自於佛洛伊德。在他看來，精神世界觀的抱持者在精神官能方面都有問題，有時候已經瀕臨精神疾病。他明白指出，宗教信仰「相對於世間歷經努力才發現的事實，無異於異想天開，因此，大可將之比爲……幻覺」。幻覺之爲物，精神病學的界定是：固定不變的錯誤信念。凡人都有虛妄的信念。路易斯就曾指出，一件事情我們若所知甚少，正確的認知也就少，而錯誤的認知便相對增多，但隨著知識的增加，使我們明白自己的信念與事實

不符，錯誤的認知或信念便會改變。但一個人若有幻覺，即使面對相反的證據也不會改變自己的觀點。這就是精神病了。

有一位美國醫師，寫信給佛洛伊德談到自己的皈信經驗，佛洛伊德斥之為「幻覺型精神官能症」。在《文明及其缺憾》中，佛洛伊德就強調：「人類的宗教信仰應該歸類為集體幻覺。當然啦，有幻覺的人是不會承認的。」[50]

每個抱持精神世界觀的人都有精神問題，佛洛伊德真的如此認為？最近公布的蓋洛普民調指出，百分之九十六的美國人說自己相信神，百分之八十相信自己與神有聯繫。[51]難道那麼多的美國人都有精神問題？

佛洛伊德有關精神世界觀的論點，批評他言過其實，並不能抹煞他的科學貢獻。路易斯提醒我們，「精神分析的醫學理論與技術」與精神世界觀並無衝突。如果有，那也是「和佛洛伊德及其他人加諸於這套理論與技術的世界觀」有所衝突。接著，路易斯又說：「佛洛伊德談精神病的治療時，就其本業來說，他是專家，但談起一般哲學問題來，他只是個業餘……我發現，他所談的若不是他的本業，而我剛好又略懂得一些時……他是十足的無知。」[52]

總而言之，佛洛伊德與路易斯的論點可以放到證據與事實之下加以檢驗。我們必須先了解他們的論點，然後評估其中有多少是有所憑據的，又有多少是感情用事扭曲真實的。佛洛伊德把自己成長期間體驗到的強烈反猶太主義，和精神世界觀關連到一塊，對於後者，他之所以執意反對並欲加以摧毀，癥

結無疑在此。此外，可以想像得到，佛洛伊德的病人中，應該不乏信仰基於心理需求，或精神症狀帶有宗教成分的人，亦即信仰病態的病人。費斯特就曾提醒佛洛伊德，他所看到的只是宗教信仰的病態。費斯特在給他信中寫道：「我們之間的差異主要在於你成長於有問題的宗教環境，就把這當作是『宗教』了。」[53] 接下去我們將聚焦於佛洛伊德與路易斯的論點，看看到底是誰的更符應真實，並觀察他們的人生究竟是強化還是減弱了他們的論點。

3

良知：
有普世的道德法則嗎？

　　多數信神的人都相信一個基本前提：每個人「生來知道」是非對錯，因為有一絕對的道德法則存在於所有的文明中。現在假設，因有人富有，所以我可以竊他錢財，因有人妻願意，所以我可以同她睡覺，這樣有錯嗎？如果你不同意，那麼誰才是對的呢？如果我們沒有一個可供參考的道德架構，那也就沒有誰對錯的問題了。今天在我們文化中，這種道德相對論頗為盛行，激發了佛洛伊德與路易斯提出一個重要問題：世間有普世的道德法則嗎？

　　人生在世，為人處事都依循自己的是非觀。每個人都清楚什麼事是該做的，若做了不該做的事，內心的「良知」便會喚起一種令人不安的感覺，所謂的「罪惡感」。這種幾乎人人皆有的感覺，是神的道德法則嗎？或者，就只是父母教導的效應呢？

一天裡面，從早到晚，良知影響著我們做各種決定。若我們撿到一皮夾，裡面有許多錢，我們決定歸還或是據為己有，端在於我們的道德準則。這個準則哪裡來的呢？它不僅影響人的行為，還影響人對自己行為的感覺。這難道是人自己訂出來的？佛洛伊德認為，確實是這樣，一如我們訂立的交通規則，這種道德準則會因文化不同而改變。路易斯則說，這種準則本來就存在，一如數學的規律，是人發現的，而且此一普世的道德法則超越時間及文化。

佛洛伊德與路易斯的觀點南轅北轍，這裡牽涉到的是認識論，亦即知識的來源。佛洛伊德寫道：「……宇宙的一切知識，來源無他，謹慎深入的觀察而已，換句話說，也就是所謂的研究調查，除此之外，別無來自啟示的知識。」[1]若照佛洛伊德的說法，舊約的十誡及兩大誡命（愛神和愛人如己）都來自人的經驗而非天啟。他寫道，人類唯一的知識來源，科學方法而已。

路易斯強烈反對此說。科學方法無法回答所有問題，不可能是一切知識的來源。他說，科學工作——非常重要且必要——乃是實驗、觀察並記錄事物之運作與反應。他寫道：「但萬物發生的原因，及其背後科學所觀察不到的一切……則不是科學問題。」[2]

路易斯辯稱，宇宙之外是否有一大智慧存在，科學永遠無法回答。若有人要回答這個問題，充其量只是哲學的或形上學的假設，絕非科學的陳述。同樣地，普世道德法則是否存在

的問題，無法指望科學給出答案。

路易斯繼續說道：「我們都很想知道，宇宙之發生，究竟是並無任何理由，還是其背後有一力量造就了這一切……」他認為，我們可以設想此一力量是這樣展現其本身的：「在我們的內心有一主宰或命令，使我們按照一定的方式行事。我們自會發現自己內在的此一指導宇宙的力量，其之展現於我為道德法則，督促我正當行事，當我犯錯時，使我知道認錯並感到不安。」[3]

按照路易斯的說法，此一普世的道德法則不僅寫在舊約與新約，而且寫在我們的良心上。路易斯認為，此一法則是各種指向造物主存在的指標之一。路易斯說，證明造物主存在的本源有二：「一是祂所造的宇宙……另一則是祂置放於人心上的道德法則。」道德法則的證據力更勝一籌，因為「那是內在的訊息……相較於整個宇宙，道德法則讓我們更能夠認識到上帝，這就好像要認識一個人，聽其言更勝於觀其所造的房子。」[4]

路易斯認同哲學家康德的說法。康德說，「內心的道德法則」是上帝偉大的最有力見證。或許，路易斯與康德都記得聖經中造物主所說的話：「我要把我的律法置放他們心中，寫在他們心上。」（耶利米書三十一章 33 節）

康德對道德法則的說法，佛洛伊德表現出來的卻是困惑：「在一項著名宣言中，哲學家康德指名說，星空及內心的道德法則是上帝偉大的最有力見證。」但他卻質疑星空與「一

個人要愛人還是殺人的問題」扯得上什麼關係。康德用天上的星空跟內心的道德法則當作上帝存在的證據，佛洛伊德覺得「奇怪」。

但再經思考後，他說，康德的名言「觸及了一個重大的心理學事實」。在佛洛伊德的世界觀中，上帝只是父母權威的投射——如果我們接受這個說法，康德的話也就有道理了。我們的誕生與我們對是非的觀念都和父母脫離不了關係。佛洛伊德強調：「父親（或雙親）賦予孩子生命，守護他遠離危險，並教導他什麼是可以做的，什麼是不當為的……在有賞有罰的關愛中成長，孩子學到了自己的社會責任。」[5]

佛洛伊德確信，孩子長大後，他們的是非觀還是父母教的那一套，「父母所禁止的與所要求的持續存在於內心，成為道德良知」。最後，將這套賞罰體系「一成不變地」引進「他們的宗教」。

路易斯同意，道德法則之於我們，部分來自父母與師長，而且這有助於發展我們的良知。但這並不是說道德法則就是「人的發明」。他解釋說，父母與師長之於此一法則，就如他們之於九九乘法表，他們只是教導者而非創造者。他指出，父母師長教導的東西「有的只是約定，會因時因地而有所不同，譬如行車靠左的規定，有的地方卻是靠右，至於其他的，則是不會改變的真理，譬如數學。」[6]風俗或習慣隨時間改變，道德與道德法則歷久彌堅。

但佛洛伊德卻主張，倫理與道德出自人類的需求與經

驗。哲學家所提出的普世道德法則,「與理性有所衝突」。他寫道:「倫理的基礎並非道德秩序,而是爲了應付人類共同生活所帶來的非常狀況。」換句話說,對人類來說,道德準則是出於實用與權宜。路易斯把倫理與交通規則看作不同的東西,還眞是笑話;佛洛伊德寫道:「倫理之爲物,本就是人與人之間的一種交通規則。」也就是說,會隨時間與文化而改變。

　　路易斯辯稱,正是這一點,大可作爲相關的經驗證據。他說,基本上,所有文化的道德法則都相同,儘管彼此之間有些差異,但「差異不在於大處……在所有文化中都可以看到一條相同的律則。」[7]路易斯堅稱,自有歷史以來,人們就都意識到了,有一條律則自己應當奉行不逾:「大凡青史留名的人都承認某種形式的行爲規範,亦即起心動念要有所作爲時,都要先聽聽自己內在的聲音『該做』還是『不該做』。」[8]而且通常都做不到。路易斯寫道:「首先……普天之下,人人都有這種奇怪的想法,做人處事應該如何如何,絕不能夠有所偏離。其次……事實上,他們全都做不到……我們若要認淸自己及我們生活的這個世界,這兩項事實乃是根本。」[9]

　　路易斯比較過古代埃及、巴比倫、印度、中國、希臘及羅馬的道德教導,發現「不僅彼此極端相似,而且也與今日大同小異……我們不妨想想,有哪個國家會尊敬戰場上的逃兵,會爲以怨報德的人感到光榮……至於在待人方面,應該對哪些人無私──只限於家人,或同胞,或每個人──容或有所不同,但大體上都同意,不該將自己放在第一位。自私,自古以

來就是不受人尊敬的。」[10]

對道德法則的認知古已有之，或稱之爲「道」（Tao）、自然法則（Natural Law）、實踐理性第一原則（First Principles of Practical Reason）或傳統道德。路易斯說，自有歷史以來，道德法則之於個人，我們生來就視爲天經地義。[11]他提醒我們，在上次世界大戰中，納粹雖然壞事做盡，他們自己卻心知肚明，這一點我們深信不疑。他們懂得道德法則，知道自己犯下了大錯。我們審判他們，爲他們定罪。路易斯問道：「若非公理自在人心，納粹和我們一樣也知道什麼事是該做的，我們又憑什麼說敵人是錯的呢？」[12]

路易斯指出，儘管道德法則不會隨時間或文化而改變，但一個文化或個人對道德法則的敏感度及其表現方式卻不盡相同。舉例來說，納粹統治下的德意志民族顯然就無視於此一法則，倒行逆施，舉世唾棄。路易斯明白指出，我們比較不同文化的優劣時，就是以道德法則做爲判準。「當我們說這一套道德法則優於另一法則時……其實你就是拿一套標準在做評量，亦卽兩相比較之下，這一套更符合此一標準……此一衡量兩者的標準自然有別於受評的兩者。說白了，你正是用某種眞正的道德來評比兩者，承認不論人的想法如何，確有眞正的公理存在，有些人的想法更接近此一眞正的公理。」最後，他下結論說：「如果你說你的道德高於納粹，那麼，必定有著某種眞正的道德，才足以讓兩者比出高下。」[13]

或基於成長背景，或出於教育養成，有些人擁有較爲健

全的良知,對道德法則也有更深入的認知。路易斯說,他在自己的世界觀尚未改變之前,相較於熟識的年輕人,他的良知就不夠成熟。在《痛苦的奧祕》一書中,他回憶寫道:「初進大學,道德良知云云,我近乎白紙一張,充其量就只是看不慣殘忍與各嗇,至於節操、真誠、自我犧牲,在我來說,猶如狒狒之於古典音樂。」[14] 他也注意到,班上有些同學對道德法則的覺察就比較深刻,也更樂於服膺遵循。

佛洛伊德也承認,良心之發展因人而異。他說,如果上帝真的給了我們頭頂上一片星空,又在我們內心放了一把道德法則的尺,那麼,祂在道德法則上所做的工顯然不夠。」他進一步評論道:「星空確實燦爛,但說到良知,上帝所造卻是一件粗糙的劣品,因為絕大多數人的良知實在少得可憐,少到不值一提。」[15]

佛洛伊德可沒把自己算在那些「絕大多數」之內。波士頓的詹姆斯‧傑克森‧普特南博士(Dr. James Jackson Putnam),明顯是個普世道德法則的支持者,佛洛伊德在給他的信中說:「你竟然認為我會因為你的看法與我不同,而將你的理想主義觀點斥為無稽,這一點很令我難過。我不是一個心胸狹隘的人,還不至於無的放矢,說短道長。一如音樂於我乃屬多餘,我只是覺得一個更高的道德標準實在沒有必要。但我也不覺得自己更高明,因此……我尊重你和你的觀點……儘管我甘於做個為神所棄不信神的猶太人,但我並不以此為傲,也不會因此而看輕他人。套句浮士德的話:『有個怪胎也無妨。』」[16] 八年

後，佛洛伊德寫信給好友費斯特說：「倫理云云，於我有如天邊浮雲……善惡的問題，我懶得傷太多腦筋。」他說，大多數人他都沒放在心上，「管他們是公開支持這種或那種倫理學，還是什麼都不是。」[17]

佛洛伊德認為，人類歷史中充斥殘暴與不道德行為，而唯一的解方則是教育與建立「理性的權威」。他大聲疾呼：「我們未來唯一的希望，就是隨時間之推移，在人類心理生活中確立理智──科學精神、理性──的權威地位。」[18]愛因斯坦寫信給佛洛伊德，問他如何才能使人類免於戰爭，佛洛伊德回信寫道：「最理想的情況莫過於使人類的本性臣服於理性的權威之下。」[19]

然而，佛洛伊德卻目睹了納粹在世界教育最發達國家德國的崛起，領教過史上教育程度最高戰鬥部隊之一黨衛軍（SS troops）的恐怖。同時也注意到，精神分析師的知識提升，並未使他們的道德更高於其他專業群體。「精神分析未能使分析師自身更好、更高尚或更堅強，對我來說，始終感到失望。」在給普特南的另一封信中，他坦承：「或許是我期望太高吧。」[20]

如同他對信仰的起源，佛洛伊德也為良知的生成打造了一套理論。他認為，在小孩成長期間，「大約五歲時」，會有重大的變化。父母所教導的，什麼是可做的，什麼是不可做的，小孩將之內化，此一內化父母教導的部分成為他的良知，佛洛伊德稱之為超我（superego）。在他最後一部論著《精神分析綱

要》（*An Outline of Psychoanalysis*）中，佛洛伊德寫道：「外在世界的部分，至少有一部分，會如物件般遭到拋棄，另有一些部分則出於認同被納入了自我（ego），成為構成內心世界完整的一部分。」他解釋道：「此一新的心理機制繼續履行原來由父母執行的功能……對自我進行監督、命令、評斷，並以懲罰作為威脅，一如角色遭到取代的父母……我們稱此一機制為超我，並從它有如良心般的裁決功能察覺它的存在。」[21]

佛洛伊德總結此一過程，他說：「在人的持續成長過程中，外在的強制逐漸內化；因為超我這一特殊的心理機制會接收外在強制，並將之納入戒令。每個小孩都表現出此一轉變，也唯有通過此一機轉，小孩才成為一個具有道德感的社會存在。」[22]

在臨床觀察中，佛洛伊德發現，罪惡感有時候在疾病中扮演重要角色。有時候，罪惡感是無意識的。「一個病人若有罪惡感，彷彿自己犯了重罪，我們不建議他拋開這種良心上的不安，也不會強調他的清白；其實他自己已經這樣嘗試過，但沒有用。我們只是提醒他，這樣強烈且持久的感覺定然是來自某些真實的事情，或許可以將之發掘出來。」[23]

儘管入情入理至此，佛洛伊德有關罪惡感、超我與內化的理論仍然招致批評。路易斯就是其中之一。路易斯指出，歷史上所有的文化，包括非基督教文化，都注意到了道德法則的存在，而且都知道很難達到要求。在很多文獻中，都可以看到對永世懲罰的恐懼。在《痛苦的奧祕》中，路易斯寫道：「在

門徒爲異教徒佈道時，甚至都會設想這些異教徒的心理，他們知道自己會受到天譴。」但路易斯認爲，我們的文化已經喪失了這種敏銳。理由之一：「精神分析對大衆的影響」。路易斯寫道：「壓抑與抑制的理論」暗示「羞恥心是危險且有害的」，「我們被教導『把事情公開說出來』……因爲這些『事情』本來就是自然的，無須覺得羞恥。」[24]

因此，相較於之前的文化，對於種種不高尚行爲：「懦弱、欺騙、嫉妒、不貞」，我們很自然地傾向於接受。在這種情況下，路易斯說，聖經中贖罪與懺悔這類普世需求的概念就毫無意義了。這也就是說，聖經故事也毫無意義，除非「你了解有一眞正的道德法則，其背後有一力量，你若違背了此法則，也就使自己和那力量失和了。」[25]

佛洛伊德考量他自己的行爲時，就只好另尋其他標準了。沒錯，他的行爲多少與他的理論不符。對於自己的行爲，他不拿普世的規範做比較，卻拿他人的道德行爲來比。他喜歡比較。五十好幾將近六十歲時，在給普特南的信中，他寫道：「我自認是個有道德的人，也同意維舍（Th. Visher）的名言：『道德是不證自明的』。說到公正、爲他人設想、不使人痛苦或利用別人，相較於我認識的那些大好人，我覺得自己並不遜色。我從未做過卑鄙惡毒之事，甚至連念頭都不曾有。」[26]很快地，他接下去說，他「發現自己比多數人好，但並不以此爲足」。又說，他支持比較自由的性，但自己並不身體力行，而是奉行傳統的聖經性規範。[27]

這封信很重要。佛洛伊德說他相信「道德不證自明」的「名言」，路易斯很不以爲然，說他自稱支持道德法則只是無心之言。他的主張不同於自己的行爲，身爲一夫一妻制的男人，卻鼓勵性開放及更自由的性，他難道不明白，性自由與他自己嚴守規範之間是互爲矛盾的。

在路易斯看來，佛洛伊德所說的道德「不證自明」，意思應該是：「我認爲，人人遵守的基本道德原則是出於理性的認知。我們都『懂得』不當把自己的快樂建築在別人身上，正如我們『懂得』兩物若與另一物相同，則彼此也必相同的道理。若我們無法證明這兩個公理，並不是因爲它們不合於理性，而是因爲它們不證自明，證據之於它們是多餘的，其內在的合理性因自身的光芒而閃耀。正因爲不證自明是一切的道德的基礎，當我們勸人回歸正道時都會說：『你要理性呀！』」[28]

在另一段文字裡，路易斯評論了佛洛伊德拿他自己的行爲與別人做比較。佛洛伊德說出這樣的話：「我自認是個有道德的人……相較於我認識的那些大好人，我覺得自己並不遜色。」他也就淪爲路易斯在《魔鬼家書》（*The Screwtape Letters*）中所說的那一類人了。老魔鬼史克魯汰普（Screwtape），一個經驗老到的魔鬼，在培訓小魔鬼的晚宴中演講，教他們如何幫助那些上路前來地獄的人（病人）。說他們（魔鬼）若碰到一個人喜歡拿自己和別人做比較，抱持著我和你一樣好的心態，他們的機會就來了。

「第一個最明顯的機會。」史克魯汰普說：「就是你可以

引誘他堂而皇之撒個天大的謊。」「我和你一樣好」是名符其實的謊言：天底下，在仁慈、誠實及正直上，一如身高和體重，沒有人會和另外一個人是完全同等的。藉他所創造的人物史克魯汰普之口，路易斯說的是病人：「連他自己都不相信這個謊言……說**我和你一樣好**的人，絕不會相信這樣的謊言。如果真是如此，他絕不會講出來。」史克魯汰普的意思是，一個人若在某一方面果真優於他人，自己心裡有數就夠了，沒有必要講出來。

史克魯汰普說：「除了政治上，以平等為訴求的人，都是自覺在某些方面低人一等的人。」一個人需要說自己比別人高明，那就表示，「因為意識到自己低人一等所引起的奇癢、刺痛和難堪，連他自己都拒絕承受。」[29]

佛洛伊德會在信中聲稱自己「比多數人更好」，為什麼？難道他覺得自己低人一等或自我評價低落？精神科醫師早就注意到，自覺一無是處正是憂鬱症的典型症狀。[30]強烈的證據顯示，佛洛伊德大半生就飽受憂鬱症之苦，常在書信中提到，並曾多年服用古柯鹼尋求緩解。

同時，他也引用自己對嚴重憂鬱症患者的臨床觀察，駁斥普世道德法則的論點。根據他的觀察，有些病人，憂鬱症發作期間有強烈的罪惡感，但隨著病情好轉，卻發現罪惡感相對減輕或甚至消失。當一個人陷入憂鬱時，「他的『超我』會變得過度嚴厲，開始欺侮可憐的自我，羞辱他，虐待他，以最嚴酷的處罰威脅他，翻出遙遠過去所犯下的小錯小失找碴——彷

佛整段休兵期間都在囤積彈藥，就等到這進攻的一刻，火力全開，痛加撻伐。超我祭出最嚴格的道德標準，而無助的自我只有任他宰割。總而言之，超我者，道德的代理人是也，至此我們也就恍然大悟，罪惡感云云，無非就是自我與超我之間所表現出來的緊張狀態。」

佛洛伊德繼續寫道：「好幾個月過後，整個道德陣痛告一段落，超我的譴責偃旗息鼓，自我又回復了生機，開始再度享受生而為人的權利，直到下一回合的攻擊。」下面這一段話尤其令人震驚：「有人認為道德乃是神所賦予，深植人心，但經驗告訴我們，它其實只是周期性的發病現象。」[31] 的確，佛洛伊德並沒有錯。現在我們都知道，憂鬱症患者往往都有病態的罪惡感，有時候純粹出於想像而非真有其事。舉例來說，有一病人，弟弟（或妹妹）去世，想到自己平日對他（她）頗多不滿，心生愧疚，彷彿弟弟（妹妹）之死與自己脫離不了關係。這樣的罪惡感隨著精神疾病浮現，但會因病情好轉而消失。

佛洛伊德又將他的觀察延伸到健康人。如同路易斯，佛洛伊德也注意到，罪惡感似乎每個人都有。但他不相信普世道德法則的存在，而是透過宗教與道德戒律的起源提出了另一套理論。佛洛伊德熟知人類學，根據研究發現，原始人的生活以部族為中心，部族會以某種動物為徽記或象徵（亦即圖騰）。部族都有某些禁忌：「不得殺害圖騰動物，不得與同樣圖騰部族的女性有性關係」。同時，他也知道達爾文的一項「推論」：最初，男性群居，為首的男性強壯、凶暴且善妒，每個人對他

都唯命是從。

《圖騰與禁忌》一書中有一段著名的文字，佛洛伊德透露了自己腦海中的「圖像」：「群居的原始部族中，父親絕對專制，將所有女子據爲己有，把每個兒子都視爲危險的對手，不是殺害就是驅逐。一日，兒子們聯合起來……殺死既是敵人又是典範的父親，並分食其肉。」佛洛伊德推想，此一殺父的行爲卽是「男人罪惡感（或原罪）的起源……也是宗教與倫理規範的肇始」。並引述浮士德改寫約翰福音的一句話：「太初有事。」（in the beginning was the Deed）

佛洛伊德繼續開展他的推論：部族成員以圖騰——通常是動物——取代原生父親——最後，「一度遭人懼怕與忌恨又備受尊敬與嫉妒的原生父親則成爲上帝的原型」。他強調，「圖騰祭就是紀念這個可怕事件」，領聖餐的儀式也可以看做是「圖騰餐仍然留存，僅有些微變動」。弒父行爲的罪惡心理代代相傳，最後成爲全人類的「罪惡感」。[32] 根據佛洛伊德的說法，人之所以有罪惡感，並不是因爲違反了道德法則，而是承接了弒父行爲的罪過。

這套理論究竟是改寫人類歷史的大膽嘗試，還是純粹的妄想，這就要看每個人的世界觀而定。但話又說回來，卽便是自己寫下的一字一句，他也覺得有問題。殺死原生父親是一切倫理規範的開端，良心是這些規範的內化，若這些說法都成立，那麼，兒子殺死父親時若還不感覺罪惡，他們根本都沒有良心可言。

路易斯也看出了佛洛伊德假說的破綻。他指出:「試圖以別種東西來說明道德經驗,免不了從推論出發,譬如某位知名精神分析家就推測是來自於史前的弒父事件。如果弒父使人產生罪惡感,那是因爲他們覺得那樣做是錯的,換句話說,如果他們不覺得那樣有錯,罪惡感云云,也就無從說起了。」[33]

　　佛洛伊德的回應則是玩語義遊戲。他說,兒子殺死父親後,感到的是「懊悔」,而不是罪惡。在《文明及其缺憾》中,他解釋道:「一個人犯錯後有罪惡感……更正確地說,那種感覺應該稱之爲懊悔。當然,一般的推論是,在行爲發生前,良心——感到罪惡的本能——已經存在。但懊悔之爲物,只和所犯的過錯有關,因此,懊悔並無助於我們發現良心或罪惡感的起源。」[34]然後,佛洛伊德問:「如我們的推論,在行爲(弒父)發生前,並不存有所謂的良心及罪惡感……懊悔的感覺又是從何而來呢?」他自己給了一個答案:「懊悔是對父親那種天生的矛盾情感所造成的結果。兒子憎恨父親,但也愛他。當侵犯行爲紓解了他們的憎恨,對父親的愛佔了上風,因愛而生懊悔。」他接著又說:「無疑地,此一弒父事件應該破解了罪惡感的謎團,一掃而空我們的困惑。」[35]

　　談到這裡,如果對佛洛伊德的推論還會感到困惑,那也不意外,許多佛洛伊德傳記作家,甚至他本人,也都不例外。完成《圖騰與禁忌》之後,過沒多久,他對自己的結論就起了疑惑。在給幾位同事的信中寫道:「原來我對本書評價甚高,現在改變看法了,整體來說,是批判的。」[36]他擔心此書會引

發負面反應。果不其然，批評的聲浪出現了：「佛洛伊德的個人式幻想又來了，完全不足採信……人類學家群起貶斥他的結論，說他錯誤解讀了自己所提的證據。」[37]

更糟的是，佛洛伊德的整個假設——或如他所說，他的「看法」——架構在達爾文的推論上，亦即史前人類過的是群居生活，統治的男性一夫多妻、殘暴不仁，壟斷一切。進一步的研究並不支持此一假設。此外，他的理論基礎也有問題：後天的特質會代代相傳（上一代將罪惡感傳給下一代）。現代的遺傳學並不認同這個觀點。

佛洛伊德為什麼會寫一本連他自己都覺得有問題的書？這我們就只能用推測的了。彼得‧蓋伊（Peter Gay）寫道：「《圖騰與禁忌》一書中的論調，合理的推測，是佛洛伊德個人不足為人道的人生在作祟；從某個角度來看，這書代表了他與父親雅各‧佛洛伊德之間從未完結的角力。」蓋伊又說，佛洛伊德自己也知道，他寫的是「科幻」作品。[38]如果說，佛洛伊德一生都在與自己人生中的第一個權威「角力」，因此才會與「無上權威」進行角力，這可能嗎？是不是有一種強烈的需求在推動他，反抗並證明「律法制定者」的不存在？在一封給同事的信中，佛洛伊德說，他寫的東西「可以突顯我們之間，以及與所有宗教狂熱者之間的明顯區別。」[39]

佛洛伊德強調，道德起源於人類，這不僅是事實，將此一事實歸諸於上帝更是不智且「危險的」。他寫道：「宗教所看重的倫理要求，說實話，應該賦予另一個基礎；因為，倫理道

德與人類社會不可分割，將之與宗教信仰掛勾是危險的。」[40]

為什麼危險？因為佛洛伊德相信，隨著人越來越有知識，最終將會擺脫宗教信仰。他寫道：「知識越普及，宗教信仰越式微。」當人民大眾不再相信神，還有什麼力量可以推動他們來遵循道德呢？「如果不可殺害你的鄰人的唯一理由是上帝不許，且將在今生或來世受到嚴厲處罰，那麼，當你知道根本沒有上帝，祂的處罰也無須再害怕時，你必定會毫不猶豫地去做，這時候，唯一可以制止你的，就是世俗的力量。」[41]

佛洛伊德提出了一個論點：以理智的自我利益作為社會秩序的基礎。他強調，「受過教育的人於文明無大害」，他們會遵循倫理，因為理性告訴他們，如此做為符合他們的最大利益（佛洛伊德這段話講於 1927 年，當時在教育發達的德國，納粹猶未崛起）。但他也警告，「沒受過教育的廣大群眾則另當別論」。若要這些人遵從基本的道德戒律，得先給他們一個為什麼要這樣做的理由。舉例來說，他相信，只要告訴群眾，「基於共同的生存利益」不得殺人，他們就不會。但話又說回來，這似乎又與他所堅信的——群眾的感性更甚於理性——互為矛盾。

他強調：「如果我們誠實接受文明的規範與律法起源於人類，將上帝完全排除於外，這絕對是有利的。」「隨著宗教的假面虔敬，其戒律與律法的可靠性及穩定性也會付諸東流。」隨著教育程度不斷提升，人們將會了解，這些規範「是為他們自己的利益而存在……因而更友善地予以接受。」[42]

但路易斯卻另有所見，他認為，無視於道德法則的存在，將使人難以認識「律法制定者」。揚棄無神論之後，他在給朋友的信中說：「基督應許赦免我們的罪，但對於那些無知於自然律，無知於自己有罪的人，這又有什麼意義呢？人若不知道自己病魔纏身，有誰會去吃藥呢？對付無神論固然重要，但道德相對論才是首先要擊敗的敵人。」[43]

　　路易斯說，一個文化若不重視道德法則，舊約與新約中的贖罪與救贖概念也就毫無意義。既無需為逾越受罰，又無需對「律法制定者」負責，即使偏離了律法也無所謂，赦免或拯救也就形同多餘。既無知於道德法則，不知道自己已經偏離了律法，就會只拿別人做比較，特別是那些比我們偏離律法更多的人。這樣一來，也就養成了傲慢、自欺，路易斯所稱的「至惡」與「重罪」。佛洛伊德口口聲聲以「理性至上」為必要，路易斯則苦口婆心以「傲慢至上」為戒。[44]

　　佛洛伊德拿自己和他人做比較，結論是「自己比大多數人都好」，但他若拿舊約與新約中的兩大戒命衡量自己，或許就知道自己沒那麼好了。他就曾公開聲稱，「愛人如己」既不智又「不可能」。

　　佛洛伊德與路易斯都承認，大凡謹守道德法則的人，譬如聖保羅，最清楚自己與律法的標準相去有多遠。但佛洛伊德對此的詮釋卻與路易斯截然不同。佛洛伊德以為，「德行越高的人」，其良心的要求越嚴苛，因此，「那些越是聖潔的人，越是自責罪惡深重」。之所以如此，佛洛伊德的解釋是，這些人

的內心得不到滿足，使他們越發意識到自己有所不足，如此一來，罪惡感乃越加深重。「聖徒自稱罪人，其實他們並沒有那麼糟，只不過他們一直處於高度的自我期許之下，而自我期許也是一種誘惑。我們都明白，持續的挫折只會使誘惑不斷增強，**而偶爾的滿足則會使之減弱，至少是暫時的。**」[45]

路易斯的解釋就截然不同。他是這樣說的：「德行越高的人，越看得清楚自己內心的邪惡，反之，當一個人越來越墮落，就越加看不清楚自己的敗壞。一個不太壞的人，知道自己不是很好，一個全然敗壞的人，卻會覺得自己還不錯……好人心存善惡，壞人好壞不分。」路易斯說，越是與自己的邪念抗爭，就能越了解它們。越是對它們讓步，就越加無法了解。他寫道：「美德——即使出於虛榮——帶來光明，墮落則帶來黑暗。」[46]

佛洛伊德檢視自己的行為時，對自己的是非觀究竟來自何處感到困惑。他坦承，內心有種力量在推動他做對的事。很明顯地，他的超我理論並沒能給他一個滿足的答案。他的同事歐內斯特‧瓊斯，也是他的授權傳記作者寫道：「有個問題常令佛洛伊德感到困擾——有一種道德觀深植他內心，彷彿是他本性的一部分。對於什麼當作當為，他心裡一清二楚，一點疑惑都沒有。」[47]

在給普特南的信中，佛洛伊德寫道：「我嘗自問，為什麼自己總是行止端正，處處讓著別人，儘可能留下餘地，到頭來發現，別人卻是殘酷不仁，自己徒然成為俎上魚肉，吃盡苦

頭，但爲什麼我還是不改其志？說眞的，我也答不上來。說來還眞是傻。」接下去他又承認，當他審視自己內心時，其中似乎確有道德法則的跡象。他向普特南坦承：「以我爲例，可以說明你的觀點，追求理想的衝動乃是人類本性一個不可或缺的部分。」

但佛洛伊德又說，在某種情況下，他發現，人的行事作爲之所以都會以道德爲依據，其成因「用心理學來解釋也言之成理」。他總結說：「但如我所說，我對此一無所知。我自己——乃至我六個成年的孩子——爲什麼都是本本分分的人，對我來說，無解。」[48]

相較於佛洛伊德之所言，讓他的人生發言，或許更具參考價值吧。他承認內心有股「衝動」，督促他「本本分分」做人，這裡引聖保羅的話：「律法寫在人們的心裡」，或許就說明了一切。又或者，還是有如某些科學家最近所提出的新論點，這種「本本分分」做人的「衝動」，或許只是一種植入了基因庫的適應機制，根本無須上帝操心。[49]路易斯與佛洛伊德都服膺道德律，但佛洛伊德拿自己的表現和別人做比較，結論是他「比大多數人都好」。路易斯則是拿自己的表現和道德法則的要求做比較。結果發現「自己的人格」裡面「一塌糊塗」，以致「驚嚇莫名」。這發現使他了解自己需要外在的協助，也證明在他揚棄無神論轉而接受精神世界觀的過程中此是極爲重要的一步。

4

大轉變：
哪一條道路通往真實？

　　路易斯與佛洛伊德都同意，談到精神世界觀，最重要的問題是：它是真實的嗎？佛洛伊德承認，相信宗教的「神話」可以為人帶來慰藉。但他堅信，長此以往只會造成問題：「這種慰藉不值得信賴。經驗告訴我們，這個世界可不是幼兒園。」[1]這又引發了另一個核心問題：精神世界觀有用嗎？對人生是妨礙還是助力？它可以使我們短暫的人間歲月更有意義？佛洛伊德的論點是，由於精神世界觀並非真實，所以沒有用。將人生的基礎建立在幻象上，建立在錯誤的前提上，生活只會更加艱困。唯有真理才有助於我們面對殘酷的人生現實。但路易斯卻另有看法，他說，人生最重要的現實問題莫過於我們與造物者的關係，此一關係未經建立，成就、名聲、財富都只是一場空。誰才是對的呢？進一步研究兩位大師的理論與人生之前，且讓我們先來看看路易斯在世界觀上的改變。從他的

轉變，我們能學到些什麼？

事情發生在他三十一歲那年。改變使他的人生完全改觀，在他的思想中注入了目標和意義，創作力大幅提升，同時也改變了他的價值觀，他的自我形象，以及他的人際關係，不僅翻轉了他的**整個人**，也翻轉了他的**眼光**——從關注自己轉而到關注他人。

甚至連性情都變了。皈信前認識他的人都說，他變得更沉穩，內心平靜祥和，喜樂洋溢一掃昔日的消沉絕望。路易斯去世前陪伴身側的人，對他的「喜樂」與「寧靜」都印象深刻。

談起這次經驗，路易斯稱為「我的皈信」。「皈信」（conversion）一詞，依韋氏字典的解釋是：「明確而果斷地接受某種宗教信仰。」此一在聖經中並非常見的語詞，在舊約裡指的是以色列人從偶像崇拜轉為信靠真神，亦即「亞伯拉罕、以撒、雅各的父神」。在新約裡，則與「重生」同義。約翰福音第三章中提到，耶穌對猶太官員尼哥底母（Nicodemus）說：「人若不重生，就不能見神的國。」尼哥底母一臉疑惑，問說人要如何才能再次回到母親腹中體驗重生，耶穌解釋，重生所指並非肉體，而是「靈」的重生。一如肉體的誕生開啟了人與父母的關係，靈魂的重生則開啟了人與造物者之間的連結。

最近的蓋洛普民調顯示，大約八成的美國成年人說自己相信上帝，其中約一半的人則說自己有過皈信的經驗。[2]許

多傑出人物，從聖保羅、奧古斯丁、布萊茲・巴斯卡（Blaise Pascal）、喬納森・愛德華茲（Jonathan Edwards）、大衛・李文斯頓（David Livingstone）、多蘿西・戴伊（Dorothy Day）、托爾斯泰，到比較現代的作家如馬爾柯姆・穆格里奇（Malcolm Muggeridge）、艾德里奇・克里福（Eldridge Cleaver）及查爾斯・寇爾森（Charles Colson），都在作品中談過改變他們一生的靈性經驗。這樣多的一群人，若要了解他們，就有必要一探皈信的過程。它是怎麼發生的？其內心的變化是什麼？身為精神科醫師，長久以來，我一直抱著極大的臨床興趣。

佛洛伊德對此卻持懷疑態度，對那些自稱因此而得以一窺靈性世界觀奧祕的人尤其不以為然。約翰・牛頓（John Newton）皈信之後，在著名的讚歌《奇異恩典》（*Amazing Grace*）中寫道：「前我……瞎眼，今得看見。」這個曾經以販奴為業的英國商人，後來與威廉・威伯福斯（William Wilberforce）成為大英帝國廢奴運動的開路先鋒。早在佛洛伊德誕生前五十年寫下的這首讚歌，佛洛伊德或許也聽過。如果靈性上得以「看見」需要以皈信為條件，佛洛伊德質疑，那些沒有這種經驗的人又該如何呢？他問道：「如果宗教的真理有賴於內在經驗來見證，但沒有這種經驗的人太多了，他們該怎麼說呢？」換句話說，佛洛伊德問：「我又該怎麼說呢？」[3]

但同樣的事情若發生在他認識並尊敬的人身上，佛洛伊德似乎又接受了這種內在的經驗。舉例來說，他的摯友費斯特，他就從未質疑過他的內在經驗，說那是自欺，是幻想。聖

保羅的皈信經驗廣爲人知，佛洛伊德卻鮮少提及，反而經常引用他的話語，並將他歸類爲「大思想家」，說：「對於聖保羅這樣一個眞正的猶太偉人，我寄予深切的認同。昭昭青史，唯他屹立不墜，不是嗎？」[4]

所有皈信經驗中，最著名也最饒富戲劇性的或許莫過於保羅的經驗，使徒行傳第二十二章這樣記載：「晌午時分……忽然從天上發大光，四面照著我，我就仆倒在地，聽見有聲音……」若按照佛洛伊德的說法，既然上帝並不存在，那麼保羅的經歷就只是病徵，是視聽的幻覺而已。沒錯，有些現代精神科醫師，的確將他的皈信經驗歸諸爲癲癇發作，名爲顳葉癲癇症（temporal lobe epilepsy）。

在 1927 年發表的一次專訪中，佛洛伊德說，來生云云，他既不相信也不在乎。美國一位醫師讀到後寫信給他，信中提到自己的經驗：「上帝曉諭我的靈魂，聖經是祂的話語，有關耶穌基督的教導是眞實的，耶穌是我們唯一的盼望。在得到這樣清楚的啟示後，我接受聖經是上帝的話語，耶穌基督是我的救主。從此以後上帝多次向我顯現，證據確鑿……我懇求你，我的醫師弟兄，想一想這個最重要的問題，我向你保證，若你打開心靈正視這事情，上帝將會向你的靈魂揭示**真理**……。」佛洛伊德回信說：「上帝從未這樣對待過我，不曾讓我聽到內心的聲音；而且以我的年紀來說，若他還不趕快，以致我到生命結束時仍舊依然故我──『一個離經叛道的猶太人』，那可就不是我的錯了。」

之後不久，佛洛伊德寫了一篇論文，題名〈一次宗教經驗〉（A Religious Experience）[5]，為這位美國醫師做了精神分析，結論是：他患的是「幻想型精神病」，並說此一個案可能可以「為整個皈信心理學帶來一線曙光」。但他又說，這「絕不能」用來說明「每個皈信的個案」。之所以如此，或許是佛洛伊德對不同的個案有著不同的態度，譬如聖保羅，他的反應就是默認，承認這種經驗中有些是真實的，有些是病態的。又或許，這只是他對精神世界觀本來就有著根本上的矛盾，才會出現的模稜兩可。

精神醫學（psychiatry）領域深受佛洛伊德的影響，直至晚近仍然忽視人的靈性層面，將所有的信仰斥為「精神異狀」、「幻覺」、「童年願望的投射」、「幻想型精神病」等等。[6]但在過去幾年中，情況有了變化，越來越多的醫師認知到，了解病人的靈性層面確有其重要性。2000年五月，美國精神病學會（American Psychiatric Association）舉行年會，有關靈性議題的討論會就超過十三場，為該會歷年來最多的一次。

數年前，針對哈佛大學大學部學生對「皈信」的看法，我進行了一項研究計畫，訪談了這些學生，以及對他們皈信前後有所認識的人。這種經驗究竟是病態表現，亦即疏離孤立，是不利於成長的，還是適應良好，是有利於成長的？對身心運作是有害的還是有益的？研究結果發表於《美國精神醫學期刊》（*American Journal of Psychiatry*），文中每個受訪者都提到「在自我運作上得到顯著改善，包括生活方式的重大改變，戒

除藥物、酒精及吸菸；自制力增強，接受嚴格的性規範要求，信守貞潔或婚姻忠實；學業表現進步；自我形象提升，更能體會內心感受；建立『良好人際關係』的能力增強；與父母的溝通得到改善，儘管學生突如其來的強烈宗教興趣，多數父母最初都表現出某種程度的不可思議；情緒的正面改變，『存在絕望感』降低；以及對時不我予及死亡的恐懼減弱。」[7]

但話又說回來，問題還沒完，這種經驗又是如何發生的呢？像路易斯這樣一個有天賦、有學識、極端強硬的無神論者，一個國際頂尖大學的教授，居然會擁抱一個與他無神觀點極端相左的世界觀，他是如何做到的？如此劇烈的改變，包括他的性情、動機、人際關係、創作及人生目標，是什麼樣的力量有以致之？對於精神世界觀，他不僅全心擁抱，而且盡其餘生予以闡述、捍衛，成為其「最有影響力的代言人」，這是什麼力量促成的？最後，路易斯不僅對宇宙之外有一大智慧存在深信不疑，而且相信此一存有曾經走入人類的歷史，如此堅定的信念又是從何而來？

在此之前，路易斯甚至認為自己的無神主張更勝於佛洛伊德。佛洛伊德在維也納大學大學部就讀時，無神觀點還搖擺不定，而路易斯呢？在牛津求學期間就已經堅定不移。他喜歡結交神職人員，卻這樣寫道：「我喜歡熊，但一點都不想去動物園，同樣地，我喜歡神職人員，但要我上教堂免談。」只要一想到有個無上權威可能會介入自己的人生，路易斯就覺得嫌惡。他寫道：「普天之下沒有一個地方，即便靈魂最深處……

可以用鐵絲網圈圍起來，用『禁止進入』的告示牌擋住。而我想要做的正是這事；某個地方，無論多小，我可以昭告天下：「這是我的事，閒人勿插手」。路易斯坦承，他衷心希望上帝不存在。

路易斯在一封信裡寫過，他人生的轉型是「漸進的，理性的……絕不簡單。」首先，在他的人生中，從貝爾法斯特的童年到三十出頭的皈信，不時會有強烈渴望某個地方或某個人的感受。為何如此，他百思不得其解。路易斯回憶八歲時，一股強烈的渴望「突然升起，毫無徵兆，彷彿醞釀了好幾個世紀……一種渴望，但渴望什麼呢？」[8] 然後，一如其來，又突然消失。「那渴望不見了，整個世界回復平常樣貌，僅那平息的渴望依稀。就這一眨眼的工夫，卻感覺到，世間所有一切於我來說都不若這渴望來得重要。」路易斯形容這種渴望，「一種難以滿足的渴求，渴望之深切，勝過其他一切渴求的滿足……我稱之為**喜樂**……懷疑世間曾有人嘗過這種滋味，若有，縱使拿世間一切歡樂與之交換也必不肯。」他仔細區別這種渴望與一廂情願的不同，寫道：「這種渴望本質上完全異於一廂情願，比較像是經過深思的願想。」

路易斯形容這種經驗為「我生命中的核心大事」，儘管如此，到頭來他才明白，人的關係無法滿足這種渴望。喜樂者，「指向此生此世以外的某種東西」，一個指向造物者的指標。信仰的大轉變之後，喜樂的體驗「幾乎不再讓我感興趣」。他解釋道：「當我們在林中迷路，看到路標是何等大事，第一個發

現的人的定會大喊：『看呀！』大夥都會聚過來爭相一睹。等一旦找到了路，經過每隔幾哩就會有的路標，就不會有人再停下來看它一眼了。」

路易斯的大轉變，朋友也扮演了重要角色。年輕的路易斯初任牛津教職，幾個他所敬佩的摯友揚棄了原來的唯物主義世界觀，成為他所謂的「徹底的超自然主義」。路易斯認為那根本就是「荒天下之大謬」，雖不覺得「與他們為伍」有什麼不妥，卻有種「被棄的孤獨感」。後來又結交了其他令他敬佩的同事，特別是戴森教授（Professor H. V. V. Dyson）與托爾金教授（Professor J. R. R. Tolkien）。這兩人都是虔誠若渴的信徒，在路易斯的大轉變中起了舉足輕重的作用。路易斯寫道，這些怪咖「開始在我的周遭出沒」。

路易斯注意到，所有他心儀不已的作家，包括古代的與現代的，都是唯心世界觀的擁護者：柏拉圖、衛吉爾、但丁、約翰遜（Johnson）、史賓塞（Spenser）、米爾頓，以及較近代的作家如喬治·麥唐納（George MacDonald）及切斯特頓（G. K. Chesterton）。相較之下，他所讀過的唯物主義作家就顯得「無足輕重」了（當然，柏拉圖的唯心論有異於切斯特頓，但若要將他在唯物論與唯心論之間定位，只能將之歸入後者）。

接下來，兩件事情相繼而來。第一件，路易斯讀了切斯特頓的《永生之人》（*Everlasting Man*），深受其論點影響，並援用於自己後來的作品。切斯特頓，英國作家、記者、詩人及文學評論，著作等身。第一次接觸他的作品，路易斯十九歲。

服役軍中時，因戰壕熱住進醫院，治療期間讀了切斯特頓的一本散文。令他不解的是，自己對切斯特頓的唯心論居然頗有好感。他在筆記中寫道：「我的悲觀主義、無神論，以及對溫情的厭惡，照理說，他應該是所有作家中我最難以接受的一位。」但他又補充說：「看來上天似乎……有意否決我們各自的口味，將兩個心靈拉到了一塊。」[9]

1963 年的一次訪談中，路易斯坦承：「當代著作對我幫助最大的就是切斯特頓的《永生之人》。」[10]另外在他的自傳中，他解釋道：「當時我並不知道，自己已在無形中受到了影響。一個年輕人，若想要守住自己的無神論立場，看書千萬要小心。」儘管「切斯特頓比其他現代作家加起來還有意思」，卻也和其他路易斯欽佩的作家一樣，有點「小遺憾」：是個信神的人。

接著，第二件事情發生了，是一次「重大的衝擊」。一天晚上，牛津大學最激進的無神論教授威爾頓（T. D. Weldon）在路易斯房中聊天，說福音書的歷史可信度極高。路易斯聞言大感困惱，心想這話中的意義非同小可。如果連「我所認識的無神論者中最死硬的人」都認為福音書是真實的，自己又是身在何處，又該何去何從呢？「難道一切自有定數？」他一向以為新約的故事無非神話，毫無歷史根據。新約若為事實，他明白，其他一切事實的重要性也就相形失色了。難道這意味著自己的整個人生方向都錯了？

談到這裡，路易斯回憶起多年前抵達牛津第一天的往

事。帶著行李離開火車站，往大學方向走去，心裡想著，傳聞中夢寐多年的「著名尖塔與鐘樓」即將映入眼簾。走著走著，卻走入了一片空曠的鄉野，堂堂學府連個影子都沒有。四顧張望，發現宏偉的尖塔與鐘樓在小鎮的另一頭，才知道自己搞錯了方向。多年後，路易斯在自傳中寫道：「當時我還不知道，這次小小的冒險簡直就是我整個一生的寫照。」[11]

路易斯寫道，他開始感覺到，那個自己拚死拚活否認的「對頭」正向他步步進逼，覺得自己是被追捕的獵物。多數他仰慕的大作家及許多摯友都是有信仰的人。「狐狸在野地裡四處逃竄……筋疲力竭，獵犬緊追，幾乎每個人都加入了追捕的行列。」路易斯開始懷疑，或許他們才是對的。他深知，「打開那扇門或繼續緊閉」，操之於自己的意志。

然後，他做出了一生中最重大的決定，決意敞開心靈，檢視證據。「搭乘公車，我上到海汀頓山（Headington Hill）……意識到自己正對某事欲迎還拒……敞開或繼續緊閉門戶……抉擇看似重逾千鈞，卻異常理智……我選擇敞開……覺得自己有如一個雪人，冰封多年終於開始融化……」決心既下，那個他拚死拚活拒於門外的**祂**現身了。

終於，路易斯投降。「你可以想像，在麥迪倫的房內，我獨自一人，夜以繼日，只要我心離開工作，縱使只是片刻，便覺得那個我避之唯恐不及的祂毫不放鬆，步步進逼。終於，我所懼怕的到臨了。復活節後的學期……我豎起白旗，承認這個上帝是神，跪下禱告：這或許是那一夜全英國最懊喪最勉強的

皈信。」[12]

　　此一轉型的第一階段，路易斯這樣說：「僅止於轉而相信有神，單純而簡單……至於道成肉身，我仍一無所知……我所順服的上帝畢竟還不是人類。」在他與這個上帝之間，他感受不到人與人的關係，有時候禱告，覺得自己是在「向不存在的地址投信」。

　　儘管相當抗拒，一旦接受確有一超宇宙的大智慧存在，路易斯終於明白，此一**存有**要求完全順服：「……其要求是『全面的』……信服，原因無他，就只因為祂是上帝……因為祂是祂的本尊……若你問為何要服從上帝，答案無他，『信』而已。」

　　這段期間，路易斯對於新約的教義仍有困惑。他發現，「相信自己不了解的事情」很難。對於福音故事與現代生活的關係，他也表示懷疑。「我無法了解的是，兩千年前某個人（無論是誰）的生死怎麼可能對此時此地的我們有所幫助……」。[13]在他看來，「贖罪」、「犧牲」、「羔羊的血」，這些說法既愚昧又不可思議。他寫道：「救贖的整個理論，於我充滿了疑惑。」

　　於是，他開始讀希臘文新約。他教哲學，深知「『宗教信仰』五花八門」，說詞各有衝突，何者方為真實，他又如何得知？但「死硬派」無神論者威爾頓有關新約歷史可信度的話，卻在他腦海縈繞不去。一生都在讀古抄本的路易斯，這一回把新約讀下來，大感震驚。身為無神論者，一如佛洛伊德，在他

看來，新約故事只不過是另一種偉大的神話。他對古代神話及傳奇——特別是挪威神話——如數家珍，且深受感動。青少年時期讀到《齊格菲與諸神的黃昏》（*Siegfried and the Twilight of the Gods*），還重新點燃了失落已久的喜樂。這些神話中的許多人物，如巴爾德（Balder）、安東尼斯（Adonis）及巴克斯（Bacchus），其故事情節都與聖經故事相似：一個神來到世間，爲拯救人民而犧牲，並從死裡復活。路易斯一直都以爲，新約故事只不過是另一個這類神話而已。

路易斯注意到，這些古代作家才氣縱橫，作品精彩絕倫，想像力豐富，而所有這些都是福音書所沒有的。福音書的故事似乎都是親眼目睹歷史事件的記載，紀錄者基本上是猶太人，對於周遭異教徒的偉大神話顯然並不熟悉。路易斯寫道：「以我對文學評論的認識，不可能將福音書歸類爲神話。基本上，它們沒有神話的味道。」[14] 他指出，福音書與文學創作根本上是兩回事。「像福音書這樣，除非眞有神話成爲事實，神話人物成爲眞人。」[15] 在《奇蹟》（*Miracles*）一書中，他解釋說，上帝有時候會利用神話來預告歷史：「……眞理先以神話的形式出現，經過長期積澱，最後才化爲事實成爲歷史。」他覺得，當眞理成爲歷史事實時，相較於神話，會比較單純、「平實」，「不會像異教神話那樣多采多姿，充滿豐富的想像之美」。[16] 在給葛里夫斯（Greeves）的信中，他說：「如今基督的故事就是一個眞實的神話，和其他神話一樣打動人心，但其間有著極大的差異，**前者是真實發生的事**……」[17]

針對福音書的風格與內容，他特別指出：「以我這樣一個文學史家來說，我百分之百相信，福音書絕非傳奇。我讀過的傳奇（神話）不計其數，十分清楚兩者絕非同一回事。就藝術手法來說，福音書比不上傳奇，從想像力的角度看乏善可陳，而且語焉不詳……耶穌一生的好大一部分我們都一無所知……若是傳奇，沒有人會這樣寫的。」[18]

　　對於新約中的這位核心人物，他的觀念開始改變。身為無神論者時，在路易斯眼裡，拿撒勒的耶穌不過是一位「希伯來哲人」，一位偉大的道德導師。現在他看這個人物完全換了一個眼光：「……歷經時光的洗禮，其真實，其栩栩如生，猶如柏拉圖筆下的蘇格拉底，或包斯威爾（Boswell）筆下的約翰遜……然而，在天外的光輝照耀之下，他也光芒萬丈，是一個神。但既然是神──我們已經不再是多神論者──那麼，便不是一個神，而是上帝。至此，神話成為事實，道成肉身，是神，也是人。」[19]路易斯總算明白了，這個人對他做出了宣告，宣告他既然為真，便不再可能是一個偉大的道德導師。首先，他指出，耶穌發布了「驚世的宣告」，他是彌賽亞，是**唯一的神**。他引述基督的話：「我是上帝所生，亞伯拉罕之前，我就存在（I am）。」接著又說：「……需知 I am 二字，在希伯來語中乃是上帝的名，任何人都要避諱，口說這名的都要招來殺身。」[20]身為語言學家，路易斯特別留心新約中提到基督時，說他是「所生，而非所造」，而且是「所生唯一的兒子」。路易斯解釋道：「**所生**，即是父之所生；**所造**，則是製

造……上帝**所生**是神，正如人之**所生**是人。上帝**所造**不是神，正如人之**所造**不是人。因此，人不是上帝的兒子，基督才是，道理在此。」[21]

　　同時，他也注意到，這個人還宣告了赦免，赦免人對別人所犯的罪。他後來寫到：「說這話的若不是神，其荒謬就如鬧劇一場。一個人原諒冒犯了自己的人，這我們都可以理解……但若是你踐踏了別人，偷了別人的錢，卻有人宣稱，說他原諒你，這個人我們又該如何看待呢？」[22]這樣的宣稱非同小可，連佛洛伊德都明白。在給費斯特的一封信中，他寫道：「現在，假設我對一個病人說：『我，西格蒙特・佛洛伊德教授，赦免你的罪。』我把自己當成了什麼呀！」[23]

　　路易斯強調，耶穌說他是彌賽亞，並赦免人的罪，這樣的宣告就顯示了他絕對不只是一個偉大的道德導師而已。這裡我們看到了切斯特頓對他的影響。在《永生之人》中，切斯特頓指出，歷史上偉大的道德導師，如穆罕默德、彌迦（Micah）、瑪拉基（Malachi）、孔子、柏拉圖、摩西或佛陀，沒有一個曾經宣稱自己是神：「他們沒有一個人做過這樣的宣告……越是德行高的人，越不可能這麼說。」[24]路易斯引申切斯特頓的論點，這樣寫道：「若你問佛陀：『你是梵天（Bramah）之子嗎？』他定會說：『孩子，你還身在幻境。』若你問蘇格拉底：『你是宙斯嗎？』他定會笑你。若你問穆罕默德：『你是阿拉嗎？』那他定會撕裂自己衣裳，然後砍你的腦袋……耶穌所說的那番話，是任何偉大的道德導師都不會說

的！」

耶穌基督宣稱自己是神並握有赦罪的權柄，有三個可能，但只有一個成立：其一，那是他的幻覺，其二，他存心欺騙追隨者，其三，他確實是如他自己所宣稱的。路易斯繼續他的新約研讀，同意切斯特頓的看法，證據顯示這個人並不是壞人也沒有精神疾病（宣稱自己是神的人，精神科醫師確實看過，但這一類人不是正常功能嚴重受損，就是對現實的認知嚴重扭曲）。就路易斯來說，新約所記載的教導完全看不出有精神問題。他指出：「從這個人及追隨者的教導來看，眾人都同意，其所展現的道德乃是最純淨高尚的……充滿智慧與灼見……出自清醒的神智。」[25] 後來，在他最受歡迎的一本書中，其中一章他是這樣結尾的：「一個凡人若說了耶穌所說那番話，這人若不是瘋子……就是地獄的魔鬼……絕不會是偉大的道德導師。碰到這樣的人，你必須做出抉擇……可以當他是個傻瓜，叫他閉嘴，唾棄他，殺掉他，也可以選擇匍匐在祂的腳下，尊祂爲主爲神。但不管怎麼說，絕不可以當個是非不分的濫好人，稱祂爲偉大的人類導師。祂可沒給我們這個選項。祂也無意如此。」[26]

深受切斯特頓的影響，路易斯接受了「道成肉身」——宇宙創造者走進了人類的歷史——這一重大的觀點。切斯特頓寫道，新約的故事「無異於明白宣示，此一高深莫測的世界創造者曾親臨這個世界，宣告此一無影無形的原創者，甚至在最近，或在人類的歷史中，千眞萬確到訪過這個世界。對**這位**

創造世界的人，思想家提出相關理論，神話家也傳下神話。沒錯，世間最傑出的思想家及最美的傳奇都曾經暗示，確有這樣一個高於人類、超越萬有的存有。但無論理論或傳奇，都從未暗示過這樣的事情……宗教先知最常說的是，他是此一存有的忠誠僕人……原始神話最常提到的，則是造物者充滿萬有。但造物者曾經身臨……羅馬帝國的日常生活──這乃是天地間從所未有的事，是人類清楚說出第一句話以來的驚人宣告……在比較宗教學中卻淪為塵埃與廢話。」[27]「福音」的意思是好消息。切斯特頓說：「這消息太好了，好到令人不相信是它真的。」

這消息之所以好，在於它為人帶來了一條道路，得以從努力遵守道德法則卻歷經失敗的絕望中走出來──路易斯正是如此。他認真持續讀經，卻發現所有重要的聖經人物（一人除外），沒有一個守得住道德法則。亞當自己違逆，卻歸罪於夏娃──墮落，象徵人與造物者之間有了區隔，是疾病與死亡之始；亞伯拉罕說謊，隱瞞他與撒拉的夫妻關係；大衛犯了姦淫與謀殺罪；乃至門徒彼得，否認自己認識耶穌。所有這一切在在顯示，除了上帝自己，無一人守得住道德法則。違反此一法則使人與上帝遠離，因此而需要救贖──與祂和解。新約證實了這一切：上帝遣祂的「獨子」促成此一和解，贖回我們。路易斯終於了解，異教徒有關神祇死亡的神話、希伯來經書的預言、乃至植物生命的模式──「都必須先卑微自身，成為僵硬、渺小、生機蕩然，必須落入土裡，才會得到新生」[28]──

全都指向歷史性的那一刻：造物者自身來到地上，死去，復活。所有這一切將人類從墮落中釋放，世界得到拯救。路易斯終於「看清了」那些原先以為的「愚昧或無知」，信仰的拼圖完成。

有人或許會問，新約，這本人類文明史中最具影響力的典籍之一，路易斯身為無神論者，一個長年埋首牛津圖書館的傑出學者，怎麼可能沒讀過相關的論著。路易斯當然知道，有關耶穌基督的書籍，數量之多勝過歷史上的任何一個人，祂也出現在羅馬與猶太史家的著作中，因此，絕不只是神話。更何況，西方有記載的歷史事件都是以祂出生的前後為紀年。既然如此，部分答案或許如路易斯對自己的形容，在身為無神論者的那些年裡，他是個「心盲」。

1931 年九月十九日夜晚，或許是他一生中最重要的時刻，路易斯邀請兩位摯友——戴森與托爾金——晚餐，席間談論神話及其隱喻。飯後漫步牛津校園宜人的艾迪森步道（Addison's Walk）。小徑長約一哩，山毛櫸蒼翠高聳，兩旁野地開敞，繁花似錦，常有鹿隻出沒。夜晚溫暖平靜，三人聊到很晚，路易斯回憶，突然一陣強風，秋葉初落，靜立黑暗諦聽，對路易斯來說，或許具有某種象徵意義，當時他剛在讀約翰福音，讀到這樣的句子：「風想吹哪裡就哪裡。你聽見風的響聲，但不曉得從哪裡來，往哪裡去。凡從聖靈所生的，也是如此。」（約翰福音三章 8 節）聊天繼續，直至麥迪倫鐘塔敲響凌晨三點。托爾金顯然不知道時間這樣晚了，趕忙回家找妻

子。路易斯與戴森繼續，又聊了一個鐘頭。

那晚過後十二天，路易斯寫信給亞瑟‧葛里夫斯：「我剛死去……開始堅信基督。這事改日再作解釋。那日夜晚和戴森及托爾金的長談關係至大。」[29]另一封信中，他又寫到：「……我的皈信，說到理智的那一面，實非易事。」[30]「我的皈信，說到人的因素，首推戴森與托爾金。」[31]「皈信之途甚多，有的急轉直下有如突變（如聖保羅、聖奧古斯丁，或班揚），有的則是漸進和理智（如我自己）。」[32]

但這到底是如何發生的呢？他說，他知道「**何時**」，但不明白「**究竟**」。當時他正騎機車去動物園。他寫道：「臨出發時，我還不信耶穌基督是上帝的兒子，但到達動物園時，我信了。一路上我並沒在想這個問題，情緒也平靜……」後來，他用了一個生動且熟悉的比喻：「很像一個人，長睡一覺之後，依舊躺在床上一動不動，知道自己醒來了。」

的確，每天由睡夢中的非真實世界轉回到真實世界的經驗我們都有過。如同路易斯知道自己信耶穌基督了，我們知道自己醒來。他知道影響這整個過程的人和事，就像我們知道影響我們醒來的因素──天光、鬧鐘或其他。但就和我們從睡夢到清醒一樣，他從不信轉到相信的這整個過程究竟是如何發生的，儘管能言善道如路易斯，卻沒有多做說明。

一旦下定了決心，克服了自己的「心盲」，檢視證據，決定放棄自己的意志，唯有到了這一刻，他才真正做到了他自己所說的，由不信的黑暗進入信仰的光明。他清醒了。

路易斯堅持，他的皈信基本上是「理智的」，並詳細敍述了其間的思考過程。騎機車前往動物園的路上，路易斯說得很清楚：「一路上我真的……沒什麼太大的情緒……談起重大事件的發生，若要追究起來，到最後我們能用的或許就是『情緒化』一詞。」

　　即便是路易斯，這樣的大事竟然完全不帶情緒，身為精神科醫師，我覺得不可思議。情緒先於思想，情緒對決定與行為的影響往往大於思想。或許是童年心靈的創傷經驗，路易斯的感情世界為之封閉，這在他的自傳中就有大量證據。譬如，他這樣說：「……父親的情緒波動極大……影響所及，早在我還不知道情緒為何物之前，就對情緒產生了某種程度的不信任及厭惡，視之為討厭、尷尬甚至危險的東西。」[33]

　　但無論如何，在他皈信這件事上，路易斯的理智的確扮演了重要的角色。他知道，無知乃是他不信有神的癥結。皈信之後不久，在一封信裡他解釋道：「使我裹足不前的……不在於相信之難，而在於知之難……對一件你完全無知的事，你自是不會相信。」[34]直到讀了新約之後，既得所知，有所了悟，也就為最後之所信打下了根基。

　　在路易斯的轉變與我所研究的大學生皈信之間，有許多相似的地方。首先，事情都發生在崇尚新潮、自由的大學裡，這樣的環境本就偏向宗教經驗的排斥。其次，路易斯和學生在他們敬佩的人身上都發現了自己所欠缺的特質。路易斯的對象是大作家與牛津群儒，而哈佛學生的對象則是自己的同學，他

們顯然深受同儕影響。其三，路易斯和每個學生都有極大的決心，敞開胸懷，檢視證據。路易斯開始閱讀希臘文新約，學生則參加了學校裡的聖經研習班，開始接受這些章句的歷史可信度，了解那位**核心人物**並非兩千年前死去的一個人，而是「活生生的真實」，破天荒地向人們宣告了自己的身分，以及自己與他們之間的關係。其四，路易斯與每個學生皈信之後，都發現新的信仰強化了自己的心智，都說無論人際關係、自我形象、人格性情及工作效率，都獲得了正面的進展。認識他們的人也都證實，皈信前後他們的確有所不同。

但所有這些改變用心理學都解釋得通嗎？路易斯和這些學生有可能經歷了某種情緒失衡嗎？如果佛洛伊德把路易斯放到診療椅上，他找得到「強迫型精神病」或「妄想型精神異常」的症狀嗎？檢驗的結果推翻了這種可能性。按照佛洛伊德（及今天多數從精神動力學出發的精神科醫師）的理解，情緒性心理疾病是由無意識的衝突引起，導致病人重要的心智功能嚴重受損。病人是否需要治療，要看功能受損的程度。如果佛洛伊德為路易斯做分析，從各種跡象來看，他非但不會診斷他為異常，還會如他對聖保羅及摯友費斯特一樣，高度肯定他的學識與文學造詣。以佛洛伊德的臨床醫術，他應該看得出來，路易斯的轉變不但使他的性情更趨成熟，也更加強化而非損傷了他的心智功能。或許他還會得到一個和著名精神分析家艾瑞克・艾瑞克森（Erik Erikson）一樣的結論：像路易斯這種經歷過轉變的人，「往往比較成熟，或突然間變得少年老成……其

成熟猶勝於父母、師長，在如何避免生活腐化、死亡如何賦予生命意義的問題上，早早就有所洞見，而別人可能要花上一輩子才能領會一二」。[35]

第 2 部

我們應該
怎麼活？

5

快樂：人生的至樂來自何處？

　　前幾章我們探討了人生哲學問題，包括有神與無神，以及在兩者之間的轉變，但相關的問題還有許多，甚至無以數計。信神與不信神反映了兩種截然不同的世界觀，因此，對於如何面對生與死、愛與失，乃至性，其所提出的答案自也迥然而異。針對這些問題，佛洛伊德與路易斯也都給出了明確的答案，但兩者往往又互為衝突。

　　生命中最為人所渴望、最難以捉摸，又最複雜的，莫過於快樂。人所希望與追求的，無非是能使自己快樂的一切事物——健康、迷人的外貌、理想的婚姻、子女、舒適的家、成功、名望、經濟獨立——不一而足。但話又說回來，擁有這一切的又未必真正快樂，不快樂的人比比皆是，絕不少於快樂的人。縱使不是精神科醫師，大家都知道，相當驚人數量的美國人飽受憂鬱症之苦——長期處於不快樂狀態——其中又有相當多的人選擇以自殺結束自己的不快樂（在美國，每年有超過二

十五萬人企圖自殺，約三萬人成功）。

我常問學生，根據他們的觀察與經驗，他們周遭的人是否快樂。答案千篇一律：不快樂。毫無例外地，我感到驚訝。我對他們說，相較於世界上的大多數人，他們什麼都擁有——年輕、健康、才能、豐衣足食、舒適的居住環境、教育、有希望的未來等等。那麼，又是什麼使得他們不快樂呢？典型的答案：缺乏有意義的人我關係。學生說，他們周遭的人似乎全都成了成功的犧牲品。我再問，在他們同儕的心目中，所謂成功是什麼，社會灌輸給他們的人生目標又是什麼，答案是：「名聲與財富」。

什麼是快樂？如何定義？多少個世紀以來，多少大思想家都嘗試闡釋此一人類最重要的感受。有些哲學家總結說，快樂者，人永遠無法達到的一個虛幻目標。著名德國哲學家叔本華（Arthur Schopenhauer）——佛洛伊德深受其著作影響——曾說：「人從來不曾快樂，但卻耗盡一生追求自以為可讓自己快樂的事物。」有的定義則反映了某種特定的人生哲學，另一個同樣也影響過佛洛伊德的哲學家是尼采（Friedrich Nietzsche），他曾就問道：「什麼是快樂？」。答案則是：「力量增強，擊退抗阻的感覺。」

佛洛伊德與路易斯對感受與情緒的描述都極為精確，儘管如此，兩人給快樂下的定義卻南轅北轍。乍看之下，不免怪異，就算兩個人的世界觀不同，各自分頭追尋快樂，怎麼會連給這種心情下個定義也迥然而異呢？然而，更進一步考察，佛

洛伊德的觀點基本上建立在他的唯物觀上，而路易斯的定義則反映了他的精神生活。兩者對比倒是頗值得玩味。

　　若去翻現代字典，快樂的概念同樣不清不楚。常見的定義說，快樂是一種心理狀態，取決於外在情況，亦即「可喜的、美好的情況」（《美國傳統字典》〔*American Heritage Dictionary*〕）。另一個定義：快樂是一種心情、感受、正面情緒，亦即「人在滿足或愉快時表現的心情」（《韋氏大字典》〔*Webster's Collegiate Dictionary*〕）或「暫時或持久的愉悅狀態」（《美國傳統字典》）。「快樂」的同義詞則包括「高興」、「愉悅」、「開心」、「歡喜」及「歡欣」。至於快樂的反面，這些字典都說是「悲傷」，而悲傷若持續一段長時間，就是憂鬱症的基本症狀，是當今文明最普遍的心理疾病。根據最近的調查，美國人約有百分之三十，亦即超過七千五百萬人，有生之年可能罹患憂鬱症並尋求治療。由於多數有憂鬱症的人不會向外求助，研究人員相信，確實的數字應該更高。[1]

　　在廣為人閱讀並引用的《文明及其缺憾》中，佛洛伊德寫到：「從人的行為就可以看出一個人的人生目的與意向為何⋯⋯答案幾乎無可懷疑。追求快樂而已。得到快樂，並常保有快樂。」[2]又說，相較於快樂，「不快樂來的容易得多」。對此無論同意與否，多數人都承認，人生在世匆匆數十載，快樂關乎人生的品質至巨。此外，一如最近有關憂鬱症的調查，我們可能也會同意，多數人的一生中，不快樂總是免不了的。那麼，佛洛伊德也好，路易斯也罷，誰的道理才能夠讓我們更了

解快樂，人生也因此多得些快樂呢？

佛洛伊德將快樂等同於享樂，特別是性需求所得到的滿足。他寫道：「快樂……是一個人類滿足本能慾望的問題……嚴格來說，我們所指的快樂，來自需求達到一個高點時所得到的滿足（尤其是意想不到的）……」[3]又說：「……性（生殖器的）愛……提供……最強烈的滿足……為一切快樂的原型。」佛洛伊德寫道，此一「享樂原則從一開始就支配著人類心理機制的運作」。

快樂之所以如此困難，他列舉了幾個理由。首先，他提到許多痛苦的來源，包括疾病、衰老、自然的毀滅力量，以及痛苦之最：人際關係。其二，由於性享樂只是「間歇現象」──只有在性慾達到一定強度之後──我們所感受到的快樂只是短暫的。佛洛伊德解釋道：「我們生來如此，快感僅來自事物的對比，很少來自事物的狀態。因此，快樂之於我們，天生就有其限制。」

此外，文化對本能的性需求表達有所限制與禁止，更加侷限了我們的享樂，因此也限制了追求歡樂的能力。而當我們打破這些規範時，多數人──雖非所有人──卻又感到罪惡，如此一來更不快樂。佛洛伊德進一步說，一開始，是父母將這些社會規範加諸於我們，我們因為怕失去他們的愛而服從，到後來，這種父母權威便內化成為良心，成為超我。

或許是開玩笑，佛洛伊德問說：「試想，若將文明的禁忌拋諸腦後，只要是喜歡的女人，就可以當作性對象取樂，也可

以毫無顧忌地加害情敵或壞你成事的人，還可以非經許可取別人財物，這豈不是太棒了，還有什麼不能滿足的！」佛洛伊德明白，別人「也有和我相同的慾望，我會如何對待別人，別人也會毫不考慮地同樣對待我。因此，這些限制一旦取消，實際上就只有一個人可以享有『毫無限制的』快樂……那就是大權獨攬的獨裁者。」[4]（但話又說回來，令人好奇的是，希特勒及其他獨裁者會認為自己快樂嗎？）所以佛洛伊德同意，作為一個文明人，我們需要禁制來約束性和攻擊的本能，保護我們免於他人的侵犯。但也因為如此，我們付出了代價，大幅削減了快樂的享有。

人類不快樂的原因，佛洛伊德以為還有另外一個。由於性愛「給人帶來無可比擬的歡愉，因此也為我們提供了尋求快樂的模式」，[5]人乃傾向於到愛的關係中去尋求快樂。但佛洛伊德提出警告，當愛的關係成為一個人快樂的主要來源時，「他也就把自身交給了外在世界的一個危險因素，亦即他所愛的對象，萬一日後被對方所棄，又或對象不忠或死亡，便會使自己陷入極大痛苦。」[6]一如詩人所說：「人有所愛，最是脆弱，痛苦說來就來；人失所愛，最是無助，快樂煙消雲散。」[7]

佛洛伊德承認，我們可以從創造性的工作中獲得一定程度的樂趣，亦即他所謂的「本能的昇華」。但這類樂趣或快樂，「諸如藝術家從事創作……或科學家解決問題或發現真理……無法帶動肉體的感應，相較於原始本能衝動的滿足，其快感自然有所不足」。[8]何況並非每個人都能從事創造性的工

作，也不是每個人都擁有這方面的天賦。但話又說回來，佛洛伊德認為，工作通常都可以「有效轉移」不快樂。他猜想伏爾泰也有同樣見解，才會在《憨第德》（*Candide*）中勸人去花園種花。但他很快又提醒：「相較於其他方面的滿足，一般人並不怎麼看重工作的樂趣。絕大多數人工作，無非是不得不做的壓力……」對多數人來說，工作並不能帶來快樂。

在佛洛伊德的時代，甚至連科技的進步及「平均壽命的增加」也未使人更感覺快樂（我們的時代亦然）。事實上，佛洛伊德認為，這些進步徒然帶來不幸。「人類對自然力的控制到了這樣的程度……彼此摧毀至最後一人也不過是舉手之易。此事大家心知肚明，不安、愁苦和焦慮乃隨之而來。」

看來今生想要得到快樂似乎非常困難，「反倒是不快樂要容易得多」。佛洛伊德做這樣解釋：「痛苦的威脅來自三個方面：一是來自身體。這副皮囊注定衰敗、腐爛，甚至連警告信號也非靠疼痛與焦慮不可；二是來自外在世界。無情的摧毀力量無與倫比，隨時可以吞噬我們；最後是來自人際關係。此一痛苦之源所帶來的苦楚或許更甚於其他。」[9]

為解除此一「不安」、「愁苦」及「焦慮」，許多人訴諸精神領域，佛洛伊德大大不以為然。在他看來，宗教信仰「試圖以幻想再造現實，從中得到某種快樂，並以此逃避痛苦……當然啦，有這種幻想的人是不會承認的」。[10]

然而，他又承認，世界觀不僅能緩解不快樂，還能影響感受快樂的程度，因為自己的世界觀做不到這一點，他對此羨

慕不已。在《摩西與一神教》中，他語帶譏諷地說：「那些相信有超能力存在的人，還真讓我們這種沒有信仰的人羨慕……他們的那套教義既全面、詳盡又言之鑿鑿，相較之下，我們絞盡腦汁所提出的見解卻顯得既牽強、貧乏又零碎。」他注意到，信徒都說他們打從心底知道自己該如何行事做人。「聖靈……將此一理想深植人心，同時並督促他們努力做到。」他承認，他們能做到多少，對他們的心理狀態大有影響。在談到普世道德法則時，佛洛伊德說：「他們的心理生活繫於自己的行為差此一理想有多遠。……這樣說吧，離理想越近，就覺得滿心歡喜；遠離理想越遠，就飽受苦惱折磨。」但對這種觀點佛洛伊德依然不屑一顧，嘲諷說：「說來說去，三兩下就搞定，還確立不搖。」很快又接著說：「這樣一個至高的存有，如果透過生活經驗與自然觀察都還無法接受，那也只有抱歉了。」[11] 他不免納悶，此一廣傳四方相信至高存有的信念，究竟是從哪裡「得來的巨大力量，使理性與科學也為之失守」。最後，他總結說：「……我們只好說，快樂不快樂，不在『創世』的計畫之內。」[12]

　　但路易斯卻相信創世的計畫中確實包括了快樂，只不過計畫出了些差錯。依照路易斯的看法，人的痛苦多數來自其他人──估計約占人類痛苦的四分之三──因此，我們有必要弄清楚，究竟是什麼，會讓人類將痛苦加諸於別人。他的解釋是：「上帝造物，皆有自由意志。這也就是說，人會走錯路也會行正道。有些人以為，人是自由的，但不會犯錯。我可不這

麼想。自由既可行善，也就可以作惡。正因爲自由意志，作惡始成爲可能。上帝所造的人越是聰明、越有天分，其所擁有的愛的能力越大，其爲宇宙正面力量的能力也越大，但同樣地，這人如果叛逆，其作惡的能力，以及製造痛苦與不快樂的能力也就越大。我們遠祖的背叛，以其自由意志逾越了道德法則……做自己的主人……尋自己的快樂而遠離了上帝。」

於是，路易斯問：「上帝爲什麼還要給人自由意志？」上帝若知道，人會用這自由爲自己加添那麼多挫折，給別人帶來那麼多愁苦，卻還是給了我們自由，這究竟是爲什麼？「因爲，儘管自由意志有可能造惡，但也唯有自由意志可以成就愛、或善、或值得享有的喜樂。」若沒有自由意志，人就成了機器人，上帝顯然喜歡與人而非機器打交道。路易斯強調：「上帝爲祂的高等生物所設計的快樂，是自由且主動地與祂及他人合爲一體，溶入無邊的愛與喜樂，相較之下，男女之間狂熱的愛戀就只是地上的奶與水。因此，非要自由不可。」[13]

路易斯強調，人生的首要目標，亦卽人存在於世間的理由，就是與造人的上帝建立關係。此一關係一日未能建立，我們窮一生之力追求的一切快樂，包括名聲、金錢、權力、美滿的婚姻或誠摯的友情，永遠不得饜足，空虛依舊，不安依舊，快樂遙不可及。路易斯解釋道：「上帝設計人這部機器，仰賴祂的供給而運行。祂本身卽是我們靈魂的燃料和食物……離開上帝，我們便得不著快樂和平安，因爲祂若不在，這一切都不存在。」[14]

佛洛伊德認為，「性的（生殖器的）」滿足是歡愉最強烈的體驗，因此是一切快樂的原型。路易斯不同意。在《上帝待審》（*God in the Dock*）中，他辯道，即使在婚姻中，快樂之獲得絕不只是有賴於性的和諧。「兩個人成就一段持久的愛，絕不只是因為他們是絕佳的愛侶，還因為他們——容我不客氣地說——也是善良的人：自律、忠誠、公正、相互調適。」

　　路易斯又說，人皆有權利追求快樂——一如美國人常說的——但於快樂本身，我們毫無權利可言。「對我來說，這就和有人說幸運之神都得聽他的一樣可笑……我們快樂或愁苦，大多取決於無法控制的外在環境。對我來說，快樂的權利，就和說有六呎身高、父親有百萬家當、野餐時有好天氣的權利一樣，根本毫無意義。」[15] 路易斯雖然相信一切形式的歡愉、歡樂、快樂及喜樂都來自上帝，祂大方施予我們享用，但他也承認，世俗的享樂永遠無法完全滿足我們。他說：「歡樂，我們從來不曾少過，甚至不乏欣喜若狂。」但我們的渴望也從未完全得到滿足。上帝留了一手，「把我們都想要的至關緊要的快樂與平安」保留了下來。否則，我們只會把這個世界當作是我們的家，而不是我們暫時作客的地方。他寫道，造物主「預備了舒適的旅邸，供我們旅途休息，但並不希望我們誤以為那就是自己的家。」[16]

　　世俗的歡愉與快樂來源雖是上帝所賜，可以盡情享受，但路易斯相信，所有這些若成了人生主要的追求，其中就暗藏了危險，不僅會誤導我們把這個世界當成永久的居所，而且會

疏離了我們與上帝的關係。路易斯警告，儘管「歡愉與快樂並不是什麼壞事，上帝總會成全我們，但話又說回來，祂不希望我們因享樂而遠離祂，愛享樂更勝於愛祂。」[17]他不斷強調精神生活的一個原則：當人把自己與上帝的關係放到第一位，其他所有一切，包括俗世的愛與歡愉，都會隨著增加。在一封給朋友的信中，他寫道：「若我愛上帝超過愛世間的最愛，隨之而來的，我愛我的最愛將更勝於從前。若我因愛世間的最愛而疏離上帝，並以之取代上帝，那麼，即使是世間的最愛，我也都不會放在心上了。最重要的事永遠放在第一位，次要的事不僅不會受到壓抑，反而會得到提升。」[18]

最後，也是很重要的一點，路易斯強調，我們需要且渴望與造物者的關係，而這種需要與渴望，任何世俗的歡樂都無法取代或滿足。他相信，若將此一關係的尋求放在第一位，我們定將得到，且得到極大的喜樂。若只顧著先求自己的快樂，那麼，與造物者的關係及自己的快樂俱不可得。他寫道：「事實上，不為快樂費心勞神，才是快樂的極致，恰如金錢所能帶給我們的最大快樂，就是在需要錢時無須為錢煩惱……」[19]

路易斯引述了新約一節經文：「祢創造萬物，因祢歡喜他們的存在與被造。」接著又說：「我們之所以被造，主要不是為了我們會愛上帝（當然這也是原因之一），而是為了上帝愛我們，使我們成為神的愛可以『得其所愛』的對象。」要成為上帝之所愛，或許還需要經過改造。生命中所經歷的不快樂或痛苦正可以使我們得以改變，成為上帝所愛的人，並在內心

找到喜樂。路易斯寫道:「唯有成為上帝真心所愛的樣子,才是真正的快樂。」[20]他不斷地強調,我們一心想要得到的快樂——深層的、穩定的、持續的——若是遠離了上帝,一切終將徒勞。他的理由是,人乃是為此一關係而被造:「在祂的計畫中,祂設計了為他們所預備的標準,若達到了,他們的本性就將得到充實,快樂也將得到成就……苦痛成為過去。」[21]路易斯結論說:「上帝所給,皆為祂所有的,而非祂所沒有。這也就是說,祂給的快樂是原本就有的,而非虛幻的快樂。人只有三種選擇:成為上帝,亦即和上帝一樣;以受造者身分分享上帝的善;以及悲慘的人生。如果我們不學著接受這個宇宙所生產的糧食——這個宇宙所能夠生產的唯一糧食——那就只好挨餓了。」[22]

　　佛洛伊德的唯物觀點使他對快樂之獲得抱持悲觀態度。如同佛洛伊德,路易斯在相信無神論期間也是如此。對佛洛伊德來說,肉體享樂瞬息即逝,不快樂自是無可避免。未來在他眼裡,無非晦暗凶險。路易斯皈信之後則變得樂觀,對未來充滿希望。到底誰才是對的呢?答案或許就在他們的傳記中。

　　佛洛伊德與路易斯改變世界觀之前,在他們書信及自傳中,經常提及自己的悲觀、憂鬱與悶悶不樂。兩人年幼時都經歷失親之痛(研究顯示,早年失去父母或代理父母的人,

成年有可能罹患憂鬱症）。[23]佛洛伊德常寫到自己的「憂鬱症發作」。路易斯的朋友則曾提到他皈信之前的「塞爾特式的憂鬱」（Celtic melancholy）。

青少年時期，佛洛伊德與朋友艾德華・席爾伯斯坦書信往來頻繁。很明顯地，席爾伯斯坦就曾在信中談到過佛洛伊德的消沉。和許多憂鬱症患者一樣，佛洛伊德並不認為自己有憂鬱症，而且抗拒這樣的說法。他如此寫道：「你這樣說我的苦悶及感傷，很不公平。」那時候他十六歲，堅持自己其實很開朗，只有在「不小心的時刻才會讓寂寞得手」。[24]但不到六個月，在給朋友的信中，談到自己的消沉時，卻說是「我的悲慘人生」。

這些不小心的時刻，或許是發生在佛洛伊德愛情失意之後。多年後，提到吉莎拉・福勒斯（Gisela Fluss），他說那是「我的初戀」，儘管如此，他對她的認識，以及這段青春夢想中的關係究竟有多深，我們的資料卻少得可憐。可以確定的是，大約三年後，他獲知她嫁做人婦，寫了一封信給席爾伯斯坦，內附一首長詩，詩名〈新婚禮讚〉（Epithalamium），[25]詩中把她寫得甚為不堪，提到自己對她的種種不滿，似在藉此一消心頭的失落之痛。然而，或許出於無心，信中還夾帶了詩的草稿，字裡行間充滿憤怒：一想到「新娘躺在別的男人的懷裡」，「徹底絕望」，「怒不可遏，痛到撕心裂肺」。但還有更令人驚心的，許多地方提到自殺：「寄給我兩瓶氰化鉀……五滴乙醚……毒芹……砒霜，要白的、純的……」這或許只是一個

青少年表現出來的誇大反應，日後他口中所謂的「調情」而已，但話又說回來，就一個陷入憂鬱症而難以自拔的人來說，或許就不算誇大了。

二十歲之後所寫的信中，許多地方也都提到他自己的憂鬱症。二十六歲那年，在給未婚妻瑪莎·伯納斯的信中說，多虧朋友「在我消沉時拉我一把」。[26]數年後，佛洛伊德發現了另一種緩解的方法。1884 年年初，時年二十八，開始實驗一種新藥，古柯鹼。從他的信中可以看出，之前的一年中，他身陷嚴重的沮喪焦慮。1884 年八月，在給未婚妻的信中，寫道：「過去十四個月中，快樂的日子僅及三、四……對一個還不知年輕為何物的年輕人來說，這也未免太少了。」[27]也就是在這封信之前幾個星期，他開始服用古柯鹼，發現自己的憂鬱症得到緩解。在信中講到自己，「有如一個體內有古柯鹼的狂人。上次嚴重發作時，我再次服用，只要小小的劑量就讓我飛上了天。」[28]

六個月後，在給瑪莎的信中，又提到這藥物：「我定時服用極小的劑量，應付憂鬱症及消化不良，效果好到不行。」[29]又過了幾個月，信是這樣開頭的：「今天妳可能嗅不到憂鬱的氣息了，往後我從巴黎給妳的信，妳將會習慣這種調調的。」[30]

藥物，當然不是佛洛伊德唯一的辦法。有的時候，他用工作來提振自己的心情。在給菲利斯的信中，他寫道：「控制憂鬱症，我有一劑秘方：腦力活動。」[31]但在心靈上他仍然未脫悲觀主義者的陰暗特質。四十三歲時，他同菲利斯分享了

自己「對『快樂』的本質的新理解：在命運還沒把你一次玩完之前，你都應該說自己是快樂的。」[32] 好一段時間之後，在給他的醫師的信中，佛洛伊德大談快樂的不可捉摸：「⋯⋯你認為自己已經牢牢掌握它了，但它總是再一次溜走。」[33] 八十歲時，人生已到盡頭，他沉鬱依舊：「我心情不好，少有令我開心之事，自責越發嚴屬。我給自己的診斷，老年憂鬱症是也。」[34]

心情沉鬱之外，還有其他的憂鬱症症狀，包括絕望與無助、負面思考生命、常想到死亡，以及對未來感到悲觀。事實上，某些專家就認為，負面思考及悲觀心態不僅僅是憂鬱症的特徵，其實也是**肇因**（某些心理治療學派，特別是認知行為治療〔cognitive behavior therapy〕，在憂鬱症的治療上，就是從改變負面思考著手）。所有這些憂鬱症的特點，在佛洛伊德身上都找得到。這裡專就他的負面思考及悲觀心態做個考察。

佛洛伊德的文字中，悲觀心態無所不在。在給同事卡爾・亞伯拉罕（Karl Abraham）的信中，他寫道：「生命加諸於我的負擔太過沉重。我不太談起這一點，因我知道，別人只會把這些話當成牢騷，看作憂鬱症的表徵。」[35] 另一封給亞伯拉罕的信，離他去世還有十五年之久，但死亡與悲觀揮之不去，盡皆表露無遺：「儘管大家都說我會康復，內心深處卻樂觀不起來，總以為自己的生命要走到盡頭了。傷口（他的口腔癌手術）的痛楚從未停止過，更加使我深信不疑。這是一種老年憂鬱症：非理性地留戀生命與更理智地接受死亡之間的矛盾衝

突⋯⋯」[36]

　　他的悲觀心態不止見於書信，在他的思想性作品中亦然。舉例來說，在寫於七十多歲的《文明及其缺憾》中，他的結論悲觀至此：「既然生命那麼艱難，歡樂闕如，活得久又有什麼好處，既然生命充滿悲苦，我們只好把死亡當作拯救，掃榻以待又有何不可？」[37]

　　他的世界觀與悲觀之間大有關係，佛洛伊德顯然覺察到了。在一封給奧斯卡・費斯特的信中，他為自己的悲觀辯護，這樣寫道：「我既非自虐者也非受虐者，若有能力，我大可和別人一樣，欣然以赴，給人類一個有希望的未來，更美好，更令人舒暢，若我們真能指望這樣的事情的話。但這在我看來，只不過是另類幻覺（希望會實現），與事實不符。問題不在於哪種信仰更能讓人生感到愉悅、舒適或更有利，而在於更接近那橫在我們眼前令人困惑的現實⋯⋯對我來說，我的悲觀主義看來已經是個定論，而反對我的人所持的樂觀主義不過是個先驗的假設而已。」[38]他極力為自己的理論與觀點辯護，說它們都是立基於完美的邏輯。「我和我的灰色理論是理性的婚姻，而別人呢，則是和自己的理論戀愛結婚。」提到他的對手時，他說：「但願他們因此可以得到比我更大的幸福。」看來佛洛伊德也知道，自己的世界觀很難為他帶來快樂，但也束手無策。

　　路易斯前半生也飽受憂鬱症之苦。箇中原因不外幼年喪母、父親冷漠，以及第一個寄宿學校校長的嚴酷。童年後期也

是苦痛歲月，沉痛的喪失帶來愁苦悲傷。直到十五歲，到了大布克罕（Great Bookham）學校，受教於寇克派崔克先生門下，路易斯才勉強體會到了一點快樂。在給朋友葛里夫斯的信裡，他寫道：「我的處境真的很奇特，突然間，一陣風似的，從莫爾文悽慘、絕望的恐怖轉入了一個高於尋常的舒適與寬裕。但你別羨慕得太早，要知道那可是多年不幸才換來的補償。如今只希望再也不要過那等苦日子了……」[39]

許多證據顯示，佛洛伊德那樣的悲觀與消沉，路易斯不遑多讓。在自傳、書信與其他書寫中，他都談到過這種悲觀心態。在《驚喜之旅》中，提到這種悲觀時，他說，小小年紀「對長大就不抱什麼指望了」。他把這種消沉的態度部分歸咎於父親，說他是「典型的勞碌命，在沉重的經濟壓力下無止無休地拼命工作」。因此，在他的想像中，一旦離開學校，擺在自己前面的就是「工作，工作，工作，至死方休」。[40]談到青少年時阻礙他接受精神世界觀的種種障礙，他寫道：「青少年時期，根深蒂固的悲觀心態成為信仰的絆腳石；一種理性高於感性的悲觀心態……我非常確信，整個世界是個令人失望的體制……是個充滿威脅與敵意的地方。」[41]

在這方面，路易斯有別於佛洛伊德。他了解自己的悲觀心態出於想法的多，出於感情的少，大部分都出於他對這個世界的看法。至於他的想法如此負面，問題又出在哪裡呢？對此他給出了幾個原因——身體上的障礙，使他在運動上有困難，當然，還有母親的過世。「談到我的悲觀根源，」他寫道：「讀

者切記，儘管在許多方面我可謂幸運之極，但幼年卻是一蹋糊塗。」[42]

路易斯的悲觀意識如何影響他對未來的看法，他是這樣形容的：「無論什麼事情，心裡都有一種預期，做了也是徒然；希望它是直的卻變成彎的，希望它是彎的卻變直；希望綁得牢牢的結，偏偏鬆掉，希望解開的結，卻怎麼都解不開。說起來，什麼都會走樣，我乾脆就認定了一切都會走樣。或許就是這種幼年的經驗，一切難如所願，看在大人眼裡，不免荒誕，養成了我早年的偏見，看什麼事情都覺得真真假假，難以捉摸。」[43]

青少年時期路易斯就寫了一部悲劇《洛基的禁錮》（*Loki Bound*）。他後來才了解，主人翁神祇洛基其實就是「我自己的一個投射，可悲的是，他那種不可一世的優越感，是在補償我自己的不快樂」。[44]洛基與奧丁（Odin）起了衝突，因為「奧丁創造了世界，但洛基毫不含糊的指責他，這樣做既不負責任又殘酷。為什麼未經一切生命的同意就讓他們承受生存的負擔？」他明白，他這只是在表達自己的憤怒與悲觀。「在這段期間，如同多數無神論者……身陷矛盾的漩渦。我認定上帝並不存在，卻又為上帝的不存在感到憤怒，同樣地，又為祂創造了這個世界感到憤怒。」[45]他痛恨未經自己同意就將他丟入這個世界，暴露於世間種種的恐怖之中。但他並不覺得「不存在或毀滅可怕」。使他沮喪的不是死亡而是生命。直到皈信之後，「明白了生命的真諦及失去生命所導致的損失」，[46]一切才

有了改變。

對路易斯來說，盧克修斯（Lucretius）的一句話就可以總結一切：

　　既然上帝設計了這個世界，這世界就不會如我們所看到的那般脆弱和敗壞。

　　就路易斯來說，是無神論先於悲觀心態，還是剛好相反？或者說是兩者互為加強？目睹戰爭恐怖的三十年後，在一封信中，他列舉了導致他悲觀進而走向無神論的個人經驗：「幼年喪母、學校生活的黯淡、一次世界大戰的陰影，及其至今揮之不去的生命體驗，使我對存在產生了非常悲觀的看法。我的無神論便是由此而生，迄至今日，在我看來，戰爭與革命這類邪惡的事情之外，我們的天敵手中握著最強的一張牌，主導著世界的走向：『萬有』本來『虛空』，生命彼此互噬，一切美好與快樂生來注定毀滅——這樣的想法如鯁在喉，始終未曾說出。」[47]

　　對於皈信之前的世界觀，路易斯在他論人類痛苦的經典著作《痛苦的奧祕》中做了最詳盡的交代。「在我還是無神論者時，不論誰問我：『你為什麼不信上帝？』我的答案千篇一律……」首先，宇宙空洞荒涼：「宇宙的組成，絕大部分為虛空的空間，完全黑暗，極端寒冷……所有生命形式彼此互噬……一切生命生來受苦，為生存而製造痛苦，而絕大多數更

是死於痛苦。」其次,「最複雜的生命形式,人類,還有另一項特質,我們稱之爲理性,藉著理性他能預見自己的痛苦,因此,預期心理又生出劇烈折磨,而強烈渴望長生,卻又預知己身之凋亡。」人類歷史無非是「罪惡、戰爭、疾病及恐怖的記載,只容快樂穿插其間……卻又要爲快樂之失去憂懼而痛徹心扉」。總而言之,「若你問我,我相信這是一個仁慈、全能的神的作品嗎,我的回答則是,一切證據顯示,恰恰相反。」

許多爲路易斯作傳的人及摯友都特別強調,世界觀的改變使他的人生大爲改觀,特別是他對快樂的體驗能力。尚未轉變之前,路易斯與「上帝及喜樂之間毫無瓜葛,之前沒有,甚至以後也不會有」。當時路易斯還不明白,他對自己稱爲「喜樂」的深切渴望,其實就是要與那個造他的人建立關係。皈信之後,他不僅在與造物者的關係中找到了快樂,在許多新建立的友誼中也找到了。

人際關係的特質是十分有效的心理健康指標。快樂或不快樂,反映的是我們的心情,心情則影響到我們與其他人的關係。一個患有憂鬱症的人,不僅消沉、悲觀,而且易怒、不安、絕望,而這些特質都有害於友誼。明白了這一點,佛洛伊德一生中人際關係動盪,路易斯前半生少有親密關係,關鍵所在也就十分清楚了。皈信之後,路易斯享有許多深摯的友情,他寫道:「相信及禱告是我整個人向外翻轉的開始。如他們所說,我『走出了自己』。」[48]

對路易斯來說,最愜意的事莫過於三五好友圍爐暢談,

或長途漫步英格蘭鄉間。「我最快樂的時刻，」路易斯寫道：「是與三、四衣著老舊的老友一同閒逛，流連小酒館，或在某人的宿舍裡飲酒、喝茶、抽菸，閒聊，談詩，談神學，談形而上學，直至深夜，我所最愛的聲音莫過於……笑聲。」[49] 在另一封給好友葛里夫斯的信中，他寫道：「友誼之美允為世間之最。對我來說，乃生活中的首要樂趣。若要我給年輕人一個忠告，何處宜居，我會說：『為與朋友為鄰，不惜犧牲一切。』在這方面，我何其幸運，深知箇中福氣……」[50] 另一方面，路易斯在婚姻中找到了極大的快樂，這在他妻子的書信及他悼念妻子的《正視悲傷》（*A Grief Observed*）一書中都可以得到印證。路易斯的改變極大，從謹慎小心的內向一變而為廣交朋友同事的外向。認識路易斯長達三十年的傳記作家喬治·沙耶爾，相交四十餘年的摯友歐文·巴菲爾德（Owen Barfield），談到轉變後的路易斯，他們這樣形容：在他的生命中，「喜樂超乎尋常，歡欣猶如赤子」。說他「喜感十足，是個詼諧逗趣的夥伴……凡事操心……關心朋友甚於自己。」

為什麼會有這樣的改變？身為精神科醫師，我認為有三個因素。首先，開始認真研讀舊約與新約之後，他悟到了一個建立自己認同，接受自己「本性」的新法子。此一過程，路易斯寫道，包括在自己與造物者之間的關係中把自己捨棄。他寫道：「唯有將自己都交給祂，否則無法找回真我。」他特別注意到新約的一句經文：「為我喪失生命的，將要得著生命。」他向外而非向內「尋回自己」。

第二，對聖愛（愛身邊的人，願意將最好的歸於他，並身體力行做到）的理解，也使路易斯走出了自己。他養成一種氣度，把自己擺到一邊，關心別人的需要，並要求自己貫徹力行。

第三，新的世界觀改變了路易斯對人的評價。死亡不再是生命的終點，而是一本無有終結之書的第一章結束。現在他相信，每個人都有永生——存活得比地上每個組織、國家、文明都要長久。有一次在牛津講演，他這樣提醒聽眾：「世上沒有**平凡人**。」並鼓勵大家：「千萬記住，你所遇到過最遲鈍、最無趣之人，或有一日，會是你萬分願意頂禮尊崇的對象。」我們所遇到的每個人，「都不只是一個會消亡的生命……我們的同事、配偶，我們開玩笑、敷衍和利用的對象，都是永存的——永存的恐怖或永遠的榮耀……你所感知到的對象中，最該受到尊重的就屬你身邊的人。」[51]

在路易斯的新認知中，人超越時間，超越意義，超越世間的一切。這一來，他要求自己調整人生的優先順序——第一優先，他與上帝的關係，第二優先，他與別人的關係。謹守優先順序，事關重大，也成了他作品中念茲在茲的重要課題。

快樂與野心

名聲或名聲的追求與快樂有關嗎？如果滿足是快樂不可或缺的一個面向，那麼，對一個渴望成名的人來說，缺乏名望

就有可能是不快樂的源頭。有些人暗示說，名聲本身乃是快樂的障礙。湯瑪斯‧傑佛遜（Thomas Jefferson）在給約翰‧亞當斯（John Adams）的信中寫道：「最快樂之人，無論其為好或壞，當屬世界不聞不問，沒沒無聞之人。」

就佛洛伊德與轉變前的路易斯來說，渴望成名都為他們提供了強大的動力。佛洛伊德絲毫不諱言自己渴望成名，路易斯皈信後也表示，強烈的成名信念，渴望自己名聲出眾，成了他精神追求的障礙。

四十歲時，佛洛伊德做了一次自我分析，發現自己內心澎拜著一股成為世界偉人的強烈慾望，歷久不衰。在《夢的解析》中，他講述了一件童年常聽大人說起的事情。在他出生時，「有一農婦向母親預言，說她生的頭胎可喜可賀，因她為世界生了一個偉人。」佛洛伊德認為，成長過程中反覆聽說這故事，或許是他渴望成名的根源之一。

還有第二件事，也是童年往事，他認為也和自己的渴求名望有關。七、八歲時，他在父母臥室闖了大禍，尿在地板上。父親大發雷霆，說這孩子肯定成不了大器。這件窘事困擾佛洛伊德多年，不斷在夢中重演。他認為，這事「必定嚴重打擊了我的向上心」。他特別說道：「隨著這幕在夢中反覆出現的情景，種種幻象也跟著出現，都與自己種種的功成名就有關。」佛洛伊德推想，他之所以渴望功成名就，可能就是要向父親和世界說：「看呀，我畢竟還是能成大器的。」

十七歲時，寫信給朋友埃米爾‧福勞斯（Emil Fluss），信

中建議他把自己的每一封信都妥善保存，言下之意，有朝一日他定會聲名大噪。他這樣寫道：「現在，我以朋友的身分勸你……留下這些信，束將起來，妥善保存，說不定以後會變成一件好事。」[52]

　　大約十二年後，佛洛伊德做了一個決定，認為這樣一來勢將困擾後世的傳記作家，也充分反映了他自以為日後定將出名的心理。在給未婚妻的信中，他說：「我剛下了一個決心，有一群人，會因此還沒出世就注定要倒楣，到時候定會呼天搶地。是哪些人呢？不知道，對吧？且讓我告訴妳，就是那些為我寫傳記的人呀。」他解釋道：「我把自己過去十四年的日記都給毀了，連帶信件、科學筆記及發表過的文章的手稿。唯一逃過一劫的是家書。至於妳的信，親愛的，毫髮無損。」縱使當時才二十來歲，事業處於剛起步階段，他看來信心十足，有朝一日定會有人寫他。「就讓那些傳記作家去焦頭爛額，我可不想讓他們太輕鬆，要讓他們打心裡相信：他在〈論英雄之養成〉中寫得真對呀。他們那副無路可走的模樣，現在想起來，我還樂不可支。」當時他要毀掉的那些文件，究竟會透露他的哪些事呢？佛洛伊德沒有詳細講，僅說其中包括「我對這個世界的整個看法與感覺，特別是這個世界到底有多在乎我……只要想到不知道哪一天，有誰會來翻動這些老文件，我就無法安心離開這裡死去。」[53]

　　每當有同事功成名就，佛洛伊德談起來都會說：「了不起的人，了不起的創見。」但總會補上一句：「唉，他們揚名立

萬，我還遠遠落後。」[54]

　　進入五十歲以後，別人如何看待他，他顯然不再關心。在寫給同事桑多爾·費倫齊（Sándor Ferenczi）的信中，他寫道：「別人現在說什麼都無關緊要了。」他顯然明白，名聲云云，也有其負面的影響：「我們在精神分析上的工作，與其今天風光一時，何如將來得到的感謝與身後之名。」[55] 在另一封給費倫齊的信中，他表明心跡，儘管強烈渴望名聲，但得之又將如何，他表示懷疑：「說眞的，我工作不爲報償或名望。在我看來，人類不知感恩若此，我無所期待，於後世子孫也如此。」[56]

　　儘管如此，得不到肯定也就罷了，還要面對別人的批評，成了佛洛伊德的終身之痛。將近八十歲時寫自傳，談起一件事，頗不尋常，把自己遲來的成名怪到了未婚妻頭上。敍述完就學過程及在維也納定居開業之後，他筆鋒一轉寫道：「這裡且做一下回述，說明我早年未能成名的原因，那都要怪我的未婚妻。」佛洛伊德說，當年他「從默克藥廠取得當時還鮮爲人知的古柯鹼」，剛開始要研究這種藥物，恰好碰到「一個機會，可以去探視闊別兩年的未婚妻」，臨行前，佛洛伊德跟一個朋友建議，他應該去研究古柯鹼對眼睛的「麻醉功效」。這一來，佛洛伊德與「古柯鹼局部麻醉的發現者」擦肩而過，「這項發現對小外科手術非常重要，但對未婚妻打斷我的工作，我也並未深責。」

　　同樣也是在這本自傳中，對那些嘲諷他的研究，使他未

能及早受到應得的肯定的人，佛洛伊德也頗有怨言：「德國科學界根本不值得以當時的那些代表性人物爲傲……他們自大，他們昧著良心藐視邏輯，品味粗劣無以復加，夫復何言。」他承認，事隔多年，「如今仍然任這種感受脫韁流竄未免幼稚」，但又補上一句：「儘管如此，傷害眞的很大。」[57]

1917 年，佛洛伊德獲諾貝爾獎提名，但未得獎。他在那一年的日記上記下：「諾貝爾獎沒了。」但他顯然寄望來年。遲至 1930 年，他再次寫下：「諾貝爾獎確定成爲過去。」[58]

路易斯也夢想成名，但只在他轉變之前。在 1914 年寫的一篇文章中，他寫到「成功、成名、愛情等等的夢想……不下十餘種……夢想自己口出智慧之言……參與戰鬥，無非是要世界肯定自己是個了不起的人物。」[59] 轉變之前，他勢利、驕傲、自大，一身都是就讀英格蘭貴族寄宿學校及一流大學時沾染的習氣。這從他的日記、自傳及書信中都可以看出。他的學校經驗，他這樣寫道：「一個團體爭強好勝至此，趨炎附勢之風盛行，統治階層自私自利，階級意識分明，而下層階級則諂媚奉承，是我從所未見。」

世界觀改變之前不久，路易斯第一次認眞自我檢視，反省結果極爲不滿。在《驚喜之旅》中，他這樣寫道：「我之所見令自己驚駭莫名，只見慾念橫流的動物園，野心充斥的瘋人院。」或許正是這次自我檢視，使他覺悟到自己需要外力協助，進而促成了最後的皈信。轉變的這些年中，在給朋友葛里夫斯的信中，他寫道：「我發現自己的人格簡直一蹋糊塗……

靜心坐下，心無旁騖，省視內心的念頭……一個一個蹦出來……三個裡面倒有一個是自我崇拜……我發現自己老在照鏡子，可說是整天如此。我故作姿態，一副用心思考該對下一個學生說些什麼的模樣（當然是為他好），一轉念，滿腦子卻是自己何等智慧，他會何等崇拜於我……轉念，覺得不該有這種想法，剛把念頭壓下，卻又為自己的謙卑洋洋得意起來。」[60]

在另一封給葛里夫斯的信裡，路易斯談到自己人格上另一項相關的缺點，亦即渴望成為一個公認的大作家。「我渴望……成為別人認可的作家，這事其實沒那麼了不起。相信我，除非上帝放棄了我們，他總有辦法把它給磨掉，若我們能忍痛接受，以後不再犯這種爭強好勝的毛病，說老實話，痛歸痛，未嘗不是一件好事：放下所有的野心，一個人爬回家，儘管一身疲累，遍體麟傷，心卻得到了真正的休息。」[61]

轉變後雖然不再追求名聲，名聲卻不請自來。他發現，一旦專心寫作，把成為名作家的念頭拋諸腦後，不但作品寫得好，同時也獲得了肯定。這或許要歸功於他一再強調的原則：把第一重要的事放在第一位，次要的事並不會因而減損，反而獲得增益。

路易斯也發現，名聲或對名聲的欲求其實有很大的危險。他明白，欲求名聲無非就是渴望自己比別人更加出名，這樣的渴望說穿了就是驕傲，是「諸惡之本，惡行之最」。談到驕傲，路易斯有其獨到的見解：「驕傲，說到底就是競爭——其本質是競爭——其他的惡，競爭只是一時。至於驕傲，光

是擁有猶不為足，定要比旁邊的人更多才高興……」他又提醒到：「驕傲……是開天闢地以來，使每個國家、每個家庭衰落的首要原因……驕傲永遠意味著敵對……不止是人與人之間，而且是與上帝敵對。」談到驕傲，他稱之為「精神癌症：它啃噬愛，啃噬滿足，甚至最基本的判斷力，直至一切蕩然無存。」[62]

　　路易斯嘗試釐清人們對驕傲的某些誤解。首先，驕傲**並非**自尊或自愛。驕傲乃是自欺，是一種凡事都要高人一等的感覺。「驕傲的人永遠高高在上，俯視一切。一旦眼中所見皆是低下，目中自無高於己者。」他所要強調的是，驕傲嚴重妨礙人與上帝的關係。其次，路易斯要說的是，「歡喜受到讚揚並非驕傲。孩子學習良好，師長拍肩鼓勵；女人美麗，情人讚美；靈魂得救的人，基督對他說：『做得好。』因此而歡喜乃是應該的。因為，這樣的歡喜不是因你自己的表現，而是因你取悅了自己想要取悅的人這件事。」到這裡，一切都沒問題。但當你的想法從「我讓他高興了，太好了」轉變成為「我做到了，我一定很棒」時，問題就來了。你因自己而歡喜的越多，因讚美而歡喜的就會越少，你也就墮落了。當你所做的一切都是為自己高興，完全不在乎別人的讚美時，就徹底沉淪了。」[63]

　　在他著名的學術著作《失樂園序》（*A Preface to Paradise Lost*）中，路易斯解釋了驕傲如何導致亞當與夏娃的墮落。「墮落純粹出於不順服──做了不應該做的事，這全是驕傲所致──自以為了不起，忘記了自己的地位，以為自己是上

帝。」接著又說：「米爾頓在《失樂園》（*Paradise Lost*）第一卷的第一行就說了這話……整首詩中，所有的人物反覆強調的都是這一點，一如賦格曲的主題。」[64]

轉變之後，路易斯戒慎恐懼，不使自己落入驕傲之惡。在一封信中，他這樣寫道：「如今我已年屆五十，我感覺得到，自己的寫作熱誠，乃至上天賦予我的才能，都在消退中；也不再如以往那樣受讀者喜愛……失去名聲和技巧，對我的靈魂而言或許是件好事，使我免於落入虛榮的惡疾。」[65]其實眾所周知，路易斯許多最受歡迎的作品都是在此後十二年中問世，名望與技巧，兩皆未失。

上述有關悲觀心態、野心與驕傲的探討，有助於我們了解路易斯皈信後的**思想**改變。但有關他的**感受**、個性與心情呢？世界觀的改變有助於一個人——甚至一個深受憂鬱症之苦的人——改變自己的**感受**嗎？

頂尖醫學期刊最近發表許多論文，研究世界觀對憂鬱症患者的影響，結果發現，在憂鬱症的治療上，相對於世俗世界觀，抱持精神世界觀的人效果較佳。同時也發現，對自己的精神信念越堅定，治療效果越好。[66]為什麼會如此呢？若審慎客觀檢視路易斯的世界觀，新的信念有助於他的憂鬱症，但為什麼會這樣呢？要回答這個問題，最有效的法子，或許就是去考

察一下我對哈佛學生就此一議題所做的研究，和路易斯一樣，這些學生都在世界觀上經歷了重大的改變。

對於這些學生所經歷的「宗教皈信」，我想要探討的是，是否真如我的許多的同業所言，這種轉變只是無力解決內在嚴重衝突所反映出來的病態或逃避現實？一如今天的許多學生，這些學生當時的確都爲憂鬱症所苦。

在尚未皈信之前，他們經常談起自己的空虛與消沉，有的時候，稱之爲「存在的絕望」。之所以沮喪至此，部分原因在於一己的社會良知與個人品行（亦卽現實生活的行爲）之間存在著落差。他們似乎也爲時光的流逝，衰老與死亡，感到惶恐，儘管以他們的年齡來說有悖常理。談到時不我予，人生殊少成就，過著寄生蟲般的學生生活時，他們無不感到絕望。但在皈信之後，懂得了寬恕，他們不再那麼苛責自己，也拉近了自我認知與自我要求之間的差距，並爲他們提供了外在資源，緩解日後因差距而帶來的失望。

儘管精神體驗並未完全解除情緒波動，但他們都提到一種前所未有的「喜樂感」，過去的絕望感也顯著減少。在自傳中，路易斯說，喜樂「是我生命的核心」，看來絕非巧合。那麼，學生新接受的信仰，對他們的無價值感確實有所幫助嗎？

皈信經驗雖然改變了學生的自我認知，其過程或許並不如無信仰者所想的那樣。新建立的深切自省，養成學生更敏銳的覺察，使他們發覺自己仍然遠遠落後──而非拉近了──信仰所要求的理想。沒錯，有人會以爲，此一過程將會拉大自我

認知與自我要求之間的差距，因此，皈信之前所感受到的絕望之苦將更形加劇，但結果正好相反。他們所提到的精神資源，爲他們帶來了力量與新的希望，使他們得以更開朗、更寬容，也更有愛心地去面對他人。他們還常常提到救贖和寬恕的神學概念，那也有利於他們降低自我憎恨。

對於人生持久的快樂，佛洛伊德不抱任何希望。在他看來，對未來抱持樂觀的人既不理性又「昧於事實」。終其一生，他飽受「憂鬱症發作」之苦，人生將盡時還這樣問道：「既然生命那麼艱難，歡樂闕如，活得久又有什麼益處，既然生命充滿悲苦，把死亡當作拯救，掃榻以待又有何不可？」[67]一如佛洛伊德，路易斯皈信之前也是悲觀主義，但在他與造物者的關係中卻體驗到了一種全新的喜樂：「一切何等眞實：**看見的人**走入無法想像的喜樂，而呆滯、無感的世俗之眼所見唯有毀滅與死亡。」[68]在《失樂園序》中，他引述約瑟夫‧艾迪森（Joseph Addison）的一段話：「大矣哉，貫穿米爾頓通篇的道德教誨：順服上帝的意志使人喜樂，悖逆則招致痛苦，乃是無所不適、最有大用的眞道理。」

綜觀佛洛伊德的一生與路易斯皈信前後的人生，我們不得不說，人的世界觀對一個人體驗快樂的能量影響至鉅。路易斯講得非常明白，他之所以悲觀且消沉，關鍵在於他的無神論。皈信經驗改變了他的悲觀、消沉與絕望，並得以擺脫迫切渴望成名的沉重負擔，進而擁有許多美好的人際關係。

6

性：
追求享樂是唯一目的？

　　關於性，佛洛伊德與路易斯都著墨甚多。佛洛伊德說，觀察人的行為可以發現，生活的目的無非快樂，而「性（生殖器的）愛……乃是一切快樂的原型」。路易斯強烈反對這樣的說法。他認為，快樂另有更持久的源頭，性欲的滿足一如食欲，只是上帝所賜的多種快樂之一。在他看來，佛洛伊德把性看得太重了。但他們倆人都知道，性愛乃是人類的一大歡樂之源，是表達最溫柔、最極致感情的一種方式，但也是痛苦及死亡的肇因。報紙上，兒童遭到性虐待、婦女遭到性侵及殺害，以及性傳染病導致死亡的報導就司空見慣。

　　兩人也都就幾個相關的問題提出過論述，包括：傳統道德規範是在妨礙人類正常及天生的欲望？還是提升了我們的歡愉？性與我們稱之為「愛」及「快樂」這些複雜的人類行為到底有何關聯？我們對性的生理、生化、社會及心理層面了解得

越多，對此一強烈、普遍而又有些複雜的本能似乎就越感到困惑。著作之外，佛洛伊德與路易斯個人的性體驗，也都為這些問題提供了答案。

佛洛伊德最後一本學術著作《精神分析綱要》，寫於他人生最後一年，也是他的理論發展到最完備時的作品，書中他總結了他對性的基本看法：

第一、性生活並非始於青春期，而是出生之後不久就開始有的平常表現。

第二、「性」和「生殖」的概念截然有別。前者的涵蓋面較廣，包括許多與生殖無關的活動。

第三、性生活包含身體不同部位所帶來的快感，是隨著繁殖任務所帶來的一種功能。[1]

他又補充說：「按照一般的看法，人類的性行為主要是一種讓自己的生殖器與異性生殖器接觸的衝動。」他指出，他的發現「不同於此一看法」，因此「引發了震驚與排斥」。

在《佛洛伊德自傳》（*An Autobiographical Study*）中，他詳細說明了他的理論的形成。幾乎一切與歡愉感受有關的人類互動，包括情感的互動，他都用一個「性」字加以涵蓋。他說：

「一開始，性欲就和生殖的密切接觸是兩回事，可以視爲一種更廣泛的身體功能，歡愉是其目的，繁殖反而是其次……性衝動涵蓋了一切親暱與友善的衝動，而所有這類情感都包含在一個極爲籠統的『愛』字裡面。」[2]

此一廣義的性的定義令人難以理解，至今依然，佛洛伊德的理論乃持續遭到強烈反對、嚴重誤解，以及不可避免的排斥。若他不是用「性」這個字來泛指此一廣泛的機能，而用的是一個沒那麼敏感的字眼，或許他本人及精神分析學都不至於遭到那麼多不必要的攻擊與打壓。佛洛伊德所遭遇到的反對，甚至包括他的同業，主要是針對他將許多幼兒的行爲——從嬰兒吸吮母奶到四歲的女兒愛慕父親——都貼上了「性」的標籤。然而，反對「性」這個字的人越多，他就越堅持用這個字。「任何人若覺得『性』這個字有辱人性，大可以用『情欲』及『愛欲』這兩個比較文雅的字眼。」他有感而發地說：「我若一開始就這樣做，也許就免掉了那麼多的反對。」[3]

許多人勸他換個說法，佛洛伊德卻堅持用這個字，爲的又是什麼呢？卡爾‧榮格（Carl Jung）就勸他再三考慮，佛洛伊德的回答是，挑戰既來，正面迎擊才是上策。他說：「既然抗拒無可避免，何不起而迎戰？依我看，攻擊才是最佳的防禦。」[4]

佛洛伊德三大研究發現中，第一項就斷言，性欲始於出生之日，而不是當時一般所說的始於青春期。佛洛伊德曾說：「看來命中有數，讓我發現了此一眞相：小孩有性感受，這是

每個褓母都知道的事；夜夢一如白日夢，都是希望的實現。」
[5]但褓母或許知道孩子都有性感受，當時的醫學界卻不相信，
一旦佛洛伊德說破這項秘密，震驚與反感瞬間爆發。

　　但話又說回來，佛洛伊德宣布孩子有性感受（這種感受有
時會遭到年長兒童與成年人濫用），並不是說兩、三歲的孩子
也有成年人的性欲概念，而是說孩子在不同成長階段中，可以
從身體不同部位感受到性的愉悅。他所說的是三個階段：「口
腔期」、「肛門期」及「性器期」。舉例來說，佛洛伊德發現，
在出生後的發育期間，「所有的心理活動都專注於透過口腔
『滿足』身心的需求」。從出生開始……第一個快感帶的器官
就是口腔。從一開始，所有的身體活動都以滿足此一快感帶的
需求爲主。」[6]佛洛伊德發現，即使食物的需求已獲滿足，嬰
兒仍然會吸吮，這就表示確有口腔快感的心理需求。他寫道：
「生理與心理不可混爲一談。嬰兒習慣性的吸吮，證明生命早
期即有心理滿足的需求。儘管這種需求源自於營養的攝取，但
快感之獲得卻獨立於營養，因此應該將之定位爲**性**。」[7]

　　因此，對佛洛伊德來說，嘴巴是第一個「性感帶」。口腔
期是「漫長且複雜發展過程中，進展到我們所熟悉的正常性生
活之前」的第一個階段。接下去是「第二階段，稱之爲肛門
虐待期，因爲其性滿足來自於對排泄功能的刺激」。第三個階
段，佛洛伊德稱之爲「性器期，這是性生活成熟的前導期，已
經初具雛形」。[8]

　　性發展的各個階段若不順利，可能會影響人格發展，導

致某些特質，譬如潔癖、吝嗇及固執，佛洛伊德就認爲與肛門期有關，如此這般，隨著許多精神分析的概念進入我們的語言，碰到這一類的人，我們往往冠之以「肛門」特質。

四十一歲時，佛洛伊德做自我分析，發現自己愛慕母親，嫉妒父親，亦即有所謂的伊底帕斯情結。他寫信給朋友說：「伊底帕斯王之所以動人心魄，我們都可以了解，關鍵在於……這部希臘悲劇生動地表現了每個人與生俱來的一種衝動。每個觀衆都有伊底帕斯幻覺，卻因恐懼而予以壓抑，但在這裡得到了滿足……」[9]

在早期的臨床工作中，佛洛伊德注意到，許多精神病患者的症狀都與童年的性經驗有關，其中不乏年長兒童或成年人的勾引。但到後來他才明白，這類性經驗雖然有些是確有其事，亦即有些病人童年時確曾遭到性虐待，但也有許多只是孩提時的幻覺。深入探討這些幻覺，證實了佛洛伊德的自我分析：成長過程中，有一個階段，孩子會特別喜歡雙親中的異性，對同性卻懷有矛盾情結。伊底帕斯情結由此而成爲日常用語。

佛洛伊德的理論中有一個概念：人有兩種本能，是生理需求與壓力的來源。這些壓力又形成「精神生活的需求」。他認爲，「原始本能只有兩種：**性欲**與**破壞**」。性欲的能量，「我們名之爲『力比多』（libido）」。由於他認爲人類的許多互動都是由這種稱爲力比多的能量促成，所以將這些互動歸類爲性的互動。[10]

佛洛伊德宣布了自己的發現，特別是性始於幼兒期，立刻成為醫學界眾矢所之，認為這些研究結果極盡荒謬、淫穢之能事。佛洛伊德在自傳中寫道：「精神分析的發現中……引起最巨大譴責的……莫過於性功能始於生命初期的主張……」在德國，一次神經科與精神科醫師會議中，一位教授就公開表示，這種東西與其說是科學，還不如丟給警察。佛洛伊德被指控為「思想骯髒」，精神分析法則被視為可厭可惡，毫無用處。不同於今日，在當時那個時代，兒童性虐待之事少有聽聞，而且醫界都認為性欲始於青春期，性感受云云，幼兒一無所知，說什麼性欲始於出生，幼兒時即很明顯，當然無法為人接受。佛洛伊德說，醫界許多人都認為，此說「是對純真童年的褻瀆」。[11]

批評聲浪四起，指責佛洛伊德是個思想浪子，利用精神分析破壞傳統道德。但若細讀他的作品，這樣的攻擊是站不住腳的。事實恰好相反，佛洛伊德主張**談論**性的自由，而非**行為**的自由。但批評者認為，即使只是談論也不適合。他鼓勵同業做好心理準備，勇敢面對抗拒。他堅持採用性的廣義定義，並持續主張談論性的自由。寫信給朋友也是同業的歐內斯特·瓊斯，他解釋道：「我始終認為，最好的應對之道就是把談論性的自由當成是天經地義，冷靜面對無可避免的反對。」[12]

說老實話，我們有必要替他說句公道話，他不止一次強調，我們應教導孩子崇高的道德標準，社會也應強化這些標準以遏止暴力與性的衝動。如同他在《文明及其缺憾》中所說：

「就心理學的角度來看，一個……社會」約束小孩的性行為，「是完全正當的……若未能在童年打好基礎，待至成年再來抑制性欲恐為時已晚。」[13]

儘管他呼籲約束行為，但他也認為，不避諱談性對孩子才是健康的。啟發兒童對性的認知，佛洛伊德談得極多。他敦勸父母，教導孩子「性方面的事，不當有所忌諱，而要視同教導他們尚不了解的一切事理」，對待性，「如同對待一切值得了解的事理」。至於什麼時候開始教導呢？佛洛伊德說：「小學的後段……十歲之前。」但光是告知實情而沒有給予道德指引是不夠的。他主張，有關性「道德規範」的傳授應在「接受（宗教的）堅信禮時期」[14]（至於他這樣說，是承認像他這樣的無神論者為數不多，還是對人們的信仰生活規則持雙重標準，則沒有說明）。那麼多的人曲解、誤解他的理念，使得佛洛伊德心煩意亂。他說，都說精神分析鼓勵人拋棄道德，這全出於無知與愚昧，因為他的用意正好相反。

他寫道：「有人以為精神分析是利用性解放來治療精神疾病，這樣嚴重的誤解，除了無知，別無他解。在分析中覺察壓抑的性欲，才有可能將之置於控制之下，而這正是之前的壓抑所無法做到的。說得更真確一點，是精神分析將病人從他的性枷鎖中解放了出來。」[15]

精神分析師與病人之間的身體接觸，佛洛伊德堅決反對，並警告說，性道德一但消失，有如「古文明之沒落，愛將失去價值，生命為之空虛」。[16]當他聽說有一個同業與病人有

不正當行爲時，毫不客氣地去信說：「你親吻病人，並讓她們吻你，這已不是祕密；連我的病人都提起過……現在，就你的技術及其結果，你若決定提一份完整報告，有兩條路，你必須做出選擇：照實陳述或隱而不宣。你或許會選擇後者，但那是可恥的。更何況，紙包不住火。縱使你自己不說，自會有人知道，正如你沒跟我講，我卻知道了。」[17]

但他擔心的不是這種關係會損及愛的價值。他明白告訴同業，他才不在乎「世俗的眼光或布爾喬亞傳統的要求」，他擔心的是對**精神分析技術**的長遠影響。他警告說：「想想看，你的報告發表後會是什麼結果。革命份子走了一個，就會有一個更激進的跟著來。許多把技術看成另一回事的同業會對自己說：『爲何僅止於親吻而已？』」接下去會發生什麼，佛洛伊德做了生動的描繪，警告說：「到了緊要的關頭，年輕些的同業或許會發現很難停下來，就豁出去了。」

最近的調查顯示，精神科醫師（以及其他科醫師）與病人之間的不正當關係層出不窮，成爲一般刊物與最新醫學文獻討論的話題。儘管性道德與當今文明其他方面的改變爲這種討論提供了話題，但希波克拉底（Hippocratic）誓言與美國精神醫學學會的倫理規章卻禁止與病人之間的性關係。不可否認的，在精神治療過程中，治療師與病人之間的情緒互動較爲密切，相較於一般醫師，治療師也就更經不起誘惑。但話又說回來，一份對數百名醫師調查的報告指出：「百分之五至十三的醫師……與數目有限的病人有性行爲，有的有性交，也有未性

交者」，在受訪樣本中，精神科醫師「有性行為者最少，特別是相較於婦產科醫師及開業醫師」。[18]

在早期臨床經驗中，佛洛伊德就注意到了移情（transference）現象，亦即人會對醫師產生愛情或性方面的感情。剛開始治療精神病人時，他採用催眠療法，幫助他們將無意識想法帶到意識層面。但他發現，此一方法確有其限制。首先，不是所有的病人都能催眠。其次，這種治療能否成功取決於病人對醫師的感覺。如果病人進入催眠狀態，這些感覺便無從了解和控制。他發現到：「如果我和病人的關係亂掉了，最佳的效果就有可能突然消失。」後來，一次意外讓他決定放棄催眠療法：「……一天，預期已久的事情終於給了我一記當頭棒喝。一位我最有默契的病人，催眠的效果好的不得了，我追本溯源痛苦的癥結，使她的痛苦大為緩解，有一次，她醒過來，竟然兩臂一張抱住我的頸項。正巧有服務人員進來，才化解了一場尷尬，但從此以後，我們達成默契，催眠治療就此畫下句點。」很快地，他接著說：「我不敢說這事跟我個人的魅力有什麼關係，不過，我覺得自己現在已經掌握了催眠療法背後的神祕元素。」[19] 在一篇題為〈再論精神治療技術〉（Further Recommendations on Technique）的文章中，他警告說：「誘惑之構成並不在於病人生猛的情慾。這是可以抗拒的，如果醫師將之視為一種自然現象，甚至還要加以包容。問題是，女人微妙的慾望目標抑制（aim-inhibited）會產生一種危險，使男人因一次美妙的經驗而忘記了自己的專業與醫療任務。」[20] 他接

著又說：「這並不是說醫師謹守倫理與專業的分寸是件容易的事，對年事尚青、克己猶嫩的人來說，尤其難以做到。」但事實上，紀律委員會發現，性侵害投訴的對象主要都是年紀較長的醫師，其中不乏新遭喪偶之痛的人。

佛洛伊德堅稱，精神分析絕不鼓勵破壞傳統的性道德。他十分明白，如果性關係成了精神分析過程的一部分，無異送彈藥給他的對手——那些稱他爲「思想浪子」，說他意圖破壞社會道德結構，指控精神分析鼓勵傷風敗俗的人。

路易斯也同意，精神分析與道德法則絕不衝突。他認爲，有兩件事必須區分清楚：「一是精神分析學的實際理論與技術，一是佛洛伊德等人爲此一學說冠上的世界觀哲理。」路易斯說，佛洛伊德的唯物論**的確**與聖經的世界觀不相容。但路易斯寫道：「精神分析本身，除了佛洛伊德等人加諸其上的哲學思維，卻一點矛盾也沒有……更何況，如果每個人都對精神分析都有一點了解，那未嘗不是一件好事……」[21]

佛洛伊德進入成人生涯，正值維多利亞女王當政。在他看來，那個時代的僞善與禮教導致壓抑過度，因而引發精神疾病。將性列爲禁忌，他認爲沒有道理。路易斯同意佛洛伊德的看法，性本來就不是禁忌也不是罪惡，自由談論自屬應當。他還說，聖經的世界觀，特別是新約的，「完全肯定身體……榮耀婚姻……相信這事是善的，上帝自己也曾以人的形體出現，卽使在天堂，我們也將得到某種形式的身體，成爲我們快樂、美好與力量的重要來源。」他甚至暗示，「幾乎世上最偉大的

愛情詩篇都出自」抱持此一世界觀的人，絕非偶然。[22]

　　路易斯提醒我們，佛洛伊德說過度的壓抑導致精神異常，我們必須了解其真正的意涵。路易斯寫道，「壓抑」（repression）一詞不應與「抑制」（suppression）混淆──而西方文化正是如此。「壓抑」為一專業術語，指的是一種無意識過程，一旦過度，就會造成異常。過度壓抑，按照路易斯的正確說法，通常發生於人生初期，而且不為人所覺察。他認為，「壓抑的性欲對病人而言並非性欲」。[23]「抑制」則是有意識地控制自己的衝動。當今有許多人將二者混為一談，而做出任何性衝動的控制都是不健康的結論。路易斯斥之為一派胡言。事實上，**不控制**才是不健康。他寫道：「人若凡事屈從於自己的慾望，將導致⋯⋯疾病、嫉妒、欺騙、隱瞞，以及種種不利於健康的後果⋯⋯若要求得快樂，任何快樂，即使只是今生的，自我節制都屬必要。」

　　我們的文化將壓抑與抑制混為一談，媒體有以致之。路易斯指出：「廣告、電影、小說，鋪天蓋地，都把性欲放縱跟健康、正常、青春、率性及開朗畫上等號。」他強烈指責這種混淆帶來錯誤認知，而且根本就是謊言。「一如所有言之鑿鑿的謊言，」他解釋道：「都是建立在一個事實上⋯⋯亦即性本身⋯⋯是『正常的、健康的』⋯⋯但其為謊言則在於，誘惑來時，任何性行為都是正常的、健康的。」[24]接著他又說，人的性欲，一如地心引力及宇宙中任何其他面向，本身並無所謂的道德與不道德。正如宇宙的其他部分，性欲乃是上帝所安排，

所以是好的。至於人如何處理自己的性欲，那就有道德與不道德之分了。

路易斯繼續引申佛洛伊德的論點說道，性為何物，相較於任性而為的人，懂得約束性衝動的人更明白其真諦。「德行——即使未盡其善——帶來光明，放蕩則帶來黯淡。」[25]

佛洛伊德認為，避諱談性才給我們帶來那麼多的問題，路易斯對此也不同意。他寫道：「有人說……由於避諱談性，才把性弄得一團亂……只要一改維多利亞時代死板的老觀念，無所不談，花園裡的一切都會可愛起來。這說法完全不對。」他指出，過去幾十年來，「關於性，無不可談，成天掛在嘴上，毫無禁忌……在我看來，事情恰好相反，人類之所以一開始就避諱談性，正是因為性已經一團混亂了。」[26]

佛洛伊德與路易斯若生活在今日也許都會同意，談性並沒有能夠減低混亂——在電影、小說及電視節目中，我們豈不是日夜都在談，但痛苦和愛與性的混淆依舊，每兩樁婚姻就有一樁離婚收場，婚外懷孕層出不窮，加上性病傳染等等，不一而足。而在美國與歐洲大部分地區，性醜聞更是政治圈的家常便飯。

明確的行為規範是否不可或缺，佛洛伊德與路易斯的看法也有分歧。論及舊約與新約中的性行為規範，路易斯明白表示：「沒有任何迴避空間：規則是『若結婚，就必須完全忠於配偶，否則，就是完全禁欲』。」[27]對於這樣嚴格的規則，佛洛伊德自己與家人都謹守不逾，但他似乎並不苟同。這樣嚴格

的標準，會增加性的歡愉與滿足，並減少這方面的困擾與痛苦嗎？

　　佛洛伊德認爲，對大多數人來說，此一規則很難做到。路易斯也有同感。他寫道：「這樣的標準很難做到，而且與本能有所衝突，若不是規則有問題，就是我們的性本能出了差錯。」[28]路易斯認爲，有問題的是本能。依他看，人的性欲已經大到了「荒唐離譜的地步，超過了本有的功能」。[29]他舉例說明這種情形，譬如食慾，他寫道：「脫衣舞表演很多人愛看，其實那不過就是舞台上一個沒穿衣服的女孩。現在假設你到了一個國家，戲院裡也是坐得滿坑滿谷，舞台上擺著一個用蓋子蓋著的盤子，然後，蓋子慢慢掀開，大家目不轉睛看著，燈光轉暗之前，看到了，裏面是一塊羊排或一點醃肉，你難道不會認爲這個國家對食物的心態出了大問題？至於我們對待性的心態，看在外星人的眼裡，難道不也會認爲同樣怪異？」[30]路易斯相信，就人類而言，性本能可以帶來極大歡愉，但濫用的結果卻超出了本能之所欲，徒然使性欲成爲痛苦而非歡樂的來源。

　　佛洛伊德認爲，世上各種形式的愛都是性的表現，路易斯不同意，他把愛情與性區分得很清楚。愛情，是一對相戀男女之間的情愛。肉體的性行爲，他以羅馬神話中的女神維納斯（Venus）稱之。在他的《四種愛》（*The Four Loves*）一書中，路易斯說：「我說的愛情（Eros，譯按：厄洛斯，希臘神話中的愛神，相當於羅馬神話中的丘比特〔Cupid〕），當然指的是我們所說的『相

愛』狀態。」[31] 他把兩者區分開來。「愛情中所含肉體與動物性本能的成分，依循古來的用法，我稱為維納斯。這裡所說的維納斯，其為性，不是某種純化的深層感受，而是一種極其浮面的感受；其為性，是當事人的體驗，是最顯而易見的。」[32]

當時的流行觀念：只要相愛，不道德的性行為也屬道德，路易斯強烈反對。舉例來說，通姦的性行為並不因兩人相愛就不是通姦。「我完全不贊同一般的觀念……性行為之為『汙穢』或『純潔』、墮落或高尚、非法或合法……完全與是否相愛無關。」他提醒讀者，過去許多成功的婚姻都是由父母做主，夫婦發生性關係時並不曾相愛過。「一如其他行為，性行為是否正當，自有其一般的明確標準，關鍵在於其是否信守約定、是否公平、是出於愛還是自私，以及是否忠實。」[33]

性的吸引定能使兩人相守相知進而「相愛」嗎？路易斯相信，通常都是相愛在先，然後才發現對方的性吸引。「對一個女人，最初純粹出於性欲，到後來卻『愛上她』或許也是有的。但我不認為這是普遍現象。」在《四種愛》中，他寫道：「更常見的是，先是心懷喜悅，心心念念都是『所愛的人』——心心念念所想的無非是她整個人而非某個特定的部分。一個男人若處於這樣的心境，其實無暇想到性，光是想那個人都不得空了。」[34] 他又說，一個戀愛中的男人要的「不是女人，而是那個女人。他思念所愛，神魂顛倒，其中的樂趣卻不是她所能給他的，這情境難以解釋，卻又不容置疑。」他總結說：「性欲……想要的是**它**，是性**那件事情**，愛情要的則是所愛的

人。」[35]

　　路易斯寫道，愛情不希望愛裡面摻雜需求的滿足，甚至性需求的滿足。性欲是關乎自己的事，重心在己身，而愛情則關乎另一個人，重心在所愛的人。「愛情會做的第一件事，就是心中不再有施與受的區別。」[36]之所以如此，或許是因為相愛使兩個人合為一體了。這裡他引用了同事查爾斯‧威廉斯（Charles Williams）的話：「愛你嗎？我就是你呀！」[37]（佛洛伊德也有同樣看法，他是這樣寫的：「愛到最高點時，自我與對象之間的界線消失。一反個人的一切認知，戀愛中人會說，『我』與『你』是一體的，而且真的會這樣做。」[38]）

　　路易斯認為，我們的文化太過於把性當回事了，此一觀察相當有趣。首先，這似乎不符合他前述的說法，儘管對性的討論很多，關切也多，但性的現狀卻是「一團亂」。不過話又說回來，這裡路易斯指的是心態。「我們的廣告，極盡煽情之能事，把性描繪得銷魂、激情、亢奮，一點情趣也無……只能當成老掉牙的笑話來看。」[39]

　　路易斯搞不懂，佛洛伊德對待性為什麼會如此的嚴肅、如此的執著。「我有的時候忍不住會想，佛洛伊德學派算是個大學派，卻是集假正經與偽善於一爐。說什麼我們都被他們的詮釋『嚇壞了』，又說我們之所以抗拒，都是因為厭惡而生反彈，聽起來全是一派胡言。當然，我的看法只能代表自己的性別及階層，我會毫不猶豫地承認，找佛洛伊德諮商的維也納女士們或許比我們純潔或天真；但我敢說，像那勞什子理論所

說的，說什麼性的場面令人噁心，我和我認識的人可都不會。」[40]

路易斯同意，性有其人生嚴肅的一面：父母的責任，以及精神上的意義等等。但他說，我們常常忽略了性好玩與有趣的一面。他提醒我們，希臘神話愛的女神艾芙蘿黛蒂（Aphrodite）總是笑咪咪的；維納斯則是「一個調皮搗蛋的精靈……總愛逗弄人。」[41]

路易斯還提醒戀人，外在環境正適合行雲作雨，突然間卻沒了性致，這可是常有的事。相反地，「有些場合，在火車上、商店裡……宴會中，公開的溫存根本不可能，甚至眉目傳情也難，維納斯卻使出渾身解數煽動情慾之火……」這種情形雖然令人懊惱，但路易斯說，「理性的戀人卻會心一笑」。情慾受到「現實因素如天氣、健康、飲食、循環及消化的影響」，路易斯幽默以對。事情總是會以喜劇收場。他寫道：「說到性，世上的各種語言與文學都充滿笑話，那也就不足為奇了。」儘管「乏味、低俗」，路易斯說，卻也可以讓人們不把性看得太嚴肅，將之當神一樣看待。他警告說：「房事若無嬉戲、笑鬧，小心引冒牌女神入室。」[42]

對於性與愛的理解，路易斯最大的貢獻或許在於，他釐清了愛情與一種愛至深處的成熟之愛之間的區別。我常跟我哈佛的學生說，如果他們徹底明白這兩種愛的區別，一生受用無窮，可以省掉許多不必要的壓力。

半數的婚姻以離異收場。根據我多年的臨床經驗，以及

我對出身離婚家庭青年所做的研究，我敢斷言，社會上有許多痛苦正是來自不明白情愛（Eros）與無私的愛（Agape）之間的區別。在我輔導的個案中，絕大多數打算要離婚的夫妻都是因為外遇問題。有外遇的一方聲稱，自己對配偶已經沒有了愛，以前對配偶的那種美好感覺——戀愛的感覺——卻在外遇對象的身上得以重溫。誤以為戀愛的感覺為婚姻的根本與幸福的唯一來源，於是以為再也沒有理由守住婚姻。殊不知，新關係中那種戀愛的滋味照樣會消退，如此一來，有可能會發現自己又愛上了另一個人。二次婚姻的離婚率超高，道理在此。

路易斯認為，離婚就像截肢，應該視為保命的最後手段。但兩個已不相愛的人還應該守在一起嗎？路易斯提出了「幾個合理的社會理由」以為因應。首先，「給孩子一個家」。其二，「保護女性……當男人厭倦時，免於遭到遺棄」。

路易斯所提的第三個理由，按照我的臨床經驗，是所有理由中最有見地也最有幫助的。戀愛之於人生，是一種意義深長且美妙的經驗。路易斯這樣寫道：「愛的光輝……使我們慷慨、勇敢……睜開眼，不僅看見戀人的美麗，也看見世界的美好……是肉慾的大剋星。」但路易斯又語出驚人，說戀愛不會長久，也無意長久。「戀愛何其美好……是高貴的感覺，但畢竟只是一種感覺……感覺再怎麼豐盈也不可恃……感覺來來去去。」[43]

他的解釋是，「戀愛的狀態」是一種熾熱、高亢的情緒，若持續不退，有礙睡眠、工作與食慾。戀愛的熾熱情緒應該轉

化，單有情感還不夠，還要加入決心，使之變成一種更深刻、舒適、成熟的愛。路易斯說：「停止『戀愛』並非停止愛……另一種情感的愛——有別於『戀愛』的愛——並不僅僅是情感，而是一種靠意志來維繫，以習性來強化的深層統一……」他又說，夫妻「無論哪一方，縱使容許自己另有新愛，也還能夠維持這種愛。」路易斯認為，愛使人願意相守，承諾忠實；但更恬靜、更深刻與更成熟的愛則有助於承諾的信守。

佛洛伊德與路易斯都同意，為了個人與社會的福祉，性衝動必須加以約束，但兩人所持的理由卻不同。佛洛伊德認為，為維持社會秩序，文明乃對個人施以各種限制，使個人得不到滿足，因而減少了快樂。路易斯則認為，道德法則來自愛人且希望人快樂的造物者，凡事遵循律法可以使人更懂得愛，因此也得到更大的快樂。那麼，為了瞭解他們的理論，我們這就來看看兩人婚前婚後是如何控制自己的性衝動的。

佛洛伊德的性生活

佛洛伊德的傳記作家，大多數都同意，他嚴格遵守傳統的性規範：「性行為僅限於婚內，絕對忠實，否則禁慾。」儘管他為更自由的性生活而奮戰，就我們所知，他自己的性行為卻完全遵守此一規範。在給波士頓普特南博士的信中，他說：「我支持的性自由可說前所未有，但我自己絕少動用此一自由……」[44]

十六歲「初戀」之前，佛洛伊德的愛情夢或性感受，我們所知甚少。那一年，舊地重遊弗萊堡——舉家遷移維也納之前的故居——認識了朋友的妹妹，吉莎拉‧福勒斯，年紀小他一歲。最初，佛洛伊德喜歡的是女孩的母親，芙洛‧福勒斯（Frau Fluss），並為她的學養與風情，以及對自己的呵護留下大量文字，後來才愛上吉莎拉。但因生性害羞、膽怯，這一段情緣始終深埋心底，甚至從未向對方告白。幾天後，女孩離家求學，他仍繼續做他的白日夢，在給朋友席爾伯斯坦的信中提及這對母女。他曾懷疑過，自己真的把對母親的愛慕轉移到了女兒身上——或許，這已經預示了他日後的學說。

　　大約十年之後，佛洛伊德也曾向未婚妻提到過自己對吉莎拉的愛慕之情。他曾向未婚妻瑪莎坦承：「我有告訴過妳嗎？我的初戀吉莎拉，那時我才十六歲……沒有嗎？啊，妳一定會笑我。當然啦，首先是我的眼光，再來，是我從未跟她講過一句有意義的話，至於貼心話，那就更別提了。回想起來，這一切不過是重返故居的感情在作祟罷了。」[45]

　　佛洛伊德的早年生活我們所知甚少，有關他對性的想法與經驗也相當貧乏。但可以確定的是，由於他生性害羞與膽怯，有關這方面的事，僅止於觀察與想像。十九歲時，造訪義大利東北部的里亞斯特（Trieste），眼見街上女人年輕迷人，為之心動不已，在給席爾伯斯坦的信裡，他這樣說：「我覺得，在這城市裡住的，無非都是義大利女神，令我心旌搖曳。」同一封信中，他說他喜歡金髮女郎：「但若要我說，穆

賈（Muggia）的女人才更迷人，多數都是金髮，令人不解的是，義大利或猶太後裔應該不是這樣……」[46]

說來弔詭，身為舉世聞名的心理探索者，佛洛伊德居然承認不瞭解女人。從他的書信可以看出，在他的心目中，女人比男人高貴，也更講究倫理，但她們在生活與婚姻中所扮演的角色卻又離理想有很大的距離——縱使在當時那個時代亦然。儘管與許多職業婦女維持著良好關係，對她們敬重有加，但他以為家才是女人該待的地方。

在給未婚妻的信中，談到約翰‧史都華‧米爾（J. S. Mill）一篇論婦女的文章（也有人說是出自米爾夫人之手），佛洛伊德說，米爾主張婦女應該要有自己的事業，「已婚婦女可以掙得的不會比丈夫少」。但話鋒一轉，卻說：「我們再清楚不過，且不說工作賺錢，即使清潔、打掃、煮食等家務游刃有餘，管理一個家庭、養育兒女可是需要耗盡一個人的心力的。他（米爾）還忘了一件事：兩性之間的關係，其重要性並不遜於其他。」

婦女所受的壓迫，米爾將之比擬為黑人所受的壓迫，佛洛伊德完全不同意。他寫道：「男人……會親吻女子的手，會為她的愛赴湯蹈火，一切盡在其中了。」在給瑪莎的長信中，他結論預言說，女性的基本角色永遠不會改變：「上天賦予女人美麗、魅力及溫柔時，也決定了她的命運。女性過去所沒有的，法律與習俗已經給予，但其地位仍將不變：小時候是備受疼愛的寧馨兒，長大後是備受呵護的妻子。」[47]

數十年後，佛洛伊德對朋友同業瑪莉・波拿巴（Marie Bonaparte）說：「我有一個大問題：『女人要的究竟是什麼？』儘管研究女性心理三十年，始終沒有答案。」[48]或許絕大多數今天的婦女也會不假思索地同意，佛洛伊德確實不了解。

　　二十出頭時，佛洛伊德開始埋首讀書，感情生活一片空白，直到 1882 年四月，一個重大的日子來臨。當天，瑪莎・伯納斯到佛洛伊德家拜訪他的一個姊妹。佛洛伊德一見鍾情，從此每天送上一朵玫瑰，附帶一張拉丁文、西班牙文、英文或德文的卡片。其中一張說她有如仙界公主，唇吐玫瑰與珍珠。從此以後，「公主」一詞就成了他的最愛。

　　相識兩個月後，兩人訂婚。但前面的道路卻不是那麼平順。瑪莎的母親對準女婿及這段關係頗有疑慮。家人反對的主要理由是佛洛伊德的無神論，大部分親人視他為異教徒。[49]佛洛伊德也知道，自己不受歡迎。他寫信給瑪莎說：「他們寧可妳嫁一個老拉比……妳的家人不喜歡我，這樣反倒好，我可以擁有妳而不必跟妳的家庭還有任何牽扯，這樣最合我意。」

　　瑪莎的家有社會地位，但不富裕。佛洛伊德出身貧困，父親在經濟上自顧不暇，遑論支持他念書（他都靠朋友資助，包括業師布洛伊爾醫師）。沒有收入，他不僅無法養家活口，也沒有能力完成醫學院長年的學業，甚至導致訂婚四年仍然無法成婚，使得情況更糟。瑪莎的母親堅持女兒回漢堡娘家，理由再簡單不過，既然連婚都結不起，兩人最好還是分開。對這位準岳母，佛洛伊德只有反感，也成了日後與未婚妻之間持續

衝突的來源。

　　沒錢去看瑪莎，佛洛伊德度過煎熬的四年。這些年間，他給她寫了九百多封信，幾乎每日一封，字裡行間可以看出，他不僅熱情如火，而且還是個大醋罈子。

　　有一次，與瑪莎的一位男性好友見面，佛洛伊德相信，這位老兄對自己未婚妻顯然也懷著情意，兩人大吵起來。對方揚言，佛洛伊德若不善待瑪莎，他將一槍把他斃掉然後自盡。爭吵激烈，兩人都為之聲淚俱下。後來，佛洛伊德寫信給瑪莎說：「這傢伙居然讓我流下淚來，定要給他好看，否則絕不原諒。我和他不再是朋友，成為我的敵人，算他倒霉。我可不是好惹的，想跟我競爭，他哪裡是對手……我絕不會留情。」[50]

　　強烈的感情之外，佛洛伊德的信中也有溫柔的一面。每封信的開頭不是「親愛的寶貝」就是「公主，我的小公主」。但有時候又坦白到不近人情的地步。在一封信裡，他這樣寫道：「若以畫家或雕刻家的標準來看，我知道，妳算不上美麗，妳若堅持用字準確，我不得不承認，妳不美麗。」另一封信裡，他提醒瑪莎不要忘了「『美麗』幾年就過去了，我們卻要一起過一輩子」。還有一信說：「上天為妳造的鼻子和嘴唇，很有個性，卻說不上美麗，頗有男性之風，卻絕不嫵媚。」這是坦白還是殘酷？看來不是後者，佛洛伊德拋出一束小花：「……若妳的小腦袋瓜裡還容得下一點虛榮，我就不瞞妳了，的確有人說妳美麗，甚至美麗十分。這可不是我說的。」[51]

父母都出身虔誠猶太家庭，親戚中還有人是拉比，佛洛伊德雖未繼承家族的信仰，性規範方面卻是學到做滿。三十歲才結婚，多數他的傳記作家都同意，在此之前，他沒有性經驗。瑪莎成長於一個正統猶太教家庭，家教嚴格，婚前婚外性行為皆在禁止之列。彼得·蓋伊寫道，「在漫長的訂婚期中，瑪莎始終保持處女之身」，兩人之間僅止於「擁抱與親吻」。[52]佛洛伊德授權的傳記作者歐內斯特·瓊斯則說，他是個「徹頭徹尾的一夫一妻制」，強調他對婚姻忠實始終如一。[53]

　　1886 年復活節，星期日，佛洛伊德治療「精神疾病」的診所開張。他擔心收入不足以維生，承認有時候連出診的車費都付不起。

　　他想跟朋友借錢辦婚禮，甚至寫信給瑪莎的母親，求她向她有錢的姊妹貸款。要求被打了回票。瑪莎的母親回信，一點面子也不留，叫他別再呼爹喊娘的，趕快長大：「一個大男人，論本事沒本事，論前途沒前途，和一個窮人家的女孩子訂了婚，等在前頭的是負擔沉重的歲月，但這可怪不了別人……要維持一個家卻兩手空空，那是活受罪。我就是這樣過來的，所以把話說在前頭。我苦苦求你，現在不要結婚……等到你穩定下來，活得下去了再說……這下子可好，你就跟個被寵壞的孩子一樣，得不到就哭，以為這樣什麼都可以得到。」[54]

　　但不管怎麼樣，佛洛伊德還是攢到了足夠的錢。未婚妻娘家的嫁妝、禮金，加上有錢朋友送的禮，終於使他結成了婚，時在 1886 年九月十三日。

婚禮在德國旺斯柏克（Wandsbek）舉行。佛洛伊德痛恨宗教儀式，跟瑪莎講好，辦了公證結婚。但一轉頭，卻聽說奧地利法律規定非要有宗教儀式不可，於是第二天又補行婚禮，只有少數幾個朋友觀禮。心不甘情不願地朗讀了很快就記下來的希伯來應答文。兩人長期的訂婚期間，佛洛伊德向瑪莎訂下了許多要求：與她家人有爭執時，她要站在他這一邊；她必須承認，她屬於他，而不是她娘家；以及她要放棄自己的「宗教偏見」。婚後，他馬上遂行自己的權威，不准她守安息日。瑪莎向同輩的親戚訴苦：「婚後第一個星期五，就不准我點安息燈，為了這事，我會難過一輩子。」

　　八年之內，佛洛伊德生了八個孩子，但有很長一段時間，性慾似乎一蹶不振，儘管當時不過三十多歲。1893 年，三十七歲，寫信給朋友菲利斯：「我們現在過著無性的生活。」[55]

　　兩年後，老么安娜出生後，從此不再有性生活。有些學者說，之所以如此，理由是避免再有孩子，當時還沒有有效的避孕方法。他們還提出 1916 年佛洛伊德的一場演講，他說：「性行為若放棄了繁衍後代的目的，只在於追求一時的享樂，我們……認為那是墮落。」（佛洛伊德居然會成為國際上性自由的代表人物，有時候令人難以理解）。

　　另外有學者指出，他之停止性生活，並非在么女出生之後，而是在父親去世之後。他們指出，父親之死給他帶來沉重打擊，照佛洛伊德自己的說法，那是他一生之中「最重大的事件」，「讓我的心靈起了重大改變」。他們又指出，佛洛伊德有

一個個案，病人「在父親去世後」，「因爲罪惡感作祟，斷絕了一切女色的享樂」。[56]或許佛洛伊德也是如此。

在孩子的教養上，佛洛伊德是個嚴格卻又過度保護的父親。兒子奧利佛（Oliver）在一次訪談中說，他警告孩子，自慰是「有害的」。1912年，維也納精神分析學會年會，他向同業發表論文，他說：「根據我的臨床經驗，長期陽痿不排除是自慰的後果之一。」[57]在另一篇論文中，他寫道：「這種替代性的性滿足絕非無害，乃是種種神經性與精神性疾病的前因。」[58]另一次演講，發表於維也納精神專科醫院，他說：「你們都知道，精神病患者都以爲自己罹病與自慰有重大關係。他們將自己所有的毛病都歸咎於此，我們百般解釋這樣的想法不對，他們卻不接受。但話又說回來，我們不得不承認，他們也沒錯，自慰本是幼兒期性欲滿足的主要方式，他們確實因這一行爲的不良發展而受害。」[59]

佛洛伊德認爲，有一種名爲精神衰弱症的臨床症候群，包括憂鬱、焦慮及多種肉體的症狀，是由過度自慰造成。[60]「神經衰弱症的主因雖然是夢遺或自慰，但焦慮症在病源上卻可以歸因於抑制性興奮，諸如禁慾，抑制力比多，以及性交中斷，後者影響尤爲重大。」[61]在另一篇論文中，他寫道：「現在很清楚了，多種強迫性行爲都是放棄自慰行爲的後遺症。」[62]

在子女社會生活方面，佛洛伊德看來是個相當保守的父親。歐內斯特・瓊斯有意與他的女兒安娜約會，他寫了封信客氣地打了回票：「感謝你對我小女兒的好意，但恐怕你對她的

認識尚淺。」在這封寫於 1917 年七月的信中，佛洛伊德解釋道，他的幾個孩子當中，她最聰明也最有成就，但對一個主張性慾始於出生的人來說，接下去的一段話卻顯得怪異：「她還說不上是個婦人，性方面的事仍言之過早……我和她之間有個共識，結婚或感情方面的事應該是兩三年之後才會考慮。我不認爲她是隨便說說的。」[63]當時安娜已經十九歲。

安娜終身未嫁，我常好奇原因何在。在我的印象中，她極端聰明，爲人熱情，風度翩翩。當我造訪她在倫敦的診所時，有時候會和她的秘書吉娜·波恩（Gina Bon）共進午餐。有一次，問起安娜未婚的原因。吉娜停下進食，盯著我，好一會兒才說：「這個問題以後別再問了。」

路易斯的性生活

若要瞭解路易斯在性方面的經驗，我認爲，有必要回溯到他年僅九歲時相繼痛失祖父、母親及叔叔的重創，而父親送他上寄宿學校，又使情況更形惡化。或許是害怕再次失去親人，此一早年的巨大創傷使他對任何親密關係避之唯恐不及，直至遇到後來的妻子。

但在這方面他並非全然空白。在自傳中，他寫到了十四歲時性渴望的初次萌發：「我遇到過一次性的誘惑，來勢之猛烈，令我招架不住。」在此之前，他說從「別的男孩那兒」知道了「傳宗接代的事」。但那時「因爲太年幼，除了科學的好

奇，沒什麼太多感覺。」至於他第一次的強烈初體驗，則是觀看一位美麗的女老師在舞蹈教室跳舞。「她是第一個令我『動了慾望』的女人……一個姿態，一個聲調……我被打敗了。」她明白自己對這位年輕女人的感覺不是「浪漫的情愫」。「對這位女老師的感覺是純粹的慾望，但見滿腦子肉慾，毫無詩意。」[64]他承認，他極力控制自己的性幻想，其中包括性施虐、受虐及意淫，以及許久以後仍無法消除的強烈罪惡感，直到皈信之後，才真正控制住這種傾向。

十六歲時，路易斯迷上一個一次大戰時隨家人移居英國的比利時女孩。在給朋友葛里夫斯的信中，他說：「一生中從未有任何事情這樣讓我心動過，她當真是端莊高雅。」幾個星期之後，另一封信詳細敘述了這段關係，結尾說：「不管怎麼說，現在是不可能了，她隨母親去了伯明罕，拜訪其他比利時人，已經一個星期。但看來你也厭煩了我的『愛情故事』。」[65]一如佛洛伊德與吉莎拉，這段「愛情故事」也只是白日夢而已。

十六年後，兩人考慮編輯這些早年的書信，在給葛里夫斯的信中，路易斯決定把某些信件「剔除」，包括談論自慰（他們稱之為「那件事」）以及與比利時女孩的「情事」。「凡提到過這段虛假戀情的信……我都要加以剔除。」[66]這段「蠢事」著實令他困窘，心想自己已經受到處罰，是否還要「把這些信都打印了傳諸後人」。接著又說：「既然罪過都成舊事，想想實無此必要，也就打消了。」[67]

路易斯說，青少年時，對於自己的性念頭及自慰並無罪惡感。「現在說起來，罪惡感云云……那時候根本還不知道是什麼。別人說他們早已經消除，我則是花了好長時間才擺脫。」[68] 十八歲那年，進入牛津大學，就算對性生活有所節制，但也不是出於良知。後來寫到早年大學生活時，他寫道：「有如一個毛頭小孩，我幾乎不知道德良知為何物。」[69] 從軍後，寫信給里夫斯說，他「不像一般人」，把錢浪費在「嫖妓、上館子、治裝上……如果我說我現在對肉體的慾望就像個修道士一樣，你一定會吃驚，我相信你也不愛聽。」[70] 但他又表明，之所以這樣，並不是基於道德或精神的理由。幾個星期後，他寫道：「我不相信上帝，尤其不相信自己會因為『肉體的慾望』受到懲罰。」[71] 那麼，他這段期間不碰「肉體的慾望」又是什麼原因呢？答案是：他害怕會造成生理或心理的疾病。路易斯這封信寫於 1918 年，當時佛洛伊德已經聲名大噪。喬治·沙耶爾，與路易斯相交多年，在他為路易斯作的傳記中寫道：「有些醫生說，那（自慰）可能會導致精神異常及各種身體的疾病。在早年生活中，在他心理上造成最大陰影的正是這種習慣。」[72]

　　儘管我們對路易斯皈信之前的性關係所知不多，但可以確定的是，他的性慾極強，而且覺得沒有必要在道德上為自己設限。皈信之前，他曾對別人說，他尊敬道德操守較高的人，頗有起而仿效之心。但他做不到，他承認，尤其是在「慾望與嗔怒」這方面。他顯然知道很難控制自己的脾性。第一次認真

自我檢視時，他發現：「令我吃驚的是……慾望橫流。」由於缺乏外在力量的扶持，他發現，對自己的衝動束手無策。

擔任牛津講師時，路易斯相貌英俊，聲音迷人，思想敏銳，上課座無虛席。儘管師生戀當時已經司空見慣，他卻盡量避免捲入戀情。在給父親的一封信中，他就說，他採取了一些防禦措施，使自己不至於愛上漂亮的女學生。但防禦歸防禦，並不見得都有效。一位摯友，同時也是傳記作者寫道，路易斯曾放棄指導一個女學生，只因為她美到不行，「在她面前，他連話都說不出口」。

曾有一篇傳記性的文章提到，每當有女性訪客在學院中出現，路易斯都把自己鎖在研究室中閉門不出。他否認此事。但他避免陷入戀愛則是眾所周知。他坦承，害怕遭到遺棄——每個孩子內心的恐懼——在他母親去世後，這種恐懼變得極為強烈，對他的感情世界想必影響甚深。

路易斯皈信前後驚人的轉變，認識他的人都注意到了。一個預科學校同班同學回憶，路易斯是個「超愛搞笑的無神論者，每談及這方面的事都滿口謬論。」多年之後，與皈信後的路易斯重逢，他發現路易斯的「性格完全轉變」，同時，「發現他竟是《魔鬼家書》的作者，驚訝到不行」。

當路易斯終於墜入情網充分享受性生活時，其愛情故事的強度、熱度與張力受到了全世界的矚目。倫敦與百老匯的歌劇、好幾本書、電視劇及電影先後推出，重現了這段愛情故事的深情與悲喜。

路易斯的心防重重，最後他又是如何陷入情網的呢？喬伊·戴維曼·葛萊遜（Joy Davidman Gresham），猶太裔美國作家，讀了路易斯的書，經歷了與路易斯相同的心路歷程，改變世界觀，放棄無神論。

喬伊出生於紐約市，畢業於杭特學院（Hunter College），並進入哥倫比亞大學攻讀碩士。以寫作維生，1983 年以詩集《給同志的一封信》（*Letter to a Comrade*）榮獲耶魯詩獎，並出版過兩本小說。她加入共產黨，並在共產黨黨報《新群眾》（*New Masses*）擔任影評及詩歌編輯，另外還抽時間為米高梅電影公司寫劇本。與威廉·葛萊遜（William Gresham）相戀結婚。葛萊遜也是共產黨黨員，無神論者，小說家，頗有才氣，曾經結婚，後來離異。

威廉·葛萊遜患有嚴重憂鬱症，有自殺傾向，酒精上癮，喜歡拈花惹草。精神治療雖然緩解了憂鬱症，但酗酒依舊，婚姻難以為繼。一天，突然打電話給喬伊，說他不再回家。絕望之餘，喬伊跪下向上帝哭泣禱告。在一篇描述自己皈信的文章中，她寫道：「……隔絕上帝的高牆——傲慢、自大與自戀——瞬間倒下，上帝進來了。」[73]受到路易斯文章的感動，1950 年代初，她決定寫信給他。信中，路易斯讀到了一個文采斐然的聰慧女子。

1952 年九月，喬伊下定決心遠赴英倫，期望一見路易斯。她邀他共進午餐，路易斯則回請她造訪牛津。這一餐為一段戀情揭開了序幕，數年後，終成膾炙人口的姻緣。

路易斯發覺喬伊十分迷人，她的大膽坦率使他既驚且喜。她跟他分享許多有趣的事，傾訴自己的所好所惡。兩人交換文學與寫作心得，彼此印心深契，談對城市的厭惡，對鄉村的喜愛。她批評庸俗的美國。一如佛洛伊德，路易斯對美國與美國人素無好感，聽到喬伊的批評，覺得有趣。

　　1952 年十二月，喬伊接到丈夫來信，要求離婚，並說自己愛上了她的表妹荷妮‧皮爾斯（Renée Pierce）。喬伊趕回家，發現兩人共眠，同意分手。1953 年夏天，帶著兩個兒子移居倫敦。此後兩年，她與路易斯的交往情形我們不得而知。1955 年，喬伊和兩個兒子遷居海汀頓定居，離路易斯住處不遠，開始在他的寫作上當個幫手，兩人時相往返。

　　或許是喬伊的共產黨員的背景，英國內政部駁回了她在英國居留的續簽。路易斯對此深表同情，建議與她公證結婚，純粹只是為了讓她留在英國。但基於兩個理由，並無意娶她進門。首先，他對喬伊似乎並無情愛的感覺，在他的心目中，喬伊只是知心好友。其二，他覺得婚禮不可能在教堂舉行，因為教會法禁止與離婚者結婚。他寫信給葛里夫斯談到此事說，若真的娶她進門，「就我看來，就是犯了姦淫，因此絕不可行。」[74]1956 年四月二十三日，兩人私下公證結婚，喬伊與兩個孩子乃得留在英國。

　　同年十月，兩人的關係出現了重大轉折，喬伊的乳癌細胞擴散，轉移至骨骼。寫給葛里夫斯的信中，路易斯說：「她可能活不過幾個月。」接她及孩子們回家中照顧，他覺得責無

旁貸，於是將兩人的婚事公諸於世。1956 年十二月二十四日，《泰晤士報》刊出一則啟事：「劍橋大學麥迪倫學院路易斯教授，與邱吉爾醫院住院病患喬伊‧葛萊遜女士結為連理，賀函懇辭。」

　　或許是即將失去喬伊，路易斯才明白，自己不僅愛她，而且是此情不渝，希望她成為自己真正的妻子。至於他如何遂喬伊之所願，得以在教堂舉行婚禮，其內情複雜，詳情就不得而知了。可以確定的是，路易斯曾辯稱，比爾‧葛萊遜與喬伊的婚姻是再婚，其前妻仍然在世，他與喬伊的婚姻算不上是真正的基督教婚姻。1957 年四月二十一日，路易斯以前的學生比得‧拜德牧師（Reverend Peter Bide）同意在邱吉爾醫院病床邊為兩人主持婚禮。路易斯的哥哥華倫在日記中記下了婚禮：「我覺得心痛，特別是喬伊，一心但求微薄的安慰，死也要與傑克在同一個屋頂下，她所表現的勇氣，誰要是可憐她，對她都是一種侮辱……在所剩無多的日子裡，唯願她無痛以終。」

　　喬伊搬進了窯坪，路易斯的家。五月，路易斯寫道：「喬伊回家了……醫院對她束手無策……完全無法下床。但感謝上帝，沒有疼痛……而且往往心情愉快。」主持婚禮前，拜德牧師曾為喬伊的康復禱告，路易斯繼之。然後，許多人心目中才有的奇蹟發生。喬伊開始好轉，可以下床走動。1957 年六月，她寫信給一個朋友：「想想看我們的處境，傑克和我卻出奇的快樂。」[75] 七月，兩人飛往愛爾蘭補度蜜月。拜訪他們的朋友都說，路易斯與妻子生活中「洋溢著快樂與滿足」。有一次跟

朋友談起自己，他說：「從沒想到，到了花甲之年，二十來歲時錯身而過的快樂卻來了。」喬伊嚮往希臘多年。1960 年四月，與另一對夫妻，兩人攜手前往，度過十天的假期。

喬伊前往英格蘭，希望見到路易斯，結果不僅見到了他，而且突破了他的心防，跨越了「請勿打擾」的告示。兩人享受了三年又四個月的幸福時光。根據傳記作家的說法，喬伊的書信「滿溢快樂」。她寫道：「你會以為我們是一對二十來歲的蜜月夫妻」，還大方談論路易斯床笫之間的雄風。[76]在《驚喜之旅》中，路易斯也說：「短短幾年中，妻子和我盡享愛的饗宴，遍嚐各式滋味……身體與心靈無一隙不得滿足。」

對比佛洛伊德與路易斯的性生活，前者在這方面的壓抑顯然比後者多得多。多數佛洛伊德傳記的作者都同意，三十歲之前，佛洛伊德沒有性經驗，婚後的性生活似乎也只維持了幾年。漫長八十三年的人生中，性解放之父的性生活卻只有短短十年，這有可能嗎？如果是，為什麼會這樣？路易斯認為，那是因為佛洛伊德——如同他所治療的維也納女病患——把性視為可怕的、可憎的，此說正確嗎？

沒錯，相較於佛洛伊德，路易斯的性生活活躍得多。垂暮之年，與一女子先為摯友後為愛侶，路易斯享有美好的性生活。皈信之後，結婚之前，他顯然已經調整好自己，能夠控制自己的性衝動，無論對自己或伴侶也更為滿意。為什麼會這樣？我對哈佛學生所做的研究或許可以提供一點線索。

根據學生的說法，皈信之前，他們對自己的性關係並不

滿意，性關係也無法滿足他們對心靈契合的渴望，內心感到孤獨，覺得「沒有歸屬感」，性行為之用無非在於克服這種孤獨感。皈信之後，一如路易斯，他們努力遵守嚴格的聖經標準，保守自己的貞潔，或維持對婚姻的忠誠。相對於他們之前的行為或現今的風氣，這樣嚴格的限制雖然大相逕庭，他們卻發現，相較於毫無界限，界限分明反而使他們更能知所適從，無有困惑，並在與異性交往中，有助於他們將對方視為「一個人而非性的物件」。[77]

難道佛洛伊德從他自己的臨床觀察中也得到了相同的信念？這只是我們的推測。沒錯，在性生活上，他就是把自己的界限分明施加於兒女的教養上，而與他公開呼籲的「大開大放的性自由」形成強烈對比。或許一如路易斯，他其實是默認：「即使只是今世，任何快樂的追求，知所節制乃屬必要。」[78]

✳
7
愛：
一切的愛皆為性的昇華？

　　有關愛的論述，佛洛伊德與路易斯都談得很多。兩人也都瞭解，「愛」這個字使用得太過於浮泛，意義上有極大的差別，有必要加以釐清。無論是對國家、寵物、孩子、朋友、父母或配偶，說到自己對他們的感情時，我們都會用「愛」這個字來形容。但我們所講的「愛」，因對象不同，其實各有所別。

　　佛洛伊德將人類之愛的各種形式分成兩大範疇：性（生殖器的）愛與性欲壓抑於無意識中的愛。在《文明及其缺憾》中，他寫道：「『愛』這個字的使用浮泛，其實可以追溯到語言的源起上……男人與女人因生殖需求而組成家庭，人們將這種關係稱為『愛』；但也把親子、手足之間的親密感情稱為『愛』。」[1] 但事實上，夫妻之間的愛是「性愛」，手足及親子之間的愛則是「目標壓抑的愛」（aim-inhibited love）或「親情」。力比多──性愛的心理動能──可以毫無掩飾地表現於性愛關

係中，但也可能昇華，或只存在於無意識中：「目標壓抑的愛原本也是性愛的愛，潛存不動於人的無意識中。這兩種愛——性愛與目標壓抑的愛——向外延伸至家庭以外，進而與陌生人產生新的連結。前者形成新的家庭，後者則形成『友情』。」[2]

但親情與友情之愛「並未放棄性慾，而是以內在的力量予以壓抑，並在其中獲得相當程度的滿足，此所以人與人之間的關係得以穩固持久。就此一類的愛而言，特別是親子之間的情感，原本也充滿性欲，友情之愛亦然，如同婚姻結合所產生的情愛，其原始皆來自於性的吸引。」[3]

佛洛伊德明白，他將一切形式的愛都貼上「性」的標籤，定會遭致強烈的抗拒，因此試圖加以辯解。他說：「我們所說的『愛』，就其根本，其核心乃是性愛，是以性的結合為其目的（這也是詩人所歌詠的）。但任何情感，只要共用了『愛』此一名稱，都離不開性，無論自我之愛、親子之愛、朋友之愛，乃至對全人類的愛，皆屬如此。」[4]

不出所料，將人類之愛、親子之愛及朋友之愛都貼上「性」的標籤，果然招來了指責與反對。那麼，佛洛伊德為什麼還要這樣做呢？在他的《群體心理學與自我的分析》（*Group Psychology and the Analysis of the Ego*）中，他解釋道：「我們是站得住腳的，根據精神分析研究，所有這些情感都是同一本能衝動的表現：在異性的互動關係中，這種衝動促使人們尋求性的結合……」在其他形式的愛中，性衝動的「目標受到轉移」，但其本質仍然是性。「此一研究結論一出，精神分析成為眾矢

所之，彷彿此一創見犯下了滔天大罪。但把愛做這樣廣義的解釋其實並非原創。哲學家柏拉圖所說的『Eros』，無論在性愛的源起、功能與關係上，其實都等同於愛的動能，亦即精神分析的力比多⋯⋯在著名的哥林多前書中，使徒保羅讚頌愛超越一切，定然也是出自此一『廣義』的認知。」[5]佛洛伊德就引用了哥林多前書的一段話：「我若能說萬人的方言，並天使的話語，卻沒有愛，我就成了鳴的鑼、響的鈸一般。」爲此他發出感嘆：「由此可見，人們口口聲聲尊崇偉大的思想家，其實根本沒有放在心上。」[6]至於偉大思想家云云，說的是柏拉圖、保羅還是他自己，佛洛伊德未曾明言。

他強調：「說到性就覺得羞恥，我看不出一點好處。希臘文用『Eros』（情愛）一字，不過是要取其淡化，不使人難堪，說到底，翻譯過來就是我們德文的 Liebe 這個字。」

所以說，一切的愛眞的就只是性？或者這只是一個唯物論者的極端見解？平實而論，人類的互動關係，其本質本來複雜萬端，佛洛伊德的確就此提出了許多精闢的觀點。他讓我們瞭解，所有的群體，包括家庭、社團、教會、學校、公司、運動團隊、醫院，其主要的問題不在於這個組織所要完成的任務，而在於人際衝突上。依他的解釋，原因之一是，每個人對其他人都存有成見，儘管這些感受通常都受到壓抑並經過重組，但仍然影響我們的行爲，進而造成人際衝突。

他寫道：「幾乎所有的親密關係，包括婚姻、友誼、親子，長期下來都積澱了一些嫌惡與敵意，只不過因爲壓抑而不

為人知罷了。」「生意合夥人之間常見的爭執」顯而易見。在大團體中，這種潛伏的敵意及輕視傾向也尋常可見。「兩個家庭因婚姻而結合，幾乎無有例外，彼此都自以為優於對方，或出身較為高貴。兩個相鄰的城鎮，彼此也都相互嫉妒、競爭；即使是小行政區之間，照樣瞧不起對方。」為說明這種現象，佛洛伊德還留給後人另外一個詞組：「細微差異的自戀」（narcissism of minor differences）。他舉了幾個地理上相鄰國家與種族的例子：「德國南部人和北部人水火不容；英格蘭人詆毀蘇格蘭人不遺餘力；西班牙人嫌惡葡萄牙人。」另外還提到，「高盧人對日耳曼人，亞利安人對閃族人，以及白人對有色人種，那種無法克制的厭惡。」[7]

佛洛伊德承認，這種潛在敵意的形成仍然是個謎，「但整個看來，人類天生具有仇視、攻擊別人的傾向，其由來不明，只好歸之為天性。」[8]

在喜好對象的挑選上，佛洛伊德也提出了他獨到的看法。他強調，早年的人生經驗強烈影響日後的擇偶與擇友。在一篇 1922 年的文章中，他寫道：「小孩與同性及異性交往，其模式與性質在六歲之前就已經確立，日後在某些方面容或有所轉變，但基本上終其一生難以擺脫。與父母及手足的相處，其方式就是這樣定型的。」[9]

接下來，他的話可就驚人了。他說，人成年後的各種關係在某種程度上都受到早年關係的影響：「日後所有他所認識的人，都只是那些早年感受對象的替代……因此，後來認識的

人不得不承受他早年所形成的情緒，可能是好感，也可能是反感，總之，完全身不由己。成年以後，交友及戀愛對象的選擇，都是以早年那些典型所留下來的記憶爲基礎。」

最後，佛洛伊德發展出了他的**移情作用**（*transference*）理論，在情緒失調的治療上扮演了重要的角色，同時，在擇友與擇偶上，迄今也仍具有其重要的參考價值。如我們所知，人際關係中的感情發展是循雙軌進行的。我們與人的交往與互動，所依據的不僅是自己對對方有意識的認知，而且也受到無意識的影響，所參照的則是幼兒與童年時期的重要人物——特別是父母與其他家庭成員——之間的關係。我們往往會用自己對過去人物的感受與態度套在現在的人身上，特別是那些與過去人物有著相同特點的人。[10]素未謀面的人，初見卻有強烈感受，這種經驗大家都有過。按照移情理論的說法，那是因爲這個人的特點——步態、頭傾的角度、笑聲或其他特點——讓我們想起了幼年記憶中的某個重要人物。有的時候，配偶或上司使我們爆發環境所不許可的過激反應，有可能是他們的動作或語氣，喚起了我們對幼年時期某個重要人物的負面情緒。

所有的人際關係都會發生移情現象，但最常發生在與權威的關係中，其程度也最強烈，特別是在醫病關係中。之所以如此，部分原因在於，病人通常都會把醫師視爲權威，並將自

己對人生最早期的權威——父母——的感情轉移到醫師身上。
「病人將醫師看作自己童年或過去某個重要人物的化身,因而
將自己對此一典型的感情與反應轉移到醫師身上。」[11]事實證
明,移情很快就發揮了意想不到的作用。佛洛伊德瞭解,病人
對醫師的正面感情(「正面的」移情)是一股促使病情得以改
善的強大推力。在給榮格的一封信中,他談到精神分析治療的
根本:「究其實,我們可以說,痊癒是愛發揮了效果。」[12]隨
著移情理論的提出,佛洛伊德為我們對人類各種關係的瞭解做
出了根本的貢獻。

儘管如此,路易斯卻認為佛洛伊德對愛與人際關係的瞭
解並不完全。路易斯論愛引經據典,門道更勝於佛洛伊德的臨
床經驗,學術著作中尤以論人類之愛的作品為其大宗,《愛情
寓言》與《四種愛》都是經典之作。

首先,路易斯將所有的愛分成兩大類。其一,是基於需
求的愛;其二,是無條件的愛。在《四種愛》中,他寫道:
「我首先要做出區分的,是我所說的『付出的愛』(Gift-love)
與『需求的愛』(Need-love)。典型的付出的愛,好比一個人為
家人未來的幸福而工作、盤算、儉省,即使自己享受不到,雖
死而無憾。至於第二種愛,則是把一個孤單或受驚的孩子送
進母親懷抱的愛。」[13]「需求的愛提到一個女人時會說:『我
不能沒有她。』付出的愛則是盡其所有想要給她幸福,給她安
慰,給她保護——如果可能的話,給她財富。」[14]

一如佛洛伊德,路易斯也引用了新約所說的「上帝是

愛」，並提醒我們定要謹慎，切勿將之錯解爲「愛是上帝」。路易斯意味深長地說，每一種愛都有可能變成偶像崇拜，使人假愛之名行非愛之事。他寫道，愛「一旦成爲神，也就成了魔鬼」。人們往往會以愛的名義做出違背良心的事。「人類的每一種愛，一旦愛至極處，都有可能自認爲擁有神聖的權威，其言說往往儼然上帝的旨意。」在《四種愛》中，路易斯寫道：「對一個女人的愛，可能使一個男人毀壞誓約，拋妻棄子，對國家的愛可能使人犯下殘酷無比的暴行，對教會的愛可能促使人們行眞正的惡事。」路易斯秉持其一貫的率直寫道：「我將要寫一本書，若一旦寫成，其中必充滿基督徒的懺悔，爲其對人類所行的諸種殘酷與叛逆懺悔……因爲我們高舉基督的名號，卻行摩洛（Moloch，譯按：聖經中記載的假神）要我們做的事。」[15]

按照希臘的傳統，路易斯進一步將人類的愛分成四類：其一，Storge，親情；其二，Philia，友情；其三，Eros，性愛，戀人之間的愛情；其四，Agape，聖愛，愛神與愛人之愛。在一封給朋友的信中，路易斯進一步說明這四種不同的愛：「『仁慈』卽是愛，在新約中稱爲聖愛，以有別於愛情（性愛）、親情及友情……這四種愛若各在其位便都是美好的，但聖愛才是最好的，因爲其爲上帝所賜，在任何地方都是好的。天下有人我不應該有性愛之想，有人我無法有親情或友情之想，但對上帝……對人與獸，對善與惡，對老與少，對遠與近，我都可以出之以聖愛。聖愛者，只有付出，無有索取……奉獻金錢只是

慈善的一種方式，奉獻時間與勞力更好，（對多數人來說）也更難。」[16]

Storge 這種人類之愛，我們稱為「親情」。希臘人用這個字指的是家人之間的愛。路易斯寫道：「我的希臘字典將 Storge 定義為『親情，尤指父母對子女的愛』，但也指子女對父母的愛……我絲毫不懷疑，親情乃是一切愛的源頭，也是 Storge 這個字的核心意義。」[17]我們也會以親情對待家庭以外的人。關鍵在於令人自在的熟悉感，對一個人，與自己沒有共同興趣，乃至並不是自己的朋友，也都會生出這樣的感情。之所以如此，路易斯說，只是因為我們久已認識其人，對他們感到熟悉與親切。對這種感情的描述，他出之以抒情的文字：「親情無聲無息，滲透於我們的日常，與一切尋常、私房、不足為外人道的物事同在，譬如，柔軟的拖鞋、陳舊的衣裳、老掉牙的笑話、睡著的狗兒尾巴拍打廚房地板的聲音、縫紉機的聲響……」[18]

路易斯強調，親情適合自在、隱密、安靜的場所，公共場合不宜。在公共場合表現親情，可能會讓旁人感到不自在。路易斯說：「親情若大聲張揚又太過頻繁，也就不成其為親情了；若在公共場合表現親情，無異於把自家的家具搬出來亮相。總之，場合若對就是好的，陽光下徒然顯其矯情、俗氣，甚或怪異。」[19]

路易斯又說，親情是不動聲色的。「人可能為『愛情』或『友情』感到得意。」他解釋道：「親情則是含蓄的，甚至隱

密、羞於示人的⋯⋯只有以親情相繫的人，往往要在生離死別後才會想起對方的好。他們的好，我們平常卻是視爲當然。說到視爲當然，在愛情中雖是大忌，但在親情中，只要分寸得宜，卻也只是剛好而已，唯其如此，才符合這種感情令人感到自在與安心的本質。」[20]

親情可以伴隨其他形式的愛而生。朋友之間也能感受到親情。「交個朋友可不同於親如家人的感情⋯⋯但時日長久，成了老朋友，他的一切卽使原本和友誼毫無關係，也會因熟習變得親切且令人珍惜。」

親情可以跨越家庭，與其他形式的愛交融。親情是，也應該是愛情的一部分。性愛若少了親情的成分，旣冷淡且無趣。路易斯寫道，親情是最沒有分別心的一種愛：「⋯⋯無論醜的、笨的，甚至令人難以忍受的，幾乎任何人都可以成爲親情的對象⋯⋯我就看過一個弱智，不僅父母疼他，兄弟也愛護他⋯⋯親情甚至能跨越物種，我就看過，不僅人狗之間親如家人，更令人驚訝的，連貓狗之間也如此。」[21]

針對這種建立在親情與熟悉感上的關係，路易斯提出了一個有趣的警告：這樣的關係會誘使人不拘小節，這可是會造成大麻煩的：「親情給人的感覺有如穿舊衣，自在舒適，無拘無束，不計較細節，但若當著陌生人面前，就顯得缺乏教養了。」他提醒我們：「關係越是親密，越是不拘禮節；但並不能因此而忽略了禮節。相反地，親情至於極致，自有其禮節，相較於公共場合的禮節，其微妙、敏感及深入猶有過之[22]⋯⋯

你可以說：『閉嘴，我在看書。』，只要口氣對、時機對，說什麼都無妨，關鍵在於口氣與時機，千萬不要有意傷人。親情越深，越能拿捏這些細節（每一種愛，自有其『愛的藝術』）。」[23]

當然，家庭裡往往也忘了禮節。「譬如，在別人家作客聚餐，父母卻在席間給已經成年的孩子難堪，對任何年輕人來說，只怕從此就斷了與這家人家的來往。對孩子懂，自己卻無知的事，自以爲是加以論斷，任意插嘴打斷對方，反駁不留絲毫餘地，取笑孩子在意的事，這些都是常見的失禮。」[24]

路易斯相信，人生在世，絕大部分的快樂來自親情。只要「懂得人情世故，知所取捨，『識大體』……人生中穩固持久的快樂，十之八九來自親情。」[25]

佛洛伊德警告，人類所有的愛中「都埋藏有恨的種子」，路易斯也持相同看法。若有需求亟待滿足，孩子或父母卻未能協助解決，需求日益迫切，挫折感作祟，可能由愛生恨。路易斯提醒說：「說到男女之愛，羅馬詩人有言：『我既愛且恨。』但別種愛也同樣有愛恨交織的情形。愛中藏有恨的種子。親情之於人生既是靈丹妙藥，恨的種子也會發芽。愛一旦成爲神，也就變成了魔。」[26] 儘管兩人表面上看法一致，佛洛伊德將性視爲親情的核心甚至無所不在，路易斯卻不予苟同。

至於 Philia，友情，路易斯更不同意佛洛伊德的看法。佛

洛伊德將友情視為性壓抑的變體，路易斯認為毫無根據。佛洛伊德稱之為「目標壓抑」的愛，但在路易斯眼裡，友情有四種截然不同的特性：

其一、在各種愛當中，友情的必要性最低：「若無性愛，人無法生殖，若無親情，人得不到養育。但若沒有友情，卻絲毫無礙生養。從生物學的角度來看，人類無需友情。」[27]

其二、友情是最不自然的一種愛：「其為愛，最無關乎本能、器質、生理、群居與需求。這種愛不致牽動我們的神經，不致讓人聲嘶力竭，不致臉紅心跳，也不致使人神色慘白。」

其三、最不受當今的文化看重：友情「基本上是個人之間的事，一旦稱兄道弟，對團體的向心力多少都會打折扣，群體、社團對此甚至嫌惡、不信任」。團體的領導者「碰到下面人形成小圈子，友情之誼緊密，都要覺得不安……團體擺明了重於個人，友情也就沒人瞧在眼裡。友情云云，畢竟只是人與人之間的個人情誼。」[28]

其四、友情不同於愛情，但卻能加深並強化愛情。路易斯認為，一切愛皆是性，根本一派胡言。

談到佛洛伊德為友情下的定義，路易斯寫道，把友情看作「只是經過包裝或掩飾的愛情，徒然顯示他們從未有過朋友……儘管對同一個人可以愛情與友情兼得……友情與愛情卻完全是兩回事……情人一般是面對面陶醉於彼此，朋友則是肩並肩陶醉於共同的興趣。」[29]但情人可以成為朋友，反之亦然。

異性之間，相遇相識，發現彼此有著共同的愛好，「兩人

之間升起的友情，很快——快到只要半個小時——就會轉變成性愛。」

反過來也有可能。兩個人墜入情網，雲雨相悅，也可能發現彼此有著濃厚的共同興趣，然後成為朋友，形成情人與朋友一體的關係。兩種關係的差別在於，愛情只容得下他們兩人，但作為朋友，卻急切地要把將他們繫到一塊的興趣分享與人。

路易斯說，愛情與友情的結合「不但不會消彌兩者之間的差異，反而會更加予以凸顯。如果有個人，起先和你只是朋友，純粹的朋友，後來漸生愛意或突墜情網，也成了愛侶，你絕不會容許第三者分享這份愛情。但友情卻不吝於分享。發現所愛能夠很快地與自己的朋友打成一片，愛情將更為充實：兩情相悅之餘，還能有三五知己，懷抱共同理想，世間結伴同行，何等樂事。」[30]

談到友情時，路易斯也透露了他對朋友的看法。他寫道，置身於彼此互敬的朋友群中，不免使他「暗自慚愧，有時候慶幸自己何德何能，未遭嫌棄，還能與這等優於自己的人結為至交。」

路易斯摯友極多，定期會面，長途步行，深入長談。他寫道，友情之最樂莫過於「大夥相聚，各自搬出最得意、最有見解，或最好笑的種種獻寶。那一刻可謂價逾黃金，三五好友長途辛苦步行一整天，進住客棧，換上拖鞋，兩腳伸向爐火，人手一杯齊眉，高談闊論之際，整個世界，乃至世界以外的一

切，都向我們敞開。彼此間不忮不求，彷彿一個小時前才初識，無身分之別，自由放言，於此同時，多年的情誼瀰漫，沉浸其間，其樂融融。人生若此，未有比這更好的禮物。誰又能受之無愧呢？」[31]

路易斯相信，友誼也有其危險之處。有的時候，我們希望自己能夠被一群人接納，並非因為有著共同的信念，只是要取得一個團體的認同，抬高自己的身價。一個團體的存在若非基於共同的信念及真正的友情，而是為了「滿足一己的自大與優越」，那麼也就陷入了「友誼自然會帶來的危險——驕傲」。

這類所謂的「核心團體」（in group），其友誼的基礎並不在於共同的興趣。「勢利之人一心想要打入某些團體，為的只是這個團體已經被視為『菁英』，而與那些自視為『菁英』的人為友乃是危險的，因為他們自命不凡……」[32] 路易斯指出：「驕傲是最大的惡……是本性上的壞……其心態是完全違背神的……以高高在上為樂……目中絕無他人。」[33]

在每一種團體中，無論學校、學院、醫院、律師事務所、公司行號，都有路易斯所說的這種「核心圈子」。[34] 他認為，每個人的人生中，都有一段時間削尖了頭「想要擠進『圈子』，唯恐被排除於外」。擔心不見容於核心圈子，無法成為其中一分子，造成巨大的壓力與苦惱。為使自己被心目中的重要人士接納，成為圈內的一分子，常會使人行事違背理性。他寫道：「無疑地，佛洛伊德會說，整件事情無非都是性衝動在作祟。我卻懷疑這是不是把事情弄亂了套。在性混亂的時代，

許多人視貞潔如無物，與其說是受到了維納斯的擺弄，還不如說是惑於主流風氣所致。想也知道，性混亂既是風潮，貞潔也就成了局外人。殊不知人外有人，他們只不過是無知罷了……至於一些較小的事，諸如抽菸、醉酒，想來許多人也都是這樣才開了個頭的。」

但路易斯又澄清說，只要有人的地方，就會有核心圈子形成，但其壞並不在於其本身，而是壞在想要加入其中的那種熱衷。他舉了一個例子，說明事情本身本無所謂好壞，而是壞在欲求的心態：「信仰虔誠的高齡親人沒有痛苦地死去不是壞事，但急切指望他死去就不對了，甚至連一點點要讓他早點死掉的想法都是法所不容。」[35]

我們一心想要擠進核心圈子，那又是什麼力量在作祟呢？路易斯列舉了幾個理由，其中包括想要「權力、金錢，以及不受規範與不必負責的特權」，但最重要的是那種「私誼的滋味」。他警告說：「所有的熱情當中，熱衷於打進核心圈子是最需要鑽營技巧的，這會使人什麼壞事都幹得出來。」他還發現，越是害怕進不了圈子，就越有可能是個局外人。「除非克服做個局外人的恐懼，否則就只能是個局外人。」又說：「除非你打消追逐核心圈子的慾望，否則就只能讓它來折磨你。」

同樣地，「找些時間與自己喜歡的人消磨時日，將會發現不知不覺間自己已經置身圈內的核心，自在又安穩，外面人看來，那才像個真正的核心圈子。」但這和一般的核心圈子又大

有所別：「其私密性是自然形成的，排他性是無意間產生的，沒有人是惑於圈內人的引誘而加入的，就只是三五個人，因為彼此投契聚在一塊做自己喜歡的事。」路易斯稱這種模式為「友情」圈子。在結語中，他說，「世間的快樂，或許有一半是來自友情，這可是核心圈子裡面的人享受不到的。」[36]

愛情、親情與友情可以相疊互融，路易斯舉親吻為例。他提醒我們：「無論時間或場合，這三種感情都一樣，大多會以親吻來表達。在現代英國，友情不再使用這種方式，但親情與愛情依舊。」他說，親吻究竟始於哪一種感情，我們不得而知。「但可以確定的是，親情之吻有別於愛情之吻。沒錯，但戀人之間的吻未必都是出自於愛。」

有一種愛，佛洛伊德與路易斯都花了相當多的篇幅來討論。這種人類之愛，在猶太經典與新約中都有提到，亦即佛洛伊德批判的精神世界觀的基本教導：「愛鄰人如己（Love your neighbor as yourself）」。

佛洛伊德明白，世間有一種愛，無法納入他的分類。有些人奉獻自己一生，無私地造福別人。他肯定地指出，這種無私多少都是源自於自我保護。把感情投注於一個「所愛的對象」自有其風險，佛洛伊德認為，有的人自有其胸懷，「但又怕自己會失去所愛，乃將愛從單一的對象轉而投注於全人

類⋯⋯一種普世的人類之愛⋯⋯藉此為自己帶來一種平衡、穩定且充滿愛心的感受，這種愛看似不同於⋯⋯性愛，但卻是衍生自性愛。亞西西的聖方濟（St. Francis of Assisi）將這種愛發揮得最淋漓盡致，或許就是要求得一份內心的喜樂。」佛洛伊德強調，這種「普世之愛」難在「並非每一個人都是值得愛的」。[37]

沒錯，對佛洛伊德來說，「愛鄰人如己」的誡律簡直不可理喻。他對於宗教的撻伐不僅指向「奇蹟」與「教條」，而且也沒有放過此一教導。他說，此一誡律「普世皆知，年代肯定早於基督教，但基督教卻將之據為己有，公之於世，引以為傲」（沒錯，此言最早見於希伯來經典利未記十九章 18 節）。

佛洛伊德說，一如「愛你的敵人」，此一教導令他困惑不已，百思不得其解。他問道：「我們為何要這樣做？於我們又有什麼好處？但最重要的是，怎麼做得到？怎麼可能做到？愛之於我，乃是天大地大的事，豈能任意糟蹋⋯⋯若我愛某人，這個人必有我值得愛的地方⋯⋯如果他在某些大處與我相似，他便是值得愛的，因為愛他也就是愛我自己；如果他在某些方面比我更加完美，他也是值得愛的，因為愛他也就是愛我理想中的自己⋯⋯但他若是個陌生人，本身沒有什麼吸引我的地方，又沒有什麼特質足以贏得我的感情，要我愛他豈不強人所難。沒錯，我若是那樣做就不對了，畢竟我的愛是因為我看重的人才有價值，如果我拿陌生人和他們一樣對待，對他們豈不有失公平。」[38]

尤有甚者，佛洛伊德寫道，他想到自己的鄰人，非但不愛他，反而常常傷害他。他強調：「只要是對他有好處，他會毫不猶豫地傷害我……譏笑我，侮辱我，中傷我，唯恐不及，展現他的高人一等；他越是覺得安穩，我就越倒楣，越發肯定他不會放過我。」他總結說道：「坦白跟你說吧，他只會越發敵視我，恨我。」又說，如果把這話這樣說：「愛鄰人一如鄰人愛你。」[39]我倒還能夠理解。

　　佛洛伊德提醒我們，人們總是忘了，「人類可不是溫馴，需要被愛，只有受到了攻擊才會起而保護自己的動物。事實上正好相反，根本就是那種先天就具有攻擊本能的動物。」[40]然後問道：「一條誡律強人所難至此，卻說得冠冕堂皇，又有什麼意義呢？」他總結說：「沒有比這更違反人性的。」[41]

　　路易斯也同意，此一誡律違反人性。但正因為如此，我們需要更新本性，在精神上重生，需要「改頭換面」。路易斯說，要瞭解「愛鄰人如己」的誡律，關鍵在於「如己」兩字。我們是如何愛自己的呢？他說，愛自己就是希望把最好的給自己，並身體力行去做到，即使不喜歡自己時亦然。每天我們所做的，從早上起床到晚上就寢，吃飯，運動，沐浴，工作，無非都是要把最好的給自己。所有這些事，無論喜不喜歡，我們都會盡力要求自己做到。

　　路易斯寫道：「我並不真正覺得喜歡自己或愛自己，甚至並不很喜歡自己的社會。因此，很明顯地，『愛鄰人』並不代表『喜歡他』。的確，我自己做的一些事情，就連自己都會討

厭嫌棄。因此，跟我敵對之人的所作所爲，我厭惡或痛恨乃是可以接受的。」[42]然後，他追述老師教過他的道理，很重要的是，「痛恨惡人的惡行，但……不是那個人。」原來他一直認爲這樣的區隔很愚蠢。「討厭一個人的行爲，卻不討厭那個人，怎麼可能呢？」多年以後，他終於明白，有一個人，他這一生就都是這樣對待的，那個人，就是他自己。他寫道：「不管自己如何懦弱或貪婪，我還是愛自己。」換句話說，他仍然希望或盡力要把最好的給自己。

一旦決心投入精神世界觀的研究，路易斯就開始閱讀希臘文新約。讀到「全心愛主你的上帝」與「愛鄰人如己」這兩大誡命時，他瞭解到，這裡的愛指的是聖愛。不同於親情、愛情或友情，主要是以感情爲基礎，聖愛的基礎多半是建立在意願上。我們無法控制自己的感覺，但卻能夠駕馭自己的意願，因此，能夠管制自己的所言所行。我們的一言一行，可以助人，也可以傷人。路易斯繼續強調說，聖愛是「願望的展現，對自己，發乎自然，對別人，則需要學習。」

聖愛關係到人際關係的一項基本法則。路易斯指出，當你願意把最好的給某人，並身體力行去做了，卽使對方是個你不喜歡的人，慢慢地，你會發覺，自己對他的反感開始減少，好感隨之增加。反之，情況也相同：「這一條精神法則若與之背道而馳，結果相當可怕……越是凶殘，恨意就越深；恨意越深，就越是凶殘──如此這般，陷入惡性循環，無有了結。」臨床上，這樣的例子所在多有。當我們無意間幫助了一個自己

不喜歡的人，對他的反感往往因此降低了；反之，若是傷害了一個人，對他厭惡便越發增加——或許是因為他使我們有了罪惡感吧。聖愛的根本雖然是意願，但這種愛的實踐卻影響我們的情緒，往往可以使負面情緒轉變為正面。

根據我的臨床經驗，我發現，聖愛是一切人際關係成功的關鍵，即使在團體及機構中亦然。在我參與過的機構中，包括醫院、大學、公司等等，我注意到他們面臨的問題並不在於他們的本業：照顧病患、教導學生、生產產品或提供服務，而在於人們的行為並非出之以願望，而是出之於競爭、嫉妒、怨恨、報復、辯解等情緒。如果我們對待別人，皆以聖愛為出發點，可以使自己及周圍的人省掉許多不必要的痛苦。路易斯顯然充分掌握了這一法則。

路易斯與佛洛伊德的理論已經談了許多，從他們的實際行為更可以看出兩人的不同。佛洛伊德的人生模式是：起初的關係十分緊密，接下去是衝突，最後以關係突然終止收場。與他的老師布洛伊爾如此，與摯友菲利斯如此，與他的許多追隨者也如此。佛洛伊德年輕時，開業行醫，布洛伊爾曾給予大力協助及鼓勵；菲利斯則是佛洛伊德獨自一人踏上職業生涯時最信得過的好友；至於那些追隨者，都是每週三晚上在他家舉行研討會的基本成員（此一團體後來成為維也納精神分析學

會）。

　　佛洛伊德與人決裂，都是以揭人陰私與辱罵畫下句點，受害者中名氣較大的包括威廉・史德喀爾（Wilhelm Stekel）、阿爾弗雷德・阿德勒（Alfred Adler）、卡爾・榮格、奧托・蘭克（Otto Rank）及桑多爾・費倫齊（Sándor Ferenczi）。他罵起人來口不擇言，說到之前的同事，他所用的語詞有「無法忍受的人」、「豬」及「卑劣無恥的騙子」。其中幾個，諸如威廉・史德喀爾、保羅・費德恩（Paul Federn）及維克多・托斯克（Victor Tausk），以自殺結束一生。回顧這些破裂的關係，他將結果歸諸於「個人間的歧異，嫉妒、報復或某種怨恨」。[43]

　　他與卡爾・榮格的關係更是一個出了名的例子。兩人絕交之後，佛洛伊德在一封信中寫道：「他大可去跳湖算了，我不稀罕他，也不需要他的友誼。」[44]兩人的交情開頭其實很單純。榮格，瑞士人，當時追隨尤金・布魯勒醫師（Eugen Bleuler）工作，讀了佛洛伊德的《夢的解析》，在幾份刊物中提到他的理論，並寄了幾本給他，從此書信往返，結成莫逆。佛洛伊德提到榮格，常說自己「後繼有人」。[45]榮格迅速崛起，成為一方領導人物，擔任國際精神分析大會首任會長及《精神分析年報》（Psychoanalytic Yearbook）主編。兩人的交情持續數年。佛洛伊德之所以看中這位瑞士精神科醫師，一來因為兩人都頗負名望，一來因為他們都不信猶太教。由於佛洛伊德的維也納追隨者多數為猶太人，他擔心這門新科學會因此遭到歧視。1908年，在寫信給同業卡爾・亞伯拉罕的信中，他說：

「亞利安裔（Aryan）夥伴對我們來說眞的不可或缺，否則精神分析學會被反猶太主義趕盡殺絕。」[46]

　　但兩人之間的分歧開始出現，一場父子的權力之爭上演。在寫給詹姆斯‧傑克森‧普特南（James Jackson Putnam）的信中，佛洛伊德這樣說：「面對那些多年來自稱我弟子，接受我栽培的人，我不得不起而保護自己。我並非好鬥之人，但不得不予以指責、駁斥。」[47]在給歐內斯特‧瓊斯的信中說：「至於榮格，我心已決，和他從此不再有私交。他的友誼不值得浪費筆墨……希望他走他自己的路，不要再跟在我身邊……」[48]

　　佛洛伊德覺得遭到了背叛，在給同業費倫齊的信中，對他的怨恨與憤怒表露無遺：「他整個人崩潰，羞愧難當，坦承了一切，說他許久以來一直都在害怕，擔心跟我或其他人走得太近會妨礙他的獨立，爲此他決定退出；出於父親情結，他什麼都跟我招了……說他的多疑是有不對；別人說他是個令人厭惡的傻子，對他很傷等等。我沒多說什麼，只是平靜地告訴他，與他的友誼無法再維持下去，這段交情是他起的頭，也是他狠心給打破的，他的人際關係大有問題，不只是與我，與其他人也一樣。」

　　佛洛伊德繼續寫道：「他活像個醉漢，不停哭著說：『別以爲我喝醉了。』整個人分明已經神志不清。我曾經認爲他是個天生的領袖，憑著他的權威可以讓別人少犯些錯誤，在這一點上，我是看走了眼。他壓根不配，他不夠成熟，還需要督

促。他完全無話可說，承認了一切。我想，這樣對他也好。」在別的地方，提到榮格時，佛洛伊德稱他是個「壞胚子」，[49]說他「說謊、蠻橫，故作謙卑，真反猶太」。[50]

這段曾經長久如今緊張的關係終於在辛辣的火藥味中結束。他寫信給亞伯拉罕：「所以我們終於把他給弄走了，這個蠻橫又偽善的榮格，以及他的徒眾……我一生都在尋找朋友，真正的朋友，不利用我，不背叛我的朋友。」[51]有人問他，為什麼會有那麼多人離他而去，他的回答是：「完全是因為他們太想自立門戶。」[52]

數年後，寫自傳時，對於自己的留不住朋友，他顯然覺得有必要提出辯護。許多同業離他而去，他自己心知肚明。但為了不讓讀者以為這是因為「我太難相處」，或「命中注定」，他還特別強調，有許多同業仍然和他一同打拼。「這說明事實正好相反，離開我的就只是榮格、阿德勒、史德喀爾及其他少數幾個人，還有許多人，像亞伯拉罕、艾丁根（Eitingon）、費倫齊、蘭克、瓊斯、布里爾（Brill）、沙克斯（Sachs）、費斯特、范艾姆登（van Emden）、瑞克（Reik）等等，都是與我共事十五年左右，忠誠合作，絕大多數友誼從未中斷的。」他結論說：「我想我可以為自己說幾句話，一個沒有雅量、自以為是的人，絕不可能留得住那麼多的才智之士，更何況像我這種人，手裡又沒有什實質利益可圖。」[53]或許有人會問：如果佛洛伊德的孩子半數離他棄他，他卻指著另一半，說他的家庭關係和睦，可以嗎？

佛洛伊德一生中，那麼多的人際關係無法維持，爲什麼？依路易斯的看法，友情的基礎在於共同的興趣，而佛洛伊德的同業正是志趣相投的一群人。這些早期的追隨者不僅都是精神分析學者，也都接受佛洛伊德的唯物世界觀。既然如此，衝突又因何而起呢？

　　關鍵或許在於佛洛伊德對人的不信任與低評價。五十九歲時，在給一位波士頓同業的信中，他說：「人類之不堪造就，即使是精神分析師亦然，這我都看在眼裡。」他坦承，縱使是精神分析，想要改善人的本質也屬徒然。他這樣問道：「但爲何接受分析的人大體上比較好呢？分析使人得以**整合**，但不見得會變得**良善**。蘇格拉底與普特南認爲，人之犯錯都是起於迷惑與無知，這一點我無法認同。有人要求精神分析做到盡善盡美，這負擔實在是太重了。」[54]

　　另外，在給瑞士牧師費斯特的信中也反映了這樣的心態：「我不會把精神花在善惡的問題上，但我發現，整體來說，人性之『善』微乎其微。依我的經驗，多數都是垃圾，不論他們訴諸的是哪一種道德教條，或根本不在乎道德。」[55]之後幾年，另一封信則透露了特別的訊息：在他的一生中，唯一持續不墜的樂趣就是心智活動，他的學術研究，他寫道：「在我獨自一人的那些年中，從精神分析上得到的快樂何等美妙，自從有人加入後，帶給我的卻是痛苦多於快樂。對於精神分析，有人接受，有人扭曲，都改變不了我對他們的看法……那段時間，我和其他人之間，有著一道無法跨越的鴻溝。」[56]

七十三歲時，對於人類與人性，佛洛伊德仍然不改其極端負面的看法。他寫道：「攻擊傾向，在我們自己身上看得到，合理推斷，別人身上也一樣，我們與鄰人的關係難以和睦，關鍵在此。」[57] 在他的眼裡，鄰人總是「羞辱他，欺侮他，折磨他，殺害他。*Homo homini lupus*（**人之於人，猶如豺狼**）。」[58] 對此，佛洛伊德唯一的解決辦法是，「我們每個人都要放棄年輕時的幻想，別再指望自己身邊的人……認清人生的許多困難和痛苦正是他們的惡念所造成。」

路易斯的情況——至少在他皈信之後——可說是截然有別。但話又說回來，改變之前，路易斯在人際關係上同樣也是辛酸備嘗，只不過方式不同而已。在自傳中，路易斯談到他改變前的世界觀，個性內向，只有少數人能進入他的生活。九歲即遭重大創痛，母親及幾個親人先後過世，使他在人際交往上猶疑不前。或許多半是無意識作祟，擔心每一個親密關係，尤其是和女人之間的，都免不了生離死別收場，重演早年的創痛。提筆寫自傳時，已經年近六十，他還清楚記得，小時候夜半醒來，都會聽聽哥哥的呼吸聲，如果聽不到，便懷疑父親和哥哥「趁他熟睡之際，悄悄起身赴美國去了——終於把我給丟下不管了」。因此，在人際關係上，路易斯自有一套想法：「凡人皆有一死，別把快樂建築在遲早會失去的人身上……我是個安全第一的人。在所有反對愛的理論中，最合我心的莫過於：『當心！這是會帶來痛苦的。』」[59]

關於路易斯皈信之前的待人態度，自傳之外，他二十歲

出頭開始寫了五年的日記也為我們提供了更多的資料。青少年時期，就讀寄宿學校，頗受一位普受愛戴的年輕教師影響，「漸漸染上了一身的學究習氣，講難聽一點，就是愛炫耀自己有學問。」[60] 人生巨大轉變之後，回顧當時的英國私校制度，他大加撻伐，痛斥學校對學生的凌虐：「若非本能自然產生報復性的自大與輕蔑，巨大的壓抑豈有不徹底摧毀心靈的道理？……一個剛獲得解放的奴隸，比任何人都容易目中無人。」總而言之，「學校生活幾乎整個籠罩在鉤心鬥角的氛圍中，不許落後，趕上前去……」[61]

從他的日記可以充分看出，當時他看什麼都不順眼，狂妄自大、憤世嫉俗、冷酷、傲慢。幫他整理房間的女傭，在他的筆下是：「鄉下女孩、懶惰、聒噪、沒有效率」。[62] 寫到一位訪客：「女人、假眉毛、滿口謊言」。[63] 另外一位：「書袋子、做作、虛榮、輕浮，惹人嫌惡」。[64] 另一位訪客：「吃東西時，吞嚥咀嚼，製造噪音」。[65] 一次參與天主教服事之後，他寫道：「集無聊之大成……神父……卑劣小人，從所未見」。[66] 寫到其他人：「婊子」[67]、「騷貨」[68]、「義大利雜碎」[69]、「幼稚、無知、低俗」[70]、「又胖又醜肉麻兮兮的女人」。[71] 總之，皈信之前，路易斯獨來獨往，滿腦子寄宿學校養成的傲慢勢利，與他後來寫情論愛時的真情流露完全判若兩人。

巨大轉變之後，路易斯轉而放眼外面的世界，不再花時間死盯著自己——不再記日記。他的內在明顯獲得了力量，幫助他走出了幼年失親的創痛，克服了與人建立關係的恐懼，對

人的評價也起了一百八十度的大轉變。

他廣結善緣，四處交友，其中許多人——包括幾位牛津教授——每週四晚上齊聚他的宿舍談天說地，然後每週二上午再聚，並在一家名為「老鷹與小孩」的小館餐敘。在這個「淡墨會」（Inklings，譯按：又譯「跡象會」、「吉光片羽社」）為名的社團中，各人朗讀自己作品的手稿，有幾部名著，如《魔戒》（*The Lord of the Rings*）及《魔鬼家書》都是在這裡首次亮相。淡墨會的固定成員十八，還有不少人來來去去，個個都有來頭。每次聚會，大家說說笑笑，樂趣橫生。路易斯談笑風生，妙語如珠。喬治・沙耶爾在他為路易斯所作的傑出傳記中寫道，淡墨會的聚會為路易斯帶來「極大的快樂」。

淡墨會的成員清一色男性。但路易斯也有許多女性友人，都是他敬慕有加，時相往來的。皈信之後，他有了新的信念：「天下無平凡之人」。與許多人常有書信往返，其中多數是女性。「我與人魚雁頻繁，主要對象不是男性，而是女性。」在給朋友的信中，他說：「不管你高不高興，同不同意，比起男性，女性天生就是寫信的動物。」[72]經常與路易斯書信來往的英國女作家有桃樂絲・塞耶斯（Dorothy Sayers）、詩人露絲・皮特（Ruth Pitter）、小說家蘿絲・麥考尼（Rose Macaulay）及盎格魯薩克遜學者桃樂絲・懷特洛克（Whitelock）。

路易斯寫信的態度，一如承諾照顧朋友派迪・摩爾的母親及姊姊，勤快而且一絲不苟。每封來信，上自一方的大人

物，下至素不相識的小兒、寡婦，必都一一回覆，每日工作再忙，回信爲先。同樣是給這位朋友的信中，他說：「你知道的，對我來說，寫信是我每天開張的一件大事……有時候從八點半寫到十一點，寫完才開始忙自己的工作。多數通信對象素未謀面。想也知道，我的回信對他們多半無甚用處，但間或有人覺得受益，所以回信絕不敢怠慢。」[73]

皈信之後，路易斯完全改變了對人的評價。一如佛洛伊德，他原本是個個性內向的人，對人多所批評且不信任，皈信之後，轉而成爲一個外向的人，看重每一個人的價值。路易斯強調，從被造的那一刻起，人就與造他的人有了一定的關係，而一個人所做的每一個決定，都會使這層關係更爲親近或更爲疏遠。「無時無刻，我們的所作所爲多少都有助於彼此達成這些目標。」[74]

路易斯的學生，傳奇劇評論家兼作家肯尼斯‧泰南（Kenneth Tynan），這樣描寫路易斯：「爲人親切、仁慈」。有一度他覺得極度絕望，見了路易斯之後，寫道：「聽了他的話，我的問題開始縮小，小到不能再小。進屋時，我一心想把自己給了結掉，一了百了，離開時，一切豁然開朗。」泰南說，加入路易斯的精神世界觀純粹是誤打誤闖，之所以如此，「都是因爲路易斯書中的論點簡直就像『奇蹟』一般」（都是他在課堂中沒教過的）。

可嘆的是，在佛洛伊德的眼裡，他身邊的人都存心要「羞辱他，傷害他」。殊不知他身邊的人需要的是他的信任與

愛。到了將近六十歲時，他還說，他一生都在尋找不會利用他或背叛他的朋友。路易斯皈信之前也一樣，小心翼翼，處處提防。到後來，他看每個人都是永生的個體：「和你說話的人，每個都是不朽的。」又說：「國家、文化、藝術、文明，這些都是會朽壞的。」[75] 人與人之間的關係應該待之以「真愛與真情，要用心看待罪惡，但要愛罪人」，不可出之以「輕率、優越、先入為主」。[76] 路易斯對愛的認知顯然充實了他的生命，使他脫胎換骨，成了一個「新造的人」。

8

苦：
人生之苦如何開解？

　　人生就是受苦。身體的苦，心理的苦，人皆難逃。痛苦乃是存在的一部分。打從出生那一刻起，我們便不時製造並經歷各種各樣痛苦，許多人還死於痛苦。

　　對佛洛伊德，以及轉變前和皈信初期的路易斯來說，造物者充滿慈愛，人類卻承受痛苦，兩者難以協調，成了他們接受精神世界觀的最大障礙。的確，痛苦，以及與其相關的惡的問題，確實是人類對於信仰最核心的困惑。

　　佛洛伊德與路易斯都曾問過：「如果上帝至高無上，真正統領著宇宙，真的愛我們，那麼，為何又讓我們受苦至此？要嘛，祂根本就不存在，或並不掌控一切，又或並不真正在乎一切。」佛洛伊德的結論是：祂不存在。路易斯的結論卻不同。

　　來我這裡看診的人，主要都是為緩解心理的痛苦。就臨床的角度來看，心理的痛苦尤甚於身體的痛苦。身體的痛苦或

可以得到紓緩，但心理的痛苦卻殊少得到緩解。從焦慮的痛苦到更痛苦的沮喪及絕望，我們總是游移於其間。儘管有時候可以跳脫這種難受的心理狀態，但卻何其短暫。除此之外，對周邊人所受的苦越是敏感的人，越是容易陷入佛洛伊德所謂的「預期焦慮」（state of anxious expectation）。

最後，知道自己終有一死也是一種痛苦，人最想要的無非是永生，最害怕的無非是與所愛別離。詩篇作者告訴我們，知道自己的日子是有數的是一種智慧（詩篇九十篇20節）。但知道歸知道，卻不免痛苦。

我第一次面對路易斯所謂的「痛苦的問題」，與佛洛伊德所說的「死亡的痛苦之謎」，是在一間大醫院擔任外科實習醫師時。我目睹了難以承受之痛，看著小孩死去，家人痛哭失聲，久久縈繞我心，無法入眠。世上——或天上——有誰能讓這樣的事情不要發生？後來，無意間在醫院圖書館的桌上看到路易斯寫的《痛苦的奧祕》，覺得甚有幫助（當時還不知道，這書會是自己後來教學的主要部分）。路易斯飽嘗痛苦，但學會了泰然面對；佛洛伊德也曾歷經苦痛，身體與心理皆然。

三歲大的時候，佛洛伊德失去心愛的褓母，在後來的人生中，又陸續失去許多心愛的人，包括最鍾愛的一個女兒及一個孫子。失親之痛使他一生飽受憂鬱之苦。

對佛洛伊德來說，最大的心理痛苦莫過於當時的反猶太風潮，特別是在維也納大學。這種種族歧視與偏見所造成的心理恐懼，無論對小孩或大人，或許只有親身經歷過的人才真正

知其痛苦。從朋友、同業及臨床工作上，就我所知，兒時受到的歧視，影響及於終身。我有一個猶太好友，小時候被其他小孩喊成「基督殺手」，那聲音至今仍在耳中迴響。我也發現，種族歧視在我們當中似有若無，但千眞萬確，那種讓人知道自己不受歡迎，只是不得不忍受你的態度，我的非裔美國人同事都有切身的感受。

很明顯地，打從小時候起，反猶太主義對佛洛伊德來說就是家常便飯。他在《夢的解析》中寫道，念小學時，「我就第一次體會到了被人歸爲異類的滋味，其他孩子的反猶太情緒提醒我，我必須表明立場。」父親講起在人行道上遭到霸凌，只能隱忍屈服的事，當時他也不過十一、二歲。

佛洛伊德回憶道：「這件事令我大感震驚，就和一個大男人欺負一個小孩一樣，這算得什麼好漢。」當時他心裡想到的是，偉大的迦太基將軍漢尼拔（Hannibal）曾向父親發誓，他定會向羅馬討回公道。「在我幼小的心靈中，漢尼拔象徵猶太人，而羅馬則代表天主教教會。」[1]當時的維也納，天主教勢力無所不在，而佛洛伊德又把天主教等同於反猶太主義，終其一生視天主教爲敵。

十七歲進入維也納大學，一個年紀輕輕的大孩子，最大的需求莫過於被同儕認同。數十年後，佛洛伊德還清楚記得自己在學校裡受到的排擠，沒有人承認他的大學生身分。「1872年，初進大學，讓我大失所望。最嚴重的是，大家都叫我承認自己低人一等，是個異類，只因爲我是猶太人。」儘管最初

的反應並非效法漢尼拔，但長期的決心卻有大將之風。「他們對我的排擠，我默默隱忍下來……但大學裡的這些第一印象日後證明意義重大，小小年紀我就認清了弱勢團體遭到『主流團體』壓迫的宿命，從而為自己的獨立判斷打下了基礎。」[2]

成年之後，佛洛伊德始終堅信不疑，精神分析之所以遭到抗拒與敵對，始作俑者就是反猶太主義。他承認「亞利安」文化與「猶太」文化確有所別，但強調：「科學就是科學，何來亞利安科學、猶太科學之別！科學研究的路徑或許有所不同，但其結果應是一致的。」[3]不過話又說回來，在許多人的認知裡，精神分析乃是「維也納文化」的產物。但佛洛伊德卻不以為然，他認為這只是反猶太主義者的遁詞。在《精神分析運動史》（*On the History of the Psychoanalytic Movement*）中，他寫道：「有一種有趣的說法，說什麼精神分析是維也納社會氛圍的產物……意思是說，精神分析，特別是其中有關精神疾病可以追溯到性生活失調的論點，唯有像維也納這樣荒淫墮落的環境才打造得出來，其理論純粹是維也納這種獨特氛圍的投射。並不是我愛護這個地方，但這種有關精神分析的說法，在我看來全然是信口糊謅，不免讓我會這樣想，這是有人要貶低維也納市民，只不過公開說不出口，便拐彎抹角地弄出了這一套說詞。」[4]

在給一位同業的信中，他明白表示，他的理論備受攻擊，是反猶太運動作祟：「我懷疑，反猶太運動在瑞士受到壓制，我才得以身免，但它卻轉了個方向，正大張旗鼓撲向你

呢。但我認為，身為猶太人，若我們想要和他們混，就必須忍辱，隨時接受不公平的對待。否則一切免談。我跟你保證，若我姓的是個德國姓氏，譬如 Oberhuber，就算我的東西再新也不會遭到反對。」[5]

早在 1912 年，不論怎麼努力，對於不讓精神分析被看成是猶太人的科學一事，他就顯出了不耐，他說：「唯一重要的事情是，我希望把猶太人和亞利安人或反猶太主義拉到一塊，共同為精神分析而努力，但他們再一次分開，一如油與水。」[6]

德國醫師界及科學界打擊、嘲諷他不遺餘力，也使他極度失望。儘管勇敢克服重重沮喪，繼續扮演「反對派」的角色，卻終其一生飽受其苦。將近八十歲時，他寫道：「……傲慢至這種程度……他們公然昧著良心輕蔑邏輯，品味蕩然，不可原諒……傷我至深。」[7]

在題為〈一個五歲男孩恐懼症之分析〉（Analysis of a Phobia in a Five-Year-Old Boy）的一篇論文中，他為反猶太思想做出了精神分析的詮釋：「反猶太思想最深層的無意識根源就是閹割情結（castration complex），因為連幼兒園的小男孩都知道，猶太人的陰莖上有些東西被割掉了──他們以為，是整根陰莖──於是就理直氣壯地歧視猶太人。男人自以為比女人優越，最主要的也是基於此一無意識根源。」[8]

在人生最後幾年寫的《摩西與一神教》中，他說到「這樣一種其勢歷久不衰的現象」，定然不止一個來源，因此又多加了幾個理由，嘗試分析箇中原委。他提到猶太人「無論到哪

裡都是少數族群」，並指出：「而對外來少數族群的敵意……有助於一個族群集體意識的建立，因此，對此一外來少數族群的壓迫便得到了鼓勵。」[9]

另外一個理由：「他們（猶太人）反抗一切壓迫……即使最殘酷的屠戮也未能將之滅絕……相反地，他們在商業上大展抱負，只要有立足之處，就爲各種文化活動做出可貴的貢獻。」

最後，他以反猶太主義的三個「深層動機」定調：其一，人們嫉妒猶太人是被揀選之人：「我敢大膽地說，猶太人宣稱自己是最初被造之人，是上帝最鍾愛的孩子，即使至今，其他族群對此所生的嫉妒依然未消，他們儼然認爲猶太人所做的宣稱是真有其事。」其二，同樣還是閹割恐懼：「猶太人的習俗將他們自己劃分了出去，割禮令人難以接受，給人怪誕的印象，無疑地，喚起了人們的閹割恐懼。」

其三，佛洛伊德認爲，基督教源自猶太教，而基督教又常強迫人們接受信仰，因此，事實上，反猶太主義就是反基督教，其敵意又轉嫁到了猶太人身上。「我們應該都還記得，今天仇恨猶太人的那些人成爲基督徒，在歷史上乃是很晚期的事，而且往往是迫於血腥的強制……對這個強迫他們信仰的新宗教，他們恨意未消，但卻將這股恨意轉移到了基督教的根源上。」佛洛伊德提醒讀者：「福音書的故事是發生在猶太人中間，事實上，也只和猶太人有關，這樣一來，就讓人更容易將之轉嫁到他們身上了。」最後，他總結道：「他們對猶太人的

恨意畢竟還是對基督教的恨。」並舉納粹既恨猶太人也恨基督教為例，肯定自己的論點。[10]

至於納粹的敵意，則是佛洛伊德的親身體驗。1980 年六月二十三日，我到倫敦拜訪安娜・佛洛伊德，在她開的的診所，訪談了在佛洛伊德家中服務長達半世紀之久的女管家寶拉・費希特（Paula Fichtl），說起納粹佔領維也納期間的恐怖時刻：黨衛軍來到家中拘提安娜去問話。安娜離開前，佛洛伊德給了她幾片氰化物帶在身上，以防納粹凌虐。

但佛洛伊德覺得，有敵意的並不只是德國與奧地利。從納粹佔領下的奧地利逃到英國後，時已年高八旬，在一封信中談到英國：「基本上，全都有反猶太情結，他們無所不在。反猶太情結往往潛伏隱藏，但它存在。當然啦，也有例外……但就跟別處一樣，反猶太分子一大堆。」[11]

去世前十個月，寫給《時潮雜誌》（Time and Tide）編輯，信中如此問道：「難到你不認為該把這期（反猶太主義）專刊的篇幅留一些給非猶太人，讓那些不像我這樣身涉其中的人來發言嗎？」（該刊引述了這段話）。他強烈以為，非猶太人應該重視這位編輯的觀察：「國內反猶太意識日益高漲」，挺身而出，遏止問題繼續惡化。

在那封信中，他概述了自己的慘痛經驗：「四歲時，從摩拉維亞的一個小鎮來到維也納，辛勤工作七十八年之後，被迫拋棄家園，眼睜睜看著自己一手建立的科學協會瓦解，機構關門，印刷廠……被入侵者接收，我的著作不是遭到沒收就是成

為廢紙，連孩子們都被工作單位掃地出門。」[12]

　　佛洛伊德把不快樂全都歸諸於反猶太主義，顯然不公平。他飽受憂鬱症之苦，包括恐懼症——特別是死亡恐懼——及心身失調症候群。人生的最後十六年，身體還要受疾病折磨，罹患了上顎癌。

　　1923 年初，時年六十七，他發現上顎有一白色斑塊。身為醫師，他知道這是口腔白斑，好發於老菸槍。佛洛伊德每日必抽雪茄數根，尼古丁嚴重成癮。明知這些病變組織有可能轉成惡性腫瘤，他卻拖了好幾個月，才去看菲力克斯・德伊奇（Felix Deutsch）醫師，一位年輕的內科醫師，要求他幫他「有尊嚴地離開這個世界」，如果診斷結果除了痛苦別無其他的話。

　　診斷結果為癌症。擔心佛洛伊德想不開自殺，德伊奇將診斷結果壓了下來，只說需要動手術切除病變部分，並要他戒菸。但佛洛伊德自己心裡有數。

　　1923 年四月，寫信給同業歐內斯特・瓊斯說：「兩個月前，檢查出右上顎有白斑，這個月二十日已經切除……停止工作迄今，無法吞嚥……醫師保證是良性的。我自己的診斷則是惡性腫瘤，但沒人聽我的。根據病源學，抽菸是禍根——真是禍起蕭牆。」[13]

　　第一次的手術並不順利。一位醫師後來談起來，說是

「一場怪誕的夢魘」。[14] 佛洛伊德請來操刀的醫師是馬庫斯・海耶克（Marcus Hajek），是他自己熟識的。海耶克告訴他，手術只是「小刀」，當天就可出院。為了不讓家人擔心，他沒有把手術的事情通知他們。

手術是在一家教學醫院設備簡陋的門診部進行，只有局部麻醉。結果導致併發症。

佛洛伊德大量出血。德伊奇寫道：「我們一同到達醫院，本以為手術後立即就能回家，但他大量出血，超乎預期，臨時應急，不得不在一個小房間裡搭個行軍床休息……巧的是，同房病人是個弱智的侏儒，我只能說，這還真是一場悲喜劇。」[15]

診所叫來家屬，獲悉手術過程，無不大驚失色。妻子和女兒安娜抵達診所，見他坐在一張廚房餐椅上，渾身是血。妻女出外用餐時，他又開始出血，無法開口求救，試圖按鈴，鈴卻故障了。侏儒眼見情況不妙，衝出去求援，或許因此才救了佛洛伊德一命。之後，安娜寸步不離，到了夜裡，注意到父親因為失血十分虛弱，疼痛不堪，驚覺情況危急，護士打電話叫駐院外科醫師，醫師卻拒絕起床。

多年後，一位佛洛伊德的醫師寫道，海耶克醫師「根本沒有資格」動這樣複雜的手術。後來，德伊奇醫師將他轉給傑出的口腔外科醫師漢斯・皮克勒（Hans Pichler）。由於已經是侵入性癌，皮克勒又為他做了一次更徹底的手術。

此後，佛洛伊德進出手術房三十多次——每次都是局部麻醉。手術後，上口腔切除，塞入一塊金屬腔壁，分隔鼻腔與

口腔，呼吸與進食都極端困難。除此之外，大量的 X 光照射
與放射治療帶來後遺症，也使他的餘生飽受痛苦，時間長達十
六年。

從此以後，佛洛伊德寧願單獨進食。有一次，與女兒安
娜搭火車，和一對初識的美國夫婦一同用早餐。突然間，佛洛
伊德口噴鮮血，顯然是堅硬的麵包外皮劃破了傷口。[16] 但佛洛
伊德繼續假日旅遊行程，泰然接受一切。不過，有時候脾氣也
會爆發，譬如給朋友奧斯卡・費斯特寫的信：「——請容我冒
犯一次——你到底在搞什麼鬼，竟然就這樣吞下自己所受的一
切，居然還指望這個世界有道德真理？」[17] 他的結論則是另一
種看法：「天道混沌，無情無愛的力量主宰人類的命運。」[18]

路易斯同樣歷經過巨大的創痛，心理的與身體的。如果
反猶太主義是佛洛伊德的最痛，幼年喪母，以及數十年後同樣
令他重創的喪妻之痛，則是路易斯久久難以平復的最痛。寫到
母親之死，他寫道：「父親從未走出此一重創的陰影。」或許
這也是在說他自己。

在自傳中，路易斯回憶他和哥哥聽聞母親不久人世時的
恐懼。一般來說，小孩都會把痛苦的經驗壓抑下來，存留在回
憶中的往往都是正面的事情。長大成人，往往也都忘了孩童共
有的恐懼，諸如怕黑或被人遺棄等等。童年的記憶總是平靜

的，開心的。

　　但對路易斯來說，喪母之痛卻是難以承受之重，以致將近半個世紀之後寫自傳時，仍然歷歷在目：「對哥哥和我來說，早在母親去世之前，我們就已經嘗到了喪母之痛。我們是一點一點失去她的，她一點一點地落入到護士、譫妄及嗎啡的手裡，我們的存在整個改變，變得疏離，變得危機四伏。」[19]

　　回顧往事，路易斯明白，成人和小孩對傷痛的感受截然不同，孩子往往會感到孤立，與周遭的人疏離。他這樣寫道：「若我的經驗可靠，成人的哀傷、恐懼落在小孩的眼裡，足可使小孩不知所措，無所依靠。」他和哥哥覺得與父親日漸疏遠，變得「越發相依爲命……宛如兩個流浪兒在荒天黑地中相擁取暖」。回憶自己被帶進臥室，目睹母親的遺體，他寫道：「……恐怖淹沒了哀傷……隨之而來的一切後事，棺木、鮮花、靈車及葬禮」令他顫慄懼怖。「母親的過世」帶走了「我生命中的一切快樂」。[20]

　　前面我們談過路易斯早年在寄宿學校的悲慘生活，但他的痛苦並非至此結束。十九歲那年，投身第一次世界大戰，歷經前線的恐怖驚懼，砲彈飛來炸死了身邊的戰友，他雖然僥倖逃過一劫，卻也被彈片所傷。這一段經歷他沒有留下詳細記錄，僅說：「多年來，大戰的記憶經常在我夢裡出沒。」[21]

　　前線作戰，路易斯罹患「戰壕熱」，後送附近醫院三個星期，再回戰壕，正好趕上「德軍大進攻」。[22]「整個冬天，疲乏和積水是最大的敵人，行軍中，我邊走邊睡，醒來，發現自

己仍在行進。戰壕中積水及膝，穿著高及大腿的橡皮靴行走其中，一不小心被鐵絲網刺穿，冰冷的水湧進靴子，那滋味記憶猶新。」[23] 他發現，儘管戰爭經常入夢，但卻不會去回想戰爭中那些最駭人的景象。他回憶說：「那寒冷，那氣味……那些血肉模糊的人，有如半碎猶在掙扎的金龜，死屍或坐或立，放眼所見，一片荒涼，寸草不生，靴子白天夜裡都穿著，彷彿已經和雙腳一體——所有這一切，在記憶中都已淡去，很少出現。」回憶起第一次聽到子彈的聲音，感覺「並不是那麼……害怕」，[24] 只是「細微的顫音劃過，好像在說：『這就是戰爭，是荷馬寫過的戰爭』。」[25]

在倫敦一家醫院治療砲彈碎片造成的傷口，據喬治‧沙耶爾說，路易斯在這段復元期間「備感……寂寞與沮喪」。[26] 戰爭入夢，難以成眠。

路易斯這種情況，若在今日診斷，就是所謂的戰後創傷壓力症候群（post-traumatic stress disorder），常見於戰場負傷的年輕士兵。今日精神科醫師用以診斷這種疾病的症狀，許多在路易斯身上都可以看到，其中包括生命受威脅的焦慮、嚴重的受害感，以及害怕、無助、恐慌的反應。惡夢反覆出現也是症狀之一。

後來，或許是他的世界觀不為人接受，也或許是他的知名度為人所嫉，路易斯遇到了另一個打擊，牛津大學校方拒絕給他講座教授。直到五十過半，才受劍橋大學之聘，出任中古與文藝復興文學講座教授。

當然，最沉痛的打擊與痛苦還在後面，六十二歲那年，他失去了愛妻喬伊・戴維曼。這種失去至愛的痛苦，路易斯一生逃之避之唯恐不及，沒想到，到了晚年，童年的恐懼再一次襲來。他極力想要控制住自己的情緒，用的或許是從小養成的方法，憑其敏銳的才智觀照自己的感受，體會其強度與複雜，務使自己不被擊倒。他將自己的一切所思所感記在紙上，力求理解哀傷的複雜過程。「從未有人告訴我，哀傷之來，其勢猛烈一如恐懼。」在《正視悲傷》中，他寫道：「我並不害怕，但那感覺就和害怕如出一轍。胃裡一樣的翻騰，一樣寢食不安，哈欠連連。這一切，我都忍過來了。」[27]

　　談到他哀傷，他說，有的時候像酒醉，又像腦袋遭到重擊的暈眩：「……感覺起來像是微醺或腦震盪」，使他避開別人，無法與人互動。「我與世界之間隔上了一層無形的帷幕。不管是誰，說些什麼，我都聽不進去……引不起絲毫興趣。」[28]但他又不想落單。「我希望有人陪伴，我害怕家裡空空蕩蕩，只要有人就好，他們彼此交談，不必跟我說話。」[29]路易斯所說的情形，正是我在臨床上之所見：哀痛的人，希望有人默默陪伴，家人、朋友只要守在身邊，就能有所幫助。

　　為了緩解痛苦，路易斯告訴自己要堅強，要控制情緒。他提醒自己，自己擁有許多所謂的「資源」，結婚前的單身生活也過得很好。但接著又寫道：「聽從這一聲音雖然覺得羞愧，但似乎確會好上一陣子。然後，往日的點點滴滴火紅灼熱，又猛然鑽入心底，一切的『想當然耳』立即有如爐口上的

螞蟻，消失無蹤。」[30]

路易斯有兩個繼子，也正努力想要走出喪母之痛，這令他想起了幼年時自己面對母親去世的處境。他寫道：「我無法跟孩子提他們的母親，一旦提起，只見他們的臉上浮現的既非悲傷，也非愛，也不是可憐，而是阻絕一切溝通最厲害的表情——困惑，看上去彷彿我正在做什麼不得體的事，恨不得我趕快停下來。而我在母親去世後，父親提到她時，我也正是同樣的反應。我不責怪他們。男孩子都是如此。」[31]

路易斯曾質問過自己，審視自己的感受也就罷了，為什麼還非要筆記下來不可？他是這樣說的：「我活著，不止是日日哀傷，而且日日念想著每個活在哀傷裡的日子。這些筆記豈不是只會加深我的哀傷？只會讓我的心思繞著一個思慮打轉，無止無境，單調地活下去？」他為自己辯護，他非這樣做不可。「但我能怎麼辦呢？我必須借助於一些解藥，對我來說，閱讀現在已經不是什麼靈丹妙藥。只有全都寫下來（全部？不，千思萬慮不過其一而已），我相信，多少可以讓自己走出來。這，就是我的解藥。」[32]

但他又擔心，這樣下去無異是在鼓勵自己自憐：「……耽溺於自憐，沉迷於那種甜膩膩的快感——想到就令我作嘔。」他又問：「這些筆記難道不是一個不願意接受現實的人，除了拿痛苦當飯吃外，什麼事都做不了的無謂掙扎？有誰還會認為，天下真有什麼可以讓痛苦不成其為痛苦的法子（但願他找得到）。坐上了牙醫的診療椅，管你緊緊抓住椅子還是雙手放

在大腿上，鑽子還不是照樣鑽下去。」

　　沉浸於哀傷之中，路易斯方知妻子喬伊給自己帶來的親密是他從所未知的：「婚姻爲我帶來的最珍貴禮物，莫過於兩情相悅，時有契合，儘管我是我，她是她，總是互唱反調——總之，一個字，眞。」他渴望她回來，痛哭失聲：「親愛的，親愛的，回來吧，哪怕只是刹那。」[33] 失去了妻子，自己的一部分也隨之失去：「現在，我在學習拄枴杖，或許以後會裝一條木腿，但無論如何，再也不是兩足動物了。」[34]

　　路易斯又將肉體的與心靈的痛苦做出區分：「悲痛有如一架盤旋的轟炸機，每繞一圈，在頭頂投下炸彈；肉體的疼痛則像是一次大戰中對壕溝的密集炮擊，連著數小時一刻不停。思緒永不靜止，疼痛也是如此。」[35] 但痛苦的思緒似乎永無終止：「到底會有多久，難道永不停歇？無邊的虛空籠罩，徹底的幻滅令我驚駭：『直至此刻，才知道自己的損傷有多嚴重。』有如一條腿，一次又一次遭到砍傷，刀子砍進肉裡的痛楚，一遍又一遍襲來。」[36]

　　終於，一如許多飽經苦難、屢嘗痛楚的人，路易斯發出了內心最深處的疑問：「上帝呀，祢在哪裡？」他說：「快樂的時候，因爲快樂，你沒有絲毫需要祂的感覺，因爲快樂，你總覺得祂對你的要求是在搗亂，若你尙未迷失自己，轉向祂，感恩，讚美，迎著你的——或你將感覺到的——將是張開的臂膀。」但就在路易斯最需要上帝時，上帝似乎消失了。「但當你迫切需要祂，當你孤立無援時，你還能找誰呢？當著

你的面，一扇門砰然關上，裡面響起連上兩次門閂的聲音，然後，一片沉寂，你最好掉頭走開。你等待得越久，沉寂也就越深沉……這究竟是怎麼一回事？在我們順遂的時候，祂高高在上，當我們陷入困境時，祂卻無影無蹤，為什麼？」[37] 有一個朋友提醒他，拿撒勒的耶穌在最需要幫助時，也曾呼喊：「我的神，我的神，為什麼離棄我？」（馬太福音二十七章46節）。路易斯的回答是：「難道這可以幫我解開心中的疑惑嗎？」

在他最需要上帝時，他不僅懷疑祂的存在，而且懷疑所有這些痛苦會讓人對上帝有什麼看法。「我認為，問題不在於不信上帝有多危險，真正的危險在於，相信這樣可怕的事情和祂脫離不了關係。我害怕的結論並不是『上帝根本不存在』，而是『這才是上帝的真面目，不要再騙你自己了』。」

路易斯不斷苦思，一個愛他的全能**存有**，怎麼會容許他吃那麼大的苦。他認為，人應該將上帝視為一位仁心仁術的外科醫師：「外科醫師越仁慈，越有良心，動起刀來就越是無情。如果他因為你的苦苦哀求就讓步，在手術尚未完成前就停刀，前面所有吃的苦就都是白受。」但他還是懷疑，這樣的痛苦與煎熬是否真是必要的。痛苦發生了，若不是必要的，那麼，不是沒有上帝，就是上帝是不好的。如果上帝是善良的，那麼受苦就是必要的。即使上帝只是一般的善良，若受苦是非必要的，應該也不會容許這樣的事情發生。」路易斯又問：「有些人說：『我不怕上帝，因為我知道祂是善良的。』這是什

麼意思？難道他們從沒有看過牙醫？」[38]

儘管喜歡追根究底，路易斯的問題不斷，但他從未喪失信心。這在《影子大地》的舞台劇與電影中都隱約有所表現。根據他的書信與熟識他的朋友，事實證明，喬伊死後，他的信心更為堅定。他之所以不斷追問，無非都是針對自己的信心而發。

路易斯想到新約中有個應許：只要敲門，門就會開。但他發現，「除了深鎖的門戶、鋼鐵般的帷幕、空空蕩蕩之外，別無所有。」[39]他清楚知道，他豈止是敲門，他走投無路，簡直就是在踹門。他問道：「所謂敲門，難道要像瘋子一樣又錘又踢的嗎？」最後，他終於明白，他這樣呼天搶地的求救，可能只會妨礙自己的接受能力：「『凡有的，還會給他更多。』畢竟，你必須具備接受的能力，否則，即使是全能的上帝要給你也給不成。或許正是你的激情，一時間破壞了你的接受能力。」[40]

有如溫暖的夏日曙光，上帝回來了，漸漸顯現祂的存在。「當我轉向上帝，我心面對的不再是上鎖的門；回看 H（指妻子），一切不再是虛空，心中的她，音容笑貌不再令我困擾。我的筆記顯示自己頗有進步，但還不如自己的期望。或許這兩方面的改變還不是那麼真切，情緒的轉變並非立竿見影。有如屋子逐漸和暖或晨曦悄然到來，要有一段時間了才會注意到。」[41]

他問的問題，全都未獲解答。但他還是有所得，是他所

謂的「『無解』之解」。不是上鎖的門，而比較像是一種靜默，但絕不是那種冷漠的凝視。彷彿祂只是搖搖頭，並不是拒絕，而是把問題放到一邊，像是在說：「孩子，安下心來。這些不是你能懂的。」[42]

回顧自己那段哀慟的日子，過程之所以那樣艱難，路易斯明白，關鍵在於他沒有把心放在上帝身上，一心只想著自己。他也明白，上帝「不會測試我的信心和我的愛，對於這兩者的品質，祂早已了然於胸。只有我自己不知道。」[43]或許透過親身的經歷，他才開始瞭解自己大約二十年前在《痛苦的奧祕》中所寫下的：「……痛苦本身，沒有什麼好處。若有好處，對受苦者來說，可以使他降伏於上帝的意志，對旁觀者來說，可以喚起對此而生的同情與憐憫。在這個墮落及部分得到救贖的世界，我們可以做出這樣的區分：（一）上帝所賦予的單純的善（simple good），（二）受造者因背離所造的單純的惡（simple evil），（三）上帝用來完成救贖的惡，以及由此而產生的（四）因受苦並懺悔己罪而促成的綜合的善（complex good）。上帝可以從單純的惡造就綜合的善，使行單純之惡的人因蒙恩而得保全，但並不是縱容以此為藉口行單純之惡。」[44]

如果說，路易斯終於協調了受苦與信仰的矛盾，佛洛伊德卻未有能夠。他自己及其所愛一生所受的苦，對他來說，慈

愛的、全能的造物主根本就是一個無法成立的概念。的確，在佛洛伊德否定造物主存在的論點中，受苦的問題確實是火種之一。

在論文〈一次宗教經驗〉（A Religious Experience）中，他堅稱「上帝容許苦難」發生，所以上帝應該負責。同樣的，在給波士頓普特南的信中，他的憤怒與輕蔑溢於言表：「……全能的上帝，我一點都沒看在眼裡。若哪一天我們遇上了，我對祂的數落定多於祂對我的。」[45]佛洛伊德氣成這樣子，飽嚐痛苦的人或許能夠理解，但話又說回來，身為一個無神論者，他又是在跟誰生氣呢？

根據自己的臨床工作經驗，佛洛伊德深知，痛苦乃是一個普世的問題。從病人身上他觀察到，心理上出現嚴重問題的人——甚至精神失常——往往是為了逃避難以忍受的痛苦現實。當外在或內在現實變得難以承受時，病人就會創造一個自己的世界。在《精神分析綱要》中，他寫道：「從臨床經驗得知……精神疾病發作的主要癥結有二：一是現實已經痛苦至無法忍受的地步，另一是本能變得極端高亢時。一旦「它」（譯按：俗譯「本我」易讓人錯解，佛氏原文 das Es 應譯為無人稱的「它」，既為自我之外的我又是自我所不知的他者）及外在世界與自我發生衝突對立，這兩種情況都會導致相同的結果。」[46]

或許是為了要瞭解自身的痛苦，佛洛伊德鍥而不捨地要搞清楚人類痛苦的根源。在《一個幻覺的未來》中，他寫道：「有許多事情似乎都在嘲笑人類的控制力：地震，撕裂埋葬人

類的生命及其成品；洪水，氾濫成災，吞沒一切；疾病，直到最近才知道那是其他生物對我們的攻擊；最後，死亡，令人痛苦的無解之謎，醫藥迄今束手，未來也不可能有解。」[47]

數年之後，在《文明及其缺憾》中，他又添加了一項痛苦的來源，那就是──其他人類：「最後這一項痛苦來源，對我們所造成的痛苦或許更甚於其他。」結論則是：「人生乃難以承受之重」，往往落得「無止境的焦慮期盼」收場。[48]

痛苦的問題到了佛洛伊德手裡，成了他攻擊「凡遵行上帝意志，必受祝福」這項論述的武器。他說，環顧四周，人無分善惡，一皆受苦。在〈世界觀的問題〉（The Question of a *Weltanschauung*）一文中，他寫道：「……宗教宣稱，人只要遵行道德倫理規範，就能得到保護及快樂……事實顯示，這種承諾不值得相信。還有一種說法，宇宙中有一**大能**，如同父母般照顧每個人的福祉，使一切事情圓滿如意，似乎也不是這麼回事……地震、洪水、大火是不分善人、惡人或信教、不信教的。」[49]

說到人與人之間的關係時，他說，好人往往吃虧倒楣。「反倒是凶暴、奸巧、冷酷的人，坐享世上令人嫉妒的好事，虔敬的人卻兩手空空。無情、無愛的不明力量主宰著人類的命運。」佛洛伊德辯稱，「天道好還」，善有善報，惡有惡報的說法，根本與現實不符。[50]

路易斯的看法則截然不同，他認為，「天道」只是暫時落入了敵人的手裡：「我開始認真研讀新約時，令我意外的是，

裡面有很多地方談到宇宙中的**黑暗力量**——藏身死亡、疾病與罪惡後面，掌握邪靈的一股強大力量……我們所生活的宇宙，有一部分已經被叛徒盤據……成為敵人的領土——這就是這個世界的現況。」[51]

對於這種論點，佛洛伊德的回應相當典型。他說，人在世間受苦，卻又心懷有一慈愛的上帝，兩者之間的矛盾無以化解，於是便念咒召喚一個魔鬼出來受過。但就算有了魔鬼，上帝還是不得脫罪。他問道：魔鬼不也是上帝所造麼？在《文明及其缺憾》中，他寫道：「魔鬼是上帝脫罪的最佳藉口……縱使如此，魔鬼的存在，以及魔鬼是邪惡的化身這件事，責任還是要歸給上帝。」[52] 魔鬼是上帝所造，路易斯也同意，但他認為，上帝或造物主並不因此就是惡的。

他寫道：「這股**黑暗力量**確實是上帝所造，但造它的時候卻是好的，只是它走錯了路。」他拿自由與潛在之惡的關係來做說明：「上帝造物，賦予自由意志，因此，受造物就有了行善或行惡的自由。有些人出於想像，認為是世上或有一種受造物，既擁有自由又不會犯錯。這在我卻是無法想像。若有一物，既然可以自由行善，也就可以自由行惡。只要有自由意志，就有行惡的可能。」那麼，上帝造物，為什麼一開始就給予自由意志呢？他的解答是：「因為，自由意志儘管有行惡的可能，但也唯有自由意志，才使各種值得擁有的愛、善或喜樂得以成為可能。一個要上發條才會動的世界——受造物有如機器——即使造出來也毫無價值可言。」[53]

但有人不免要問：難道上帝不知道一切的惡和痛苦會因此而發生？」路易斯寫道：「上帝當然知道，如果人誤用了他們的自由會有什麼結果，但祂顯然覺得，即使冒險也是值得的。」[54]

　　還是無神論者時，路易斯也曾對上帝有所不滿。「我之所以氣上帝，在於這個世界似乎太殘酷，太不公平。但我怎麼會有所謂的『公平』與『不公平』的概念呢？一個人如果沒有直線的概念，他自不會說一條線是彎曲的……想要證明上帝不存在這件事也是如此——換句話說，整個存在的現實都毫無意義了——但我卻發現，我不得不假定有一部分現實——亦即我所說的公不的概念——充滿了意義。這樣說來，無神論就顯得太天真了……」[55]路易斯指出，新約的信仰「並不是一套適用於受苦這道難題的體系，信仰本身就是人類所造的難題之一，就某種意義來說，它也是在製造而非解決受苦的問題，因為，在這個日常經驗充滿痛苦的世界上，唯有我們都相信，最後的結果保證會是公義且充滿慈愛的，受苦才不成為一個問題。」[56]

　　有一次，和安娜・佛洛伊德談話，我提到她父親似乎十分關切受苦的問題，她表示同意，然後問道：「你的看法呢？你認為是有**某個人**高高在上，發號施令說：『你去得癌症，你去得肺結核』嗎？」我回答，若是奧斯卡・費斯特（Oskar Pfister，譯按：前文提到的佛洛伊德朋友，路德派牧師，心理學家），他可能會把人間的某些苦痛歸咎於魔鬼。她聽了，似乎很感興趣，整個談話過程中，不時回到這個題材。還真是有其父必有

其女。

　　佛洛伊德與路易斯都花了許多筆墨在魔鬼身上。路易斯充滿想像力的諷刺劇《魔鬼家書》，寫的是兩個魔鬼之間的書信往來。老魔史克魯汰普（Screwtape）心機深沉，搬出看家本領，指導姪兒如何引導人類走上歧途。這書影響之廣，連路易斯本人都感到驚訝。在初版發行約二十年後的再版序中，路易斯寫道：「書甫上市，銷量驚人（至少以我的標準來說），而且持續穩定成長。」轟動一時，甚至讓路易斯登上了《時代雜誌》的封面。路易斯真的相信有魔鬼？他的答案是：「我相信。也就是說，我相信有天使，而其中有些天使濫用他們的自由意志，成為上帝的敵人，不可避免地，也成為我們的敵人。這些天使，我們稱之為魔鬼。」他指出，他認為撒旦——「魔鬼頭子或魔鬼的專制統領」——是墮落天使，因此，「其對手不是上帝，而是天使長米迦勒。」

　　至於佛洛伊德，在《佛洛伊德心理學作品全集》（*Standard Edition of the Complete Psychological Works of Sigmund Freud*）第二十四集的索引中，在「魔鬼」項下也可以看到眾多的條目。

　　有學者指出，佛洛伊德對魔鬼確實有所偏好。舉例來說，二十來歲時，讀福樓拜（Gustave Flaubert）的《聖安東尼的誘惑》（*Temptation of St. Anthony*），就曾詳細談過自己對該書的想法。[57] 文學作品中，他引述最多的就屬歌德的《浮士德》。後來，他選擇以安樂死結束生命，最後讀的一本書則是巴爾札克（Balzac）的《驢皮記》（*The Fatal Skin*），書中的主角就是與

魔鬼立下契約。無論《浮士德》或《驢皮記》，主角都是科學人，也都曾因爲潦倒落魄而考慮自殺。

或許，佛洛伊德不僅認同這些書中的主角，而且也認同魔鬼——並非認同魔鬼的邪惡，而是認同其對**權威**的叛逆、反對及拒絕屈服。大學時代，在信仰上搖擺不定，他寫信給朋友說，他不再是唯物論者，但也還不信神，他承諾說：「我絕不會屈服。」三十歲時，在一封信中說：「我總是和老師對立，絕不讓步。」在給未婚妻的信裡，表示他爲兩人的未來擔心，引述了他喜愛的文學作品：米爾頓的《失樂園》，但引的不是亞當、夏娃或上帝的話語，而是魔鬼的：

> 我們且來參詳一下
> 若有希望，我們可以得著些什麼後援
> 若不然，又有什麼解決辦法[58]

佛洛伊德的作品中，常見魔鬼出沒，有時候是修辭用語，有時候是引述經典文學中的話語。舉例來說，在給榮格的信中，他強調，他們「急需一個有能力的幫手」，推廣精神分析理論，然後引用了《浮士德》裡的一句話：「雖然魔鬼教會了她，但不能親自出手。」[59]

佛洛伊德是否覺得自己在某種程度上和魔鬼立了合同。對於這個問題，有的學者是肯定的。[60]當然，對佛洛伊德來說，魔鬼並非客觀存在的實體。1923年，他寫了一篇論文，

針對一份十七世紀手稿記述一個畫家與魔鬼簽立合同的事所做的分析（編按：讀者可參考〈十七世紀魔鬼學神經症的案例〉，收錄在佛洛伊德著、宋文里譯《魔鬼學：從無意識到憂鬱、自戀、死本能》，台北：心靈工坊，2022）。從這裡不難看出他的觀點。根據佛洛伊德的敘述，魔鬼提供畫家一些東西，「以作爲靈魂不朽的交換，其中不乏人人稱羨的物事，諸如財富、安全保障、控制人類及自然的力量，甚至魔法，以及最重要的，享樂——美色的享樂。」[61]佛洛伊德指出，畫家「爲了免除憂鬱之苦，願和魔鬼簽下契約」。畫家因父親去世，「跌入憂鬱的深淵，魔鬼趁虛而入，問他爲何消沉悲傷至此，並答應『盡一切方法幫助他，支持他』。」於是畫家簽下了合同：他交出自己的靈魂給魔鬼，魔鬼則將父親還給他，爲時九年。

然後，佛洛伊德爲魔鬼的存在提出了他的心理學解釋，其根據則是他的伊底帕斯情結理論：「首先，我們都知道，上帝是一個替代的父親，或更正確地說，是一個高高在上的父親，又或者，是年幼時所見、所體驗的父親的翻版。」他指出，對父親的感受是矛盾的，其中包括「兩組感情衝動……彼此對立……一股是愛慕的、順服的衝動，另一股則是敵視的、挑戰的。依我們的觀點，同樣的矛盾也左右著人類與他的神之間的關係……這種愛懼交加，既渴望又反叛，難以化解的矛盾，正好可以讓我們用來說明宗教的特點及其決定性的變化。」[62]正面感情，到了這裡有如上帝的概念；負面感情則有如魔鬼的概念。

❖　❖　❖

　　有關受苦的問題，路易斯寫了好幾本書來抒發自己的見解，其中最膾炙人口的莫過於《痛苦的奧祕》與《正視悲傷》，前者從理性的角度探討痛苦，後者則以感情爲出發點，是對亡妻發自肺腑的追念。

　　路易斯具有一種令人難以思議的能力，可以把複雜的問題加以簡化卻不失其精髓。痛苦的問題到了他的手裡，分析得無比透徹清晰。他寫道：「若上帝是善良的，定會希望祂的造物快樂圓滿，若上帝是全能的，定能夠使祂的願望獲得實現。但受造物卻不快樂。因此，上帝若不是欠缺善良就是沒有能力，甚至二者俱缺。」[63]路易斯說，痛苦之所以成爲問題，最簡單的道理在此。

　　要瞭解受苦的問題，路易斯說，首先要瞭解「快樂」、「善良」、「全能」或「萬能」這些字眼的義意。他認爲，若我們取這些字眼的通俗意義，那麼，「這個問題便無法回答」。舉例來說，「全能」一詞，意思是「有能力做一切是或任何事」。聖經告訴我們，「在神凡事都能」。但路易斯說，這並不是說上帝無所不能。譬如「藍色長多少哩？」這類荒謬的問題，上帝就無法回答。同樣地，兩件互相排斥的事情，上帝也做不到，譬如說，祂不可能一邊賦予受造物自由意志，同時又扣住這項自由。路易斯寫道：「全能指的是，有能力做一切實質上可能做到的事，而非根本不可能的事。你可以將奇蹟歸於

上帝，但荒謬的事則不可。」[64]

　　路易斯進一步說明，若受造物擁有自由意志，必須有一前提，那就是在其所處的環境中必定有「可供選擇的東西存在」。因此，有些選擇是對的，有些是錯的，選擇違反道德法則，一如選擇違反地心引力，將招致痛苦。他解釋道，「物質若是穩定的，定有其固定的特性」，不會任由人隨意改變；「既然物質有其固定特性，並依循不變的規則，那麼，欲其所有的狀態全都符合我們心意乃是不可能的……」[65]「受苦一事，事涉自然法則與自由意志的存在，若要排除其發生的可能，無異於把生命本身也排除掉了。」[66]

　　路易斯還提醒我們，千萬不要把上帝的善良或愛與所謂的仁慈混為一談。他寫道：「愛，相較於仁慈，其層次更高，也更堅定……愛中有仁慈，但兩者不屬同一範疇，仁慈如果少了愛的其他要素，對待對方，其實都帶有某種程度的冷漠，甚至類似輕蔑的成分。」[67]他指出：「愛，就其本質來說，會要求所愛更好。至於『仁慈』，對待對方，除了同情其所受之苦，其他卻都視若無睹，就這方面來說，仁慈其實截然不同於愛。」[68]

　　有時候，我們自以為仁慈，反而妨礙了愛。舉例來說，看牙齒是件苦事，為了不使孩子難受，一念之仁，會使我們不送孩子去看牙醫；至於愛，我們則會希望孩子得到最好的，會堅持讓孩子去面對眼前的短痛，永絕後患。路易斯堅決認為：「上帝造我們，不在於我們愛祂（雖然這也是原因之一），而

在於上帝愛我們，使我們成為聖愛的對象而『滿心喜悅』。」他又說，為了成為上帝所愛的對象，我們必須有所「改變」。「人生來受苦，但上帝愛人，若我們只著眼於『愛』這個字的表面意義，兩者之間的矛盾就永遠無解。」[69] 他強調，我們也必須改變自己對快樂的認知。他相信，造物主是一切快樂的源頭，因此，千萬年來人類所經歷的不快樂與苦難，絕大多數肇因於快樂的追求偏離了此一源頭。他寫道：「正因為這樣緣木求魚，我們所稱的人類歷史，幾近全部——金錢、貧窮、野心、戰爭、淫亂、階級、帝國、奴役——因棄置上帝所要給予的愛，而成為綿延不止的悲慘故事。」他總結說：「離開了上帝，我們得不到快樂與平安，因為，祂之外，這樣的東西並不存在。」

最後一點也很重要，路易斯同意佛洛伊德的看法：我們所受之苦，絕大部分來自於其他人。他寫道：「心懷邪惡時，人乃起而互相傷害。人類所受之苦，或許有五分之四可以歸咎於此。製造刑具、鞭子、監獄、奴役、槍砲、刺刀及炸彈的是人而不是上帝；我們的匱乏與勞苦，起於人類的貪婪與愚蠢，而不是出於造化的無情。」[70]

對舊約與新約的不斷研究，路易斯對**創造**、**墮落**，以及**贖罪**與**救贖**的教義也有了新的理解。他解釋道：「上帝是良善的，祂所造的一切都是好的⋯⋯其中之一是祂使理性的受造者擁有自由意志，而基於自由意志的本質，也包括了造惡的可能：受造者利用此一可能而變得邪惡⋯⋯人類之於上帝及其自

己，如今成爲可憎的對象，於世界，則是一個適應失調的受造者——不是因爲上帝把他造成這個樣子，而是他濫用了自由意志有以致之。」[71]

自由意志的濫用，違逆了造物主的意志，成爲受苦、疾病與死亡的主要原因。在一封五十歲時寫的信中，路易斯說：「我不認爲上帝既賜給了我們一切美好的事，同時也給了我們疾病與戰爭。路加福音十三章 16 節就說：我們的主清楚指出，疾病不是出自祂的父而是來自撒旦。我認爲你的說法是對的，一切苦痛皆源於罪。」[72]

路易斯說，痛苦卽是惡，上帝不製造痛苦，但會利用痛苦製造善。許多人都是在遭遇苦難或重大危險——譬如飛機遇到亂流——之後才認得上帝。他寫道：「……痛苦絕不會讓自己坐冷板凳。上帝對我們的喜樂耳語，對我們的良心叮嚀，對我們的痛苦則呼喊：那是祂用擴音器對世界發出振聾發聵的呼喊。」[73]但他又提醒我們，痛苦也會驅使人遠離上帝。他寫道：「痛苦成爲上帝的擴音器，那可是一件可怕的工具，最後有可能導致背叛，遠離上帝，永不回頭。」他說，上帝用痛苦使我們知道自己需要祂，但有的時候，我們的回應不是轉向祂，而是掉頭而去。我就曾聽一位醫界的同業說：「這樣可怕的事情，上帝居然容許發生，眞希望自己別跟祂扯上什麼關係。」

面對自己的人生痛苦，佛洛伊德的心態則是他常說到的「認命」。在《一個幻覺的未來》中，他談到那些拒絕精神世

界觀的人的人生樣貌，或許就是他的自我寫照。在書中他說：
「他們不得不承認自己全然無助……不再是世界的中心，不再
是神所眷顧的對象……至於命運中的巨大匱乏，完全孤立無
援，只得學會忍耐，認命。」[74]

　　每當他要安慰受苦的人，卻找不到「安慰的字眼」，只能
勸他們忍耐認命。一位朋友過世，他寫信向遺孀致唁，信中寫
道：「您是知道的，面對命運的打擊，我們只能低頭認命。想
必您能明白，對我來說，失去他是何等痛苦。請原諒我一個老
年人的自私，我總以為自己餘日不多，陪我走完這一段路，在
他來說，應該是輕而易舉的事。」[75]當同業歐內斯特·瓊斯失
去唯一的女兒時，他去信給他說：「身為一個不信神的宿命論
者，面對死亡的可怖，我能做的事就只有認命。」信中提到自
己孫兒海涅利的過世，說他痛不欲生：「對人生，厭倦到了極
點。」[76]碰到人生的危機時刻，佛洛伊德顯然清楚意識到，自
己竟無絲毫精神泉源可供汲取。女兒蘇菲去世後，他寫信給一
位同業：「我不知道還有什麼可說的。對一個沒有信仰的人來
說，這樣的事情，令人一蹶不振，萬念俱灰……」他心想，
「何時輪到自己」，希望早日結束自己生命。[77]

　　世界觀改變之前，路易斯對人生之苦也持類似觀點。在
《痛苦的奧祕》導言裡，他說：「當我還是無神論者時，有人問
我：『你為何不信上帝？』我的回答大約都是這樣：『放眼人類
生存的宇宙，絕大部分無非虛空的太空，完全黑暗，寒冷至無
法想像……地球之外，無有生命可以存活的星球，而地球也曾

經數百萬年沒有生命，有朝一日生命滅絕了，有可能再存續數百萬年。至於生命又如何存續呢？老天自有安排，所有的生命形式，只有依靠相互捕食才能存活……萬物出生便是來受苦，活著則是製造痛苦，然後，多數死於痛苦。」人類由於賦有理性，「可以預見自己的痛苦」及「自己的死亡」，又憑著「種種機巧的發明」，對別人製造更多的痛苦，於是，人類歷史「多半無非犯罪、戰爭、疾病及恐怖的紀錄……所有的文明終將消亡，即使在尚未消亡之前，也只是在為自己製造痛苦……宇宙走向毀滅……人類注定滅絕。」他寫道：「若你要我相信，這是慈愛、全能的神的傑作，我的回答是，一切正好相反。宇宙的背後，要嘛根本沒有神，若有，那也是個不分善惡的神，甚或一個邪神。」[78]

痛苦人人皆有。痛苦如何影響我們的生活品質，取決於我們面對痛苦的態度。如果我們和路易斯一樣，相信有一位上帝愛我們，掌管我們的命運，我們或能憑藉耐心與盼望承受一切；但我們抱持的若是唯物世界觀，我們也就是和佛洛伊德同路，到頭來只能向嚴酷的現實低頭。說到這裡，且來聽聽佛洛伊德的結論：「一個有信仰的人，最後發現自己不得不將一切歸於上帝『莫測高深的旨意』，那就無異於承認，唯有無條件向自己的痛苦屈服，才有可能獲得慰藉與喜樂。如果他為此做好了準備，或許就能少走些冤枉路。」[79]

9

死亡：
生命唯一的終結？

　　來到世間不久，你我就都會意識到一個最根本的事實：我們都只是暫時的過客。人的平均壽命不到三萬個朝夕，睡眠又用掉了三分之一，因此，實際上用到的還不足兩萬天。無論你怎麼抗拒，人類難逃一死。生活也不斷提醒我們，死亡近在眼前，譬如暑假過後，有的同學從此消失；美好的春日開車上班，一整排車亮起車燈，一輛靈車突然出現；報紙每天也刊登許多訃聞。

　　儘管詩篇作者告訴我們，數算自己的日子，明白自己只是這個世界的過客，乃是智慧的表現，但這一體悟的過程卻又極端痛苦。人生苦短，渴望長生不死，又害怕與所愛天人永隔，從小至老，終生籠罩於死亡的恐懼。

　　佛洛伊德所稱的「痛苦的死亡之謎」，我們要如何開解並坦然面對？蘇格拉底說：「真正有智慧的人，永遠都在追尋死

亡及其過程。」多數偉大的作家都曾深入處理這一題材，佛洛伊德與路易斯自也不例外，兩人的作品中都頗有可觀之處。他們如何對應親人朋友的亡故，如何面對自己的生命流逝，都有助於我們瞭解，他們是如何以各自的世界觀在理解此一「痛苦之謎」。佛洛伊德引述叔本華的話說：「死亡的問題是一切哲學的開端。」[1]的確，兩人的人生哲學都深受死亡問題的影響。

在《夢的解析》中，佛洛伊德透露，他在幼年時就已經意識到了死亡的存在。兩歲時，弟弟朱利亞夭折。在他的自我分析中，他說，他還記得自己對弟弟之死的反應：由於嫉妒弟弟，他為此感到內疚：「對小我一歲的弟弟（出生後數月過世），我迎接他的是詛咒及幼稚的嫉妒……他的死在我內心埋下了自責的種苗。」[2]

他也記得，在一次談話中，母親告訴他：「我們來自塵土，也將回歸塵土。」年幼的孩子表示不解。於是母親拿出「證據」支持自己的觀點：「母親開始雙掌互搓──一如做團子那樣，只不過兩掌間沒有麵團──然後把因摩擦而產生的微黑皮屑出示給我看，作為我們來自塵土的證據。目睹此景，驚訝不置，從此默認了此一後來從別人聽來的說法：『你還欠造化一死』。」[3]

在一封 1914 年的信中，他則分享了臨床工作上得到的對戰爭的看法：「精神分析得出結論……人類野蠻、殘忍及邪惡的衝動從未消失，繼續存在於無意識中，只不過處於壓抑狀態……」這些「衝動」在等待表現的機會，而戰爭正好提供了

這種機會，因此，戰爭會反覆在歷史中出現。儘管人類的教育及知識水平不斷提高，戰爭卻未曾減少，反而更爲頻繁，更具毀滅性。之所以如此，在於「理性是一軟弱且缺乏自主的東西，是衝動與情緒的玩物及工具。」[4]

戰爭告訴我們，相較於早期的祖先，人類的原始衝動並沒有太大的變化，文明表面的底下，凶殘、野蠻一如往昔。從戰爭可以看出，和原始人一樣，我們的無意識對死亡同樣毫無概念，對陌生人同樣出手凶殘，對自己的所愛同樣心存隔閡（亦即矛盾）。」[5]

1914 年，在一篇題爲〈戰爭與死亡之我思〉（Thoughts for the Times on War and Death）的論文中，他提出一項引人關注的觀察：人類的無意識中沒有死亡的概念，正因爲如此，人心嚮往永生。他寫道：「人類的無意識不相信自己會死，擺出一副可以永生的架式。」[6]我們無法「想像自己的死亡，即使嘗試這樣去做也會發現，自己實際上還是一個旁觀者。因此……沒有人相信自己會死。」[7]對於這項具有爭議的觀察，佛洛伊德沒有提出任何哲學性的說明。倒是路易斯或許會說，人心拒絕死亡，或許是「創造計畫」原來並沒有把這一部分包括在內。

結束這篇論戰爭與死亡的論文時，他提出一個貼心的建議：「若想要活得長久，務要爲自己做足死亡的準備。」精神醫學界長期以來的觀察所得，他了然於胸：若要活得完滿，就得解決死亡問題。否則到頭來，光是抗拒死亡，就要耗掉極大的精神，成爲嚴重的死亡困擾。至於他自己如何處理這個問

題，佛洛伊德的情況再清楚不過：他變得恐懼死亡，對之既害怕又迷信，經常做與死亡相關的夢。據他的醫師說，死亡盤據心頭，「胡思亂想，揮之不去」。

三十八歲時，他就寫到過自己，說：「還要受各種痛苦折騰個四、五年到八年，其間時好時壞，然後，到四十五至五十歲之間，因心臟破裂而猝死；如果四十歲還活著，那就算是不錯的了。」[8]

五十三歲，佛洛伊德造訪美國，這也是他一生中僅有的一次，會見了著名的美國哲學家與心理學家威廉‧詹姆斯（William James），留下正面的「深刻印象」，特別是詹姆斯面對自己死亡的態度。「我們散步時發生了一個小插曲，令我終生難忘。他突然停下腳步，把手上的小袋子交給我，叫我繼續走，說他心絞痛，等過去了就會趕上來。一年後，他因這個病去世。我一直希望自己也能和他一樣，面對死亡逼近毫無懼色。」[9]

五十四歲，他這樣寫道：「學生時期我們初次共度歡樂時光，如今我們都變老了。生命不待，逝者如斯。」[10]對佛洛伊德來說，生日不是歡慶而是感傷的時刻。「六十歲生日，殊少歡喜之情，早知如此，最好是連第一個生日也不要。壽慶云云，徒增憂思而已。」[11]

六年後，他仍然覺得自己不久時日。在寫給朋友的信中，他說：「如今你也年屆六十，而我更虛長你六歲，正接近人生的盡頭，這場不知所云且殊少喜樂的喜劇，預料不久就要

落幕。」[12]總之，佛洛伊德認定自己活不到四十一歲，然後是五十一，然後是六十一、六十二。等到了七十歲，又認定自己可以活到八十歲。

這些特定的日子，他究竟是怎麼算出來的？從下面這封給榮格的信，不難看出他怪異且迷信的思路：「幾年前，我深信自己會死於六十一至六十二歲之間……後來我和哥哥去希臘，詭異的是，61 和 62 這兩個數字不斷出現在各種有數字的物件上……令我心情大壞，但等我們到達雅典的飯店，分到的是一樓的房間，我大大鬆了一口氣。我確定，一樓不可能有 61 號房，果然沒錯。但我分到的卻是 31 號（按照宿命論的無稽之說，可以看作 61 或 62 的一半）……」接下去，他發現，31 這個數字不斷出現，甚至更為頻繁。

但他這種「深信自己會死於六十一至六十二歲之間」的想法，又是從什麼時候開始，如何形成的呢？時間可以推到 1899 年。「那時候發生了兩件事。其一，我寫了《夢的解析》……其二，我領了新的電話號碼……14362……寫《夢的解析》時，我四十三歲。」儼然數字命理學家，他結論說：「因此，合理的推斷，另外兩個數字代表的是我的大限之年，不是六十一歲就是六十二歲。」他解釋道：「迷信自己將死於六十一或六十二歲，這和我當時剛完成《夢的解析》，覺得大事已了，自己大可安心一死的想法不謀而合。」然後，或許是要安自己的心，他又說：「經過這一番解釋，你應該承認，這聽起來也沒那麼荒謬吧。」[13]

八年之後，1917 年，他還是相信自己將在六十一歲離開人世。「辛苦操勞一輩子，我感覺倦了，開始覺得這世界極端讓人厭煩。迷信自己 1918 年二月大限將至，看起來倒不失為一個令人欣慰的想法……」[14]

故事還沒完。迷信自己會在某一特定的日子去世，到了八十歲那年，仍然繼續困擾著佛洛伊德。那時候，他深信自己將不久人世，已經活到了「父親和哥哥的壽數，還差一年吧……我常在想，自己能否活到父親和哥哥的年紀，甚或母親的年紀，現在可好，一心想著就此安息了結，省得再受苦受罪（再活下去也就是這樣了），卻又萬般難捨諸種牽絆，這樣一來一往，真是好不為難。」[15]

在書信中，他毫不掩飾這種恐懼。三十來歲時，寫信給朋友菲利斯，信中就說：「至於我，有偏頭痛、鼻漏及死亡恐懼。」[16]歐內斯特・瓊斯寫道：「說到佛洛伊德的一生，就我們所知，他似乎滿腦子想的都是死亡，我能想到的名人裡面，沒有哪個比他想得更多……甚至剛認識的時候，他還年輕，就有個習慣，分別時都會說：『再見，你可能再也見不到我啦。』讓人無言以對。」瓊斯又說：「他所謂的『倒地喪』（Todesangst，死亡恐懼）反覆來襲。甚至四十歲時，他就恨人會衰老，但越是這樣，死亡就越是喧囂。他曾對我說，他每天都會想到死亡，這還真是不尋常。」[17]

到了晚年，他害怕絕症帶來的痛苦，但年紀尚輕之時，這樣的痛苦又是所為何來？這些恐懼與他的世界觀有關嗎？

在《夢的解析》中，他隱約談到了自己的恐懼。談到這本書，他說其中「最有價值的發現，還多虧我的好運」。他說，小孩常會夢到爭寵的手足死去，這反映出孩子在無意識中希望競爭的對手消失。有些人反對這種看法，認爲小孩不致於壞到希望別的孩子死掉，佛洛伊德提醒他們，不同於成年人，小孩對死亡尚未概念化，也不知害怕。然後他列舉了成年人對死亡的恐懼：「肉體腐爛的慘狀……墳墓裡的冰冷……永遠化爲烏有的恐怖」。接著又補充說，所有這些恐懼都是成年人所無法忍受，「一切有關來世的神話即是證明」。[18] 他相信，正是因爲害怕死亡，希望永生，人們才會接受宗教世界觀。不過話又說回來，對於「永遠化爲烏有的恐怖」，佛洛伊德的恐懼可是強過絕大部分其他人，但他卻始終都不信神，寧願認命，忍受他的世界觀裡的殘酷現實。

路易斯的情況完全相反。談到大轉變前的心態，路易斯說自己是個十足的悲觀主義者，對任何形式的來生沒有一點想頭。「幾乎所有我認爲眞實的事情，在我眼裡都毫無意義，不值一哂……我這個人一向悲觀，反正好事情輪不到我，現實之於我，就是所有希望全都落空。」[19] 但路易斯說，唯一的例外是，有一個願望倒是實現了。

說來諷刺，這和佛洛伊德的理論全然牴觸。路易斯說的是，受到無神論的吸引，「成全了我的願望」。這個願望包括兩個部分：免於任何權威干預自己人生的強烈需求，以及當環境變得無可忍受時，可以迅速輕易地擺脫。「唯物主義吸引人

的地方在於……死亡結束一切……萬一有什麼事情壞到不想忍受了，自殺永遠可行。基督教世界的可怕在於，沒有標示**出口**的門。」

每當所愛的人去世，佛洛伊德都感到絕望無助。在給瓊斯的信中，他寫道：「我在你這樣的年紀（四十一歲）時，父親去世，使我性情大變。在你的記憶中，有過像這樣充滿死亡的時刻嗎？在他的《夢的解析》中，父親之死經常出現。在第二版的序言裡，他寫道：「這書對我個人有著更深一層的意義……是我自己自我分析的一部分，是我以生命對父親之死的回應。」

1896 年，他寫信給菲利斯，談起這事：「老父昨日入土。十月二十三日那天夜裡走的。他奮力撐到最後，堅毅非常，一如往昔……應該是腦膜炎溢血……痙攣，後來清醒過來，沒有發燒。最後一次發作併發肺水腫，走得很安詳……使我心情異常低落。」[20] 一個星期後，又寫信吐訴哀傷：「老父走了，對我打擊至深。我敬重他，瞭解他，他的智慧與恬淡於我的人生影響極大。他走的時候，儘管人生早已結束，但他的死又在我內心喚起了過去的點點滴滴。」[21]

六十四歲時，他失去了一個年輕漂亮的女兒。他生了六個孩子，三男三女，最愛的就是這個女兒蘇菲。蘇菲 1912 年結婚，與丈夫居住漢堡八年，突然罹患流行性感冒。「昨天清晨，我們心愛的寶貝蘇菲走了。」1920 年一月二十六日，他寫信給母親。信中說，妻子瑪莎太過於悲傷，「無法出門遠

行，但無論如何，去了也再見不到活生生的蘇菲……先我們而去的孩子，她是第一個。」[22]一個月後，在給瑞士精神科醫師路德維希‧賓斯旺格（Ludwig Binswanger）的信中，他提到自己和妻子「都還沒有走出子女先父母而去的巨大傷痛」。[23]或許他從來也不曾走出來過。幾乎十年之後，也是給賓斯旺格的信，開頭就是「若小女在世，現在該有三十六歲了。」[24]又一封：「由於完全不信宗教，我沒有什麼人可怨怪的，也知道沒有什麼地方可以讓我訴苦。我所能追索的，無非內心深處無可療癒的自憐之情。」[25]

不到三年，他又失去了一個親人，蘇菲的兒子。母親去世後，這個外孫不到一年也跟著去了，其夭折對佛洛伊德的打擊之大，更勝過其他親人的過世。在給某位友人的信中，他說：「蘇菲的小兒子海涅利，我們把他帶來漢堡，今年四歲半，多惹人憐愛的小傢伙，我從來不曾這樣愛一個人，更別說是小孩了。」信中提到，孩子在漢堡缺乏醫療照顧，是他接他來維也納的。「兩個星期後，孩子再度發病，高燒華氏 102 至 104 度，頭痛……最後總算明白，他得的是粟粒性結核病，事實上已經藥石罔效……現在因麻痺性癡呆陷入昏迷……醫師說，也許可以拖上一個星期，或更長一點時間，但復原無望……」佛洛伊德悲痛吶喊：「此悲此痛，是我從所未有，或許我自己的病更加重了打擊。我竭盡一切必要手段，精疲力竭，事實上，所有一切對我都失去了意義[26]……人生再無喜樂可言。」[27]他寫信給孩子的父親：「我為這孩子悲痛，度過一

生中最黑暗的幾個日子。總算⋯⋯可以平靜地思念他，跟他說說話，不再流淚。」他再次承認，他無處尋求慰藉：「唯一感到安慰的是，到了這把年紀，這樣長的時間陪著他，從未有過。」根據瓊斯的說法，佛洛伊德流淚，這是他一生中唯一有據可稽的一次。

七年後，佛洛伊德又經歷一次喪親之痛。1930 年夏，母親過世，享年九十五，佛洛伊德當時七十四歲。從他在自我分析中的回憶，以及在戀母情結理論中的追述，可以知道他在孩提時期對父親愛恨交織，對母親則有著一份特殊的感情，人們難免會認為，母親過世帶給他的打擊必然更勝過父親的去世。但情況恰恰相反。在給瓊斯的信裡，他坦承：「不瞞你說，我對這件事的反應⋯⋯說來不免怪異⋯⋯心裡有所感的是兩件事：一是如釋重負，我一直害怕，自己會先她而去，她將如何承受；其次是感到安慰，她活了那麼久，成就了那麼多，是該安息了。」那麼，他也絲毫不覺傷心？他承認，弟弟確實悲傷，他卻不曾。「沒有痛苦，沒有悲傷，或許是因為⋯⋯畢竟她那麼高壽了，還有就是，對她的無助，我們總算也可以放下了。這種解脫、放下的感覺，我想我能理解。畢竟，只要她活著一日，我就得撐著自己不死，如今，我可以了。」接著，又一項令人驚訝的告白：「我沒去參加葬禮。」[28] 當時的佛洛伊德仍然健朗活躍，寫作不輟，行動自如。那麼，為什麼不出席葬禮呢？難道是他害怕死亡，避之唯恐不及？

父親之死反應強烈，方寸大亂，母親過世，卻「沒有痛

苦，沒有悲傷」，這種對死亡的矛盾反應，臨床上並不陌生：親人去世，特別是父母親，未處理的負面感情越多，失親之痛就越難以化解。

　　儘管害怕死亡，擔心自己不久人世，佛洛伊德卻堅持醫師告訴他：他的時刻何時會到。四十三歲時就寫過一封信：「我自己的時刻到來時，我希望碰到的是一個能以尊重待我，告訴我要有所準備的人。父親就是如此，對一己病況充分知曉，卻不提不談，一派從容，直到最後。」[29]

　　佛洛伊德病重時，經診斷爲癌症，年輕的內科醫師菲力克斯・德伊奇及外科醫師卻隱瞞了診斷結果。據德伊奇說，佛洛伊德曾經請求，若結果終不免一死，與其受盡痛苦，不如走得有尊嚴一點。他擔心佛洛伊德自殺，所以才將病情壓下。後來佛洛伊德獲悉，覺得自己遭到了背叛。德伊奇因此擔心病人對醫病關係失去信心，乃提議退出醫療，佛洛伊德同意。兩人雖然終止了醫病關係，但仍維持友誼不墜（後來，德伊奇成爲精神分析師，與同爲分析師的妻子海倫移居美國麻薩諸塞州劍橋，在我精神科醫師實習期間，曾經爲我做過分析）。

　　遭到納粹迫害，佛洛伊德出亡倫敦，除了全家人外，還設法爲女管家寶拉及四十一歲的內科醫師馬克思・舒爾（Max Schur）取得了簽證。佛洛伊德病情末期階段，舒爾身爲主治

醫師，佛洛伊德生前的最後幾個月與臨終時他都在場，佛洛伊德如何面對及回應死亡，我有得於他之處甚多。

1938 年六月六日，佛洛伊德與家人抵達倫敦，旅途中覺得不適，醫師說是「輕微的心臟病症狀」，同時上口腔也出現新的傷口，醫師擔心是癌細胞。同年九月，動了手術，復原緩慢且痛苦。

1938 年九月二十七日，佛洛伊德與家人搬到倫敦西北方漢普斯特（Hampstead）梅爾斯花園（Maresfield Gardens）二十號。一年後，1939 年九月二十三日，在家中辭世。

據舒爾醫師敘述，死前最後的日子裡，佛洛伊德挑選所讀之書「慎重異常」。去世前幾個月，看得是瑞秋・勃達奇（Rachel Berdach）的《帝王、哲人與死亡》（*The Emperor, the Sages and Death*），並致函作者說：「拜讀大作，神祕動人兼具……深得我心……許久未讀這樣扎實且具詩意的作品……從妳對死亡的重視來判斷，應該還年輕……如蒙不棄，可否移駕舍下一敘？」[30]

舒爾醫師發現，佛洛伊德深受這書感動，自己也讀了好幾遍。全書重點在於死亡，以及因死亡引發恐懼所帶來的許多問題，譬如，生命過程中即知死亡之存在，這樣的詛咒，是否只有人類才有？書中，信神者與不信神者各自陳述自己對死亡的理解，其中有一段是主教與阿拉伯醫師的對話，討論的是拉撒路因耶穌行神蹟而復生，以及之後必須二度面對死亡的艱難。佛洛伊德熱愛詩人海涅（Heine）的作品，其中一首即為

〈拉撒路〉。拉撒路的故事引他注意，是否反映了他對永生的渴望？勃達奇書中，主角一天夜裡醒來，全鎮一片死寂，發現所有的人都隨死亡天使而去，只他一人留下。最後，獨自死於恐慌、絕望與遺棄。

選擇安樂死的前一天，1939 年九月二十二日，佛洛伊德從藏書中挑出巴爾札克的《驢皮記》。他知道，再過幾個小時，自己就要向醫師提出結束生命的要求。一生讀書無數，最後一刻卻選了《驢皮記》，為什麼？說來絕不簡單。書中的主角拉斐爾（Raphael），一個「年輕的科學人」，渴望財富與名聲，自以為天賦非凡，卻為世所棄，鬱鬱不得志，打算一死了之。作者在書中有幾處談到自殺者，其中一處說：「風暴必然凌厲無匹，逼得靈魂尋求安寧才會扣下板機。」[31]

拉斐爾遇到魔鬼，魔鬼應許年輕科學人名利雙收。「我將使你更富有，更有權勢，地位更勝過合法的君王。」但合同中規定，拉斐爾必須穿上「野驢皮」，每一願望實現，驢皮就縮小一點，生命也隨之縮短。魔鬼警告拉斐爾：「**願望**消耗生命，實現**願望**摧毀生命……讓我告訴你人類生命的大秘密：有兩種本能耗盡內在的生命之泉，亦即死亡的兩大成因，一切盡在兩個動詞之中——**願望**與實現**願望**。」

當主角擁有了財富，願望也逐一實現，他發覺別人開始忌他恨他。看到他對自己的看法時，也就不難理解佛洛伊德會何等認同於他。書中的主角默想：「思想是通往一切寶藏的鑰匙……我翱翔世界之頂，盡享知識之樂趣……力足以揮灑思

想，領袖群倫於偉大的知識領域；這難道不是對科學的好奇、對知識的專注，以及打從七歲起直到成年後對閱讀的熱愛有以致之？……旺盛的自信心使我如虎添翼，深信命中有數，我乃天賦之奇才……」

拉斐爾說，有人「指控他傲慢」，說他使別人顯得「平庸」，於是他們「採取報復，排斥他，孤立他」。的確，佛洛伊德定然會認同這樣的想法，特別是他也曾經身受科學界與醫學界的排斥與孤立。

小說中談到一幅著名的耶穌畫像，以及上帝的存在及其本質。拉斐爾說：「我不認為**至高的存有**會以凌虐弱小造物為樂。」

拉斐爾的願望一個接著一個實現，野驢皮也一點一點緊縮，他知道自己大限將至，試圖拉大皮革，但徒然無功。「全都結束了。」他吶喊道：「一切都是上帝的作為！我命休矣！」小說以主角陷入瘋狂的絕望收場。小說中，拉斐爾愛上了美麗的寶琳。但每次對她動了慾念，皮革就縮小，他的生命也隨之縮短。因此，他離開她。但她找到了他，他卻害怕自己若不控制慾望，皮革將會縮到最小，他也就一命嗚呼了。「走吧，走吧，離開我！」他對自己的所愛說：「妳若留下，我就會死。難道妳要眼睜睜看著我死去？」他出示皮革給她看，對她的慾念隨著興起，皮革又開始緊縮。突然間，她明白了一切，便將自己鎖到另一個房間裡，想要了結自己以保全拉斐爾。而他明白自己氣數將盡，乃呼喊寶琳：「讓我死在妳的懷

裡。」並破門而入，擁她入懷。愛的慾念與死亡的恐懼隨之一湧而上，拉斐爾氣絕而亡，驚恐寫在臉上。

許多文學評論家都把拉斐爾視為另一個浮士德，這令我們想到，歌德的《浮士德》正是佛洛伊德最常引用的一本著作。臨死前，他選擇了巴爾札克這部小說作為自己人生的關門書，為什麼？背離父母的世界觀，和小說的主角一樣擁抱科學世界觀，以獲得名聲與財富，他是否覺得自己也是在跟魔鬼簽約？佛洛伊德曾說，心理研究是他的情婦。他是否害怕自己也會和勃達奇及巴爾札克書中的主角一樣，死於驚恐的狂亂之中？醫師談起他，說許多年前他就是用「縮小」這個詞來形容他父親之死：「而他又選擇讀這本書來為自己的人生寫下『完結』，還真是詭異呀！」[32]

看完《驢皮記》次日，拉著舒爾醫師的手，佛洛伊德提醒他，他接手治療時答應過的事：「你答應過，時候到了你不會丟下我不管。如今除了折磨，一無所有，沒什麼意義了。」醫師說他記得。謝過他後，佛洛伊德請他將「這件事」告知女兒安娜。

通知安娜後，舒爾醫師為他注射了兩公毫的重劑嗎啡，十二小時後再注射同樣劑量。1939年九月二十三日凌晨三點，佛洛伊德辭世。二十六日上午，在倫敦西北方的小村落高德斯格林火化。

路易斯也寫過大量死亡。在《痛苦的奧祕》中，他說，身爲無神論者，人類受苦的問題，特別是「人類強烈渴望永生，卻又有能力預知自己終將一死」，要人相信造物主的存在確實有其困難。皈信之前，在他看來，死亡爲一無可避免的結局，使一切歸於黯淡無望。死亡就是一了百了，雖然可怕，卻也算是一條出路。十七歲時，寫信給朋友葛里夫斯：「回到家時，父親身體看來極端虛弱，卻對我的感冒唸唸叨叨，什麼事情都不順，心裡厭煩得要死，所以，我又想要一走了之，決定自殺。」[33] 儘管只是說笑，卻也透露不少實情：從他的自傳可以看出，路易斯確曾認爲，當人生活到無可忍耐，自殺就是解脫。

　　皈信之後，路易斯相信，只有把生命賜給人的**那個人**，才能決定一個人的死亡時間。在《魔鬼家書》中，他筆下的魔鬼鼓勵謀殺和自殺。「如果碰到的是一個感情用事又容易上當的傢伙，」魔鬼指示他的人間代理：「餵他讀些老派小詩人及五流小說家的作品，直到他相信『愛』是無法抗拒的，是可歌可泣的。當然啦，這一套對一夜風流的露水鴛鴦並不管用，但說到那種天長地久、『高尚』、浪漫、纏綿、愛到你死我活的地下情，這可是獨門秘方，我向你保證，一切進行順利的話，到頭來無不以殘殺、自殺收場……」[34]

　　世界觀改變之後，他才明白，死亡乃是違反上帝律法的

後果，而非自然計畫的一部分。死亡既是世界墮落的後果，也是戰勝墮落的唯一希望。「對待死亡的心態有二。」在他的經典著作《奇蹟》中，他解釋道：「一種是高傲的心態，其極致見於斯多噶學派，死亡『沒什麼大不了的』……大可不必放在眼裡。另一是『自然』的觀點，無論私下談論，或現代人對人類存活的思考，都視死亡為罪大惡極。」

但無論哪一種都與新約的觀點有所出入，路易斯說，後者的觀點更為精微：「一方面，死亡是撒旦的勝利，是墮落的懲罰，也是最後的敵人。」但他又解釋道，死亡不僅是可以擊倒人類的敵人，也是上帝用來救贖的的手段。「另一方面……基督之死是墮落的拯救。事實上，有些現代人說，死亡具有『雙重角色』……既是撒旦最強大的武器，也是上帝最強大的武器：是人類最大的恥辱，也是我們唯一的希望；是基督要來征服的對象，也是祂用來征服的武器。」他提醒讀者：「基督在拉撒路的墳前流下眼淚，在客西馬尼園流下汗血……」，「對這種可憎的懲罰，厭惡不僅不亞於我們，甚至尤有過之。」[35]

路易斯強調，新約故事的核心概念就是死亡。拿撒勒人耶穌之死「使我們與上帝和好，讓我們有一個新的開始。」此一死亡非比尋常，「乃是歷史關鍵點上某種難以想像之事，自天外展現，遍及我們的世界。」他提醒道，此一概念人心難以理解，自屬可以想像。「的確，若我們能夠完全理解，整件事就不會是如它所宣稱的那樣——不可思議、自然天成、來自天外，有如閃電，奔入人間。」[36]

不同於佛洛伊德痛恨衰老，談到此一過程，總是出之以負面、悲觀的語詞，路易斯似乎樂在其中。死前一個月，寫信給朋友，他讚嘆道：「啊，秋天眞是最美的季節，我敢說，老年也是人生之最美。」[37]

皈信之前，他注意到，許多他讀過的異教神話都有著共同的主題。在給朋友的信中，他說：「鮮血、死亡與復活的主題，有如紅黑相間的一條帶子，透過巴爾德（Balder）、戴奧尼索斯（Dionysus）及安東尼斯（Adonis）貫穿所有偉大的神話，這裡面別無其他意義，你相信嗎？……畢竟，一體看待人類的心靈歷史就會更清楚了，不妨設想一下，這一切都是預示基督來臨的隱約前奏，縱使我們目前還無法完全瞭解其中的一切。」[38] 學生時期，異教神話中有關神的死亡的傳說，就已經深深打動了路易斯，如今，他則視之爲指標，全都指向人類歷史上那一劃時代的時刻，指向他所稱的**大奇蹟**──復活。

第一次世界大戰時，路易斯在戰場上受傷，自以爲難逃一死。後來他回憶：「當時心中想到兩件事。其一是被擊中的那一刻，我覺得（或自以爲覺得）自己無法呼吸，心想，這就是死亡。」他奇怪自己居然沒有恐懼，也沒有其他感覺。「在我心裡，『這裡有個人要死了』這幾個字攤開在那兒，其枯燥、實際、無情一如教科書裡的東西，甚至無關緊要。」[39]

但除了那一刻之外，一切戰爭所具備的種種恐怖，他也都有所體驗。二次世界大戰在歐洲爆發時，他寫道：「上一次戰爭的陰影多年來在我夢中揮之不去。從軍上戰場……人世間

一切的惡盡在其中，包括：痛苦與死亡，疾病的恐懼；與所愛分離，放逐的恐懼；在專制、不平等及羞辱下服苦役，奴役的恐懼；飢渴、受凍及餐風宿露，貧窮的恐懼。」他結論說：「與其活著再經歷一次戰爭，寧願一死。」[40]

　　同年，在牛津講演〈戰時所見〉，強調戰爭並未「使死亡率更高」。他說：「死於戰爭的人約占百分一，不會再高了。」戰爭只不過是「提早了一些人的死亡」。他指出，戰爭也有正面影響，其中之一是讓我們「警覺生命是會凋亡的」。「如果連置身軍旅都無法讓一個人對死亡有所準備，那麼，還有什麼樣的環境能夠呢？」[41]他同意詩篇作者所說，警覺自己會死，可以得著智慧。「求你指教我們怎樣數算自己的日子，好叫我們得著智慧。」（詩篇九十篇12節）

　　在《魔鬼家書》中，路易斯透過老魔之口來闡明此一道理。老魔抱怨戰爭迫使人們思考死亡並為死亡做好準備：「戰爭迫使人們不斷把死亡放在心上，這對我們大大不利。我們最拿手的好戲就是教人人都活得心滿意足，這下子全派不上用場了。只要一打起仗來，相信自己還能好好活著的，甚至一個都沒有。」老魔覺得這種情形實在不妙。「對我們（魔鬼）來說，最有利的莫過於人人都住進收費昂貴的療養院，醫生、護士、朋友，就好像經過我們調教一樣，騙來騙去的，對那些死到臨頭的人說什麼日子還長得很……唯有這樣，病人才不至於知道實情！」[42]

　　二十三歲時，寫信給父親，談到一位他們都熟識的老教

師的去世:「死亡之於我,見過的也不算少了,除了古怪及不可思議之外,別無所見。一個好端端的人,那樣活生生的,兩腳一伸就什麼都沒了。實在很難相信就這樣化作了虛無。」[43]我的一些醫學院學生,第一眼見到認識病人的遺體,發現一個人與一副身體的差別竟然那樣巨大時,也有同樣的感受。

1929 年,路易斯三十歲,父親去世,當時他還是無神論者。在給朋友的信中,談到自己的感受,反映出他對父親強烈的矛盾感情:「守著病榻上一個幾乎沒有什麼痛苦的人。對他,談不上什麼感情,多年來的相處,帶給我的多半是痛苦,沒有歡樂……但還是難以承受……儘管沒有心靈上的感應,生理上的感應卻既深刻又可怕。這些天來,我注意到自己和父親的相似,我們簡直就是同一個模子打造出來的。」[44]在自傳中,父親的死,他著墨不多:「父親的死,他最後在病中表現的堅強(甚至快活),我這裡就不多談了。」[45]在他的自傳中,內心深層感受這樣輕描淡寫帶過的不多,這是其中之一。

1960 年,喬伊久病不治,他寫信給友人:「親愛的喬伊走了……走前十天,我們還希望……她會撐過去,但並沒有……下午一點半,我叫了救護車送她進醫院。生命最後的短暫時刻,她意識清楚,藥物使她沒什麼疼痛。當晚十點十五分,平靜地走了,我一旁陪伴……此刻我無心多寫,你應該瞭解的。」[46]

路易斯出版了《正視悲傷》,居喪期間的憤怒、怨恨、寂寞、恐懼與煩躁流露紙上,讀者可感。他思來想去,不得其

解，最後不免懷疑，難道上帝竟是個「宇宙虐待狂、充滿惡意的白痴」？憤怒之情溢於言表。他抱怨道：「最讓人受不了的是，說什麼『沒有死亡這回事啦』或『死亡算不了什麼啦』，全都是空話。管他是不是回事，死了就是死了……何不乾脆說，出生也算不了什麼！」他勉力強迫自己接受現實。「仰望夜空，時空悠悠，我尋她音容，尋她笑貌，尋她輕觸，遍尋不著，還有什麼比這更確定的呢？她死了。真的死了。死這個字有這麼難懂嗎？」[47]當他寫道：「癌症、癌症，還是癌症，父親、母親，還有妻子。接下來又是誰？」[48]他的痛，讀者感同身受。

害怕幼年的失親之痛重演，路易斯曾為自己築起一副防護的外殼，而喬伊之死將之徹底打破。如今，最大的恐懼發生了，他呼喊道：「啊，上帝，上帝，如果命中註定這個人今天又得爬回殼內，被迫重回到裡面，當初，祢幹什麼還要大費周章將他弄出這殼來呢？」儘管哀傷難抑，路易斯漸漸明白，「失妻之痛乃是愛情不可或缺的一部分，其隨婚姻而來，如婚姻之隨定情而至，如夏去而後秋來。」[49]

路易斯知道自己隨時會走，若要瞭解他對這方面的想法和感覺，有必要去看看他的書信，並顧及當時他所看的書。他這個人永遠不失其幽默。一位女士聽說他重病，覺得震驚，他寫信給她說：「傳說我死了，這有什麼好大驚小怪的？死又不是什麼丟臉的事，我最敬重的人，好多不都死了！」[50]

兩年後，另一封信，他寫道：「因為怕被人視為『病

態』，而不敢說『上帝召我回去，我很快樂』，那才眞是可悲。不管怎麼說，聖保羅就是這樣說的……爲什麼不能期待那一天的到來呢？」他結論說，對於死亡，一個人可做的事只有三件：「要麼期待它，要麼怕它，要麼忽視它。其中第三件，現代人稱之爲『健康』的心態，最令人擔心也最危險。」[51]

幾年後，同樣是這位女士，聽說自己罹患重病，路易斯去信安慰她：「戲散了，除了走人，無論妳我，還能做什麼呢？幾個月前，他們告訴我命在旦夕，印象中，我一點也不煩惱。當然，我講的是**自然死亡**，不是**死於非命**。若是屋子塌了，那自然另當別論。威脅之來──外來的、可見的、聽到的（尤其嚴重）──瞬間引爆防護機制採取激烈反應，相較之下，自然死亡還沒那麼恐怖。」[52]

又幾個月後，另一封信：「不能夠把死亡視爲朋友、解放者嗎？那意味著帶走折磨妳的肉體，如同脫掉一件剛毛襯衣或解除一副枷鎖，這有什麼好怕的？……難道這世界對妳好到妳捨不得離開？」然後，試著安慰她，話裡透露了他對死亡的想法和感覺：「前頭等著我們的，好過我們丟在後面的……妳不覺得我們的主在對妳說：『安心，孩子安心，輕鬆點，放手。下面有永恆的臂膀接著妳……妳怎麼對我那麼沒有信心？』當然，這還不是終結，就當是次綵排，好好排練一下。」信末署名：「傑克（和妳一樣，一個旅途將盡的疲累過客）」。[53]

1961 年六月，罹患前列腺腫大，排尿困難，腎臟發炎，最後演變成血毒，心臟出現症狀。接下去幾個月，病情改善，

教書、寫作、訪友不輟。同年七月十五日，心臟病突發，陷入昏迷，再度恢復，但為時短暫，過了幾個月寧靜愉悅的日子。資料顯示，最後的日子過得喜樂平安，甚至充滿盼望。這段期間，寫信給朋友葛里夫斯：「儘管不覺得遺憾，我還是忍不住可惜，七月居然活了過來。我的意思是說，無痛無苦地來到了天上的**大門**，卻迎面吃了個閉門羹，又不知哪一天，整個過程還要再重走一遍……可憐的拉撒路！」

人生最後的歲月儘管幽默以對，與所愛之人死別仍然令他不勝感傷。在這封信裡特別提到，他雖然「自在喜樂……若要說有什麼遺憾，看來無非你我此生不能再見。每思及此，不勝悵痛。」[54]

給另一位友人的信，他寫道：「長時昏迷，意外甦醒，或許多虧朋友們的不斷禱告，但那麼好過的一關，當著面卻給關上了，最是可惜……等你死了……來看看我……那才有趣——莊嚴不失好玩——不是嗎？」[55]

一位摯友，也是他的傳記作者，談到他最後閱讀的書籍：「希臘文版《奧德賽》（*Odyssey*）、《伊里亞德》（*Iliad*）及少數柏拉圖作品，拉丁文版《埃涅伊德》（*Aeneid*），但丁《神曲》（*Divine Comedy*），華茲華斯《序曲》（*Prelude*），喬治‧赫伯特（George Herbert）、巴特摩爾（Patmore）、司各脫（Scott）、奧斯丁（Austen）、費爾丁（Fielding）、狄更斯（Dickens）和托洛勒普（Trollope）。」[56]

1962 年一月，他寫道：「知道自己很危險，但並不沮喪，

竟日埋首書中。」[57]大約死前三個星期，寫信給一位友人，說有空做自己想做、愛做的事，讀好的文學作品，他覺得開心。「不要以為我不開心……此刻正讀《伊里亞德》，重讀，樂趣更勝以往。」[58]

死前兩個星期，邀同事李察・拉伯洛（Richard W. Ladborough）共進午餐，討論剛讀的一本書。書是借來的，《危險關係》（*Dangerous Acquaintances*〔*Les Liaisons Dangereuses*〕），作者皮耶・德拉克洛（Pierre Choderlos de Laclos）。「哇，好驚人的書。」他驚呼：「有如深讀一部莫札特的劇本，血液為之凝固。」[59]我們都知道，路易斯早年喜讀經典文學作品，但這本1782年出版的法文小說究竟是什麼地方吸引了他？

小說是兩個法國貴族之間來往的書信，揭露當時瀰漫於上層社會的欺騙、墮落與腐敗。書中男主角伏爾蒙（Valmont）與女主角梅塔伊（Merteuil）貪戀權勢，野心勃勃，目中無人，為達目的不擇手段，詐欺誘騙無所不用，依仗特權剝削弱小。書評說這本小說「殘酷」，是對「權力腐化……及男性社會欺壓女性的控訴。」一位評論家說，主角「自以為是上帝，活在一個自我凌駕一切價值的世界。」[60]

這樣的一本書，路易斯又怎麼會想到要去讀呢？首先，同事借給他時，或許曾大力推荐是一本值得一讀的好小說。四〇至五〇年代，這本書開始受到矚目，最後甚至被評論家譽為「十八世紀最偉大的法國小說」，作者聲譽直逼大仲馬及雨果。或許因為如此，路易斯也認同這是一本不可輕忽的文學作品，

但依我所見，另有其他原因。路易斯畢竟寫過《魔鬼家書》及其他與魔鬼相關的作品，筆下經常論及狂妄與野心的危險，以及救贖的必要，而在《危險關係》中，主其事者則摧毀了周圍所有的人。或許有感於這書的「殘酷」，及其對人類本性的描寫，與他自己在《魔鬼家書》中的觀察若合符節，這才引起了他的興趣。

午餐邊吃邊聊小說，拉伯洛注意到，路易斯一如尋常「開心、幽默」，但感覺得到，他知道自己去日無多。「我總覺得，這是我們最後一次見面，他一貫的殷勤，陪我走到門口，我想他也是這樣感覺。像他這樣做好準備的人，怕是沒有了。」[61]

無論路易斯或其他人，為死亡「做好了準備」，面對此一「可憎的刑罰」，不僅愉悅、冷靜、內心平安，而且還滿有盼望，這又是怎麼做到的？是他的世界觀為他提供的資源有以致之？我想，還是一樣，答案在他講過的話裡：「若我們對自己之所信篤信不疑——若我們真的相信，家在別處，此生只是『一趟尋家之旅』，那麼，何不期待最後的抵達呢？」[62]

1963 年十一月二十二日，路易斯的哥哥華倫為他準備下午四點的茶點，發覺他昏昏欲睡，但心情平靜愉悅。路易斯去逝後兩個星期，在一封信裡，他寫道：「今夏以來，舍弟健康日益惡化，我們不願面對此一事實，但舍弟不是。」華倫信裡寫道，路易斯知道自己去死不遠，儘管如此，冷靜安詳依舊。「過世前一個星期，他對我說：『我來世間，該做的都已了

結，一切就緒，可以走了。』面對死亡如此泰然，實屬從所未見……」

　　華倫接著敘述了老弟人生的最後時刻：「上個月二十二日，下午四點，我送茶過去，然後回自己書房忙些事情。五點三十分，聽到他房間傳來巨響，趕過去，只見他仰躺在地不省人事。大約過了五分鐘，未再回神，就此長眠。我們豈不也都希望，時候到了，也能這樣離去？」[63]

後記

　　佛洛伊德與路易斯生前可曾謀面？可能性不是沒有。移居英倫後，佛洛伊德住在倫敦西北方的翰普斯特德，去牛津不遠。這段期間，有一年輕牛津教授拜訪佛洛伊德，但身分不明。有可能是路易斯嗎？

　　關於這一點，或許永遠沒有答案。但我們知道，兩家確有微妙關聯。二次世界大戰期間，為逃避倫敦轟炸，一位年輕婦人，吉兒・弗勒埃特（Jill Fluett），從倫敦遷居郊區，與路易斯及他陣亡戰友的母親摩爾太太同住。兩人未識之前，路易斯已是吉兒心目中的偶像作家，見面之後，對這位年輕教授更是芳心暗許。路易斯善待吉兒，並在她辭去管家之後，與她保持聯絡多年。後來吉兒婚嫁，夫婿不是別人，正是佛洛伊德之孫，國會議員克萊蒙・佛洛伊德（Clement Freud）。一天，吉兒造訪路易斯，安排兩家共進晚餐，但卻獲悉，路易斯已於當天下午過世。

　　如果路易斯與佛洛伊德確曾見面，那位到佛洛伊德家中造訪的年輕牛津教授也確實是路易斯，那麼，時間應該是在

1938 年六月至 1939 年九月之間，也就是佛洛伊德生前住在英國的十五個月。當時，佛洛伊德已年逾八旬，路易斯還不到他一半的歲數。

兩人曾有深入的交集嗎？沒錯，多年前，愛因斯坦也曾拜訪佛洛伊德，由於興趣各異，兩人所談不多。在一封給友人的信中，佛洛伊德寫到愛因斯坦的來訪：「他於心理學的理解，一如我於物理學之所知，我們相談甚歡。」[1]

路易斯與佛洛伊德，那可就大不相同了，可以談的東西太多了。文學與精神分析是他們的共同興趣，更何況佛洛伊德當時已有新文學評論之父的美名，爲路易斯這樣的文學評論家提供了詮釋人類行爲的新工具。

他們或許會談到彼此心儀的大作家。佛洛伊德把米爾頓的《失樂園》列入兩本自己的「最愛」（巧的是，另一本是偉大猶太作家海因里希・海涅〔Heinrich Heine〕的作品《拉撒路》〔Lazarus〕，所持世界觀與路易斯相同，談的也是聖經故事），而路易斯當時也已經是米爾頓權威，只不過名著《失樂園序》尚未問世——那是三年以後的事了。

由於佛洛伊德重病在身，他們也可能聊到受苦的問題，這可是兩人都亟欲了解的議題。一如十年前向朋友交心，訴說自己面對疾病與失親時的消極和絕望，佛洛伊德也有可能會對路易斯說：「身爲一個沒有信仰的宿命論者，面對死亡的恐怖，我只有束手就範的份。」[2]

基於對長者的尊敬，路易斯或許會避談自己在《痛苦的

奧祕》中所提出的許多論點，卻有可能跟他分享自己在信仰上的歷程，以及信仰如何幫助自己走過最黑暗時日的經驗。由於佛洛伊德十分敬重聖保羅，也常引用他的話語，路易斯也有可能會承認，自己的轉變雖然不像聖保羅那樣戲劇化，而是漸進式的，但其轉變之巨大也絕不亞於聖保羅。

他們有可能無所不聊，包括性、愛、死亡、快樂，當然還有最重要的問題：上帝。無論聊些什麼，若能在場旁聽，想必精彩萬分。可惜的是，此情此景只能出於想像。此書回顧了兩人的書信及大量著作，但願讀者因此得以領略他們對這些問題的想法，雖不能盡意，也算是次佳的選擇了。

佛洛伊德與路易斯去世半個世紀之久，爲什麼他們的作品對我們的文化仍然有著深遠的影響？原因之一，或許在於，無論我們知道與否，每個人都有某種形式的世界觀，或與佛洛伊德的唯物世界觀相近，或與路易斯的精神世界觀相合。但也或許還有更微妙的原因。或許是他們分別代表了我們內心兩個相互衝突的部分。其一揚聲反對權威，與佛洛伊德同聲一氣，說：「我絕不降服。」另一則如同路易斯，清楚知道，我們內心深處極度渴望與造物主建立關係。

他們兩人都同意，最重要的問題莫過於上帝的存在：有一超宇宙的智慧存在嗎？兩人一生耗費極大心力探究此一問

題，因為他們明白，這與我們的人生定位、意義與命運關係至大。

但佛洛伊德，以及轉變前的路易斯，都拒絕面對種種跡象。這樣做並不難，轉移注意力，凡事訴諸理性，都可以做到這一點。我們告訴自己，等到年紀大些，有了較多的時間，再來思考這些重大（同時也引發焦慮）的問題，眼前還有更要緊的事情。如同轉變前的路易斯，我們故步自封，「刻意視而不見」，養成一種對「權威根深蒂固的痛恨」，對所謂的「超自然干預」心懷排斥，如同佛洛伊德與路易斯的人生心態：「這是我的事，旁人勿管。」

但話又說回來，兩人也都有著強烈的渴望，縈繞心底，經久不去，而且都以德文 Sehnsucht（渴望）這個字來形容這種感覺。六十六歲時，佛洛伊德還不時提到「一種莫名的、隱約的渴望」，如今想起來，「或許是……對另一種生活的渴盼」。對這種渴望的體驗，路易斯則說是他生命的「核心故事」。轉變之後，他才了解，這樣的渴望「只有在將之視為標示，指向外在某種非我的存有」，或視之為指向造物主的「指標」時，才有其價值。這種體驗或許人人都曾有過，不過有些人和佛洛伊德一樣，對之仍然感到困惑，有些人則如路易斯一般，將之視為指標。

佛洛伊德與路易斯的文字有助於我們理解，在我們看見指標時經常會碰到的一種滯礙，亦即往往扭曲了上帝在我們心目中的形象。佛洛伊德有一個理論，在臨床上證明是有效的，

所談的是無意識的移情過程，也就是說，孩提時候對權威人物的感覺，我們往往會將之轉嫁到現實權威人物身上，如此一來，不僅扭曲了現實的權威，同時也造成我們與權威之間的對立。問題來了。這種把我們對父母——尤其是對父親——的感覺轉嫁或轉移到現實權威身上的傾向，對於那個無法以感覺體驗到的**至高權威**，以及對其形象我們又將造成什麼樣的扭曲？如果此說成立，我們便必須留意，我們對上帝的概念——無論其為不信者所反對的那個上帝，或是信仰者所敬拜的上帝——基本上，是以歷史中所揭示的那位造物主為基礎，而不是以我們因心理扭曲所造成的形象為根據。

我們也必須留意，受造者自有缺陷，行為多有可議之處，無論是聖經中的人物、鋃鐺入獄的電視佈道人，或對兒童性侵的神職人員，我們都不當以人的錯誤來想像或評判上帝。凡人皆有錯。對井邊求寬恕的女子，拿撒勒的耶穌溫厚以待，給予赦免，對心口不一的宗教領袖卻嚴厲以對。

人們往往扭曲了上帝，或自己造神，有的時候還是一個無愛而有恨的神，正因為如此，以致於人類假神之名行非神之事——甚至恐怖主義的行為——千百年來史不絕書。人類這種自己造神的傾向使我們明白，為什麼十誡的第一條誡命就是：「除我之外，你不可以有別的神。」

對父親懷有強烈的負面感受，影響所及，佛洛伊德與路易斯對上帝也持負面心態。皈信之後，路易斯就對這種傾向嚴加看管，他寫道：「上帝之於我，其概念並非來自於神，必須

一次又一次地予以打碎。祂親手打碎自己的偶像。祂是徹底的反偶像崇拜者。此一打碎的行爲豈不正是祂存在的象徵？一切眞實皆是偶像的否定。」³

佛洛伊德與路易斯都同意，上帝之問的解答與我們的人生關係至大。因此，我們必須親身檢驗其中的種種跡象，不妨以舊約與新約作爲一個開始。然而，路易斯也提醒我們，跡象就在我們的身邊：「上帝之存在，我們可以忽視，但卻無從逃避。這世上祂無所不在。祂各處行走，無名無姓。正因爲如此，令人難以辨識。眞正該做的是不可忘失，事實上，是要清醒，更重要的，是要保持清醒。」⁴

NOTES

附註

前言

1. *Time Magazine*, March 29, 1999.
2. Barondes, *Mood Genes*, p. 25.

一、兩位主角

1. Lewis, *Surprised by Joy*, p. 203.
2. Freud, *The Interpretation of Dreams,* in *The Standard Edition of the Complete Psychological Works*, vol. IV, p. 248.
3. Freud, *The Complete Letters of Sigmund Freud to Wilhelm Fliess*, p. 268.
4. Bonaparte et al., *The Origins of Psycho-Analysis*, pp. 219–20.
5. Bonaparte et al., *The Origins of Psycho-Analysis*, pp. 222–23.
6. Freud, *Obsessive Actions and Religious Practices,* in *The Standard Edition of the Complete Psychological Works*, vol. IX, pp. 117–27.
7. Freud, *The Complete Letters of Sigmund Freud to Wilhelm Fliess*, p. 285.
8. Freud, *The Complete Letters of Sigmund Freud to Wilhelm Fliess*, p. 409.
9. Freud, *The Letters of Sigmund Freud*, pp. 244–45.
10. Gay, *Freud*, p. 6.
11. Freud, *An Autobiographical Study,* in *The Standard Edition of the Complete Psychological Works*, vol. XX, p. 8.
12. Schur, *Freud*, p. 24.
13. Freud, *The Letters of Sigmund Freud to Eduard Silberstein*, pp. xxiv–xxv.
14. Freud, *The Letters of Sigmund Freud to Eduard Silberstein*, pp. xiv–xv.

15. Freud, *The Letters of Sigmund Freud to Eduard Silberstein*, pp. 70–71.

16. Freud, *The Letters of Sigmund Freud to Eduard Silberstein*, p. 95.

17. Freud, *The Letters of Sigmund Freud to Eduard Silberstein*, p. 104.

18. Freud, *The Letters of Sigmund Freud to Eduard Silberstein*, p. 129.

19. Freud, *The Letters of Sigmund Freud to Eduard Silberstein*, pp. 104–105.

20. Freud, *The Letters of Sigmund Freud to Eduard Silberstein*, p. 111.

21. Freud, *Address to the Society of B'nai B'rith,* in *The Standard Edition of the Complete Psychological Works*, vol. XX, p. 273.

22. Freud, *The Letters of Sigmund Freud to Eduard Silberstein*, p. 96.

23. Feuerbach, *The Essence of Christianity*, p. 270.

24. Gay, *A Godless Jew*, p. 7.

25. Freud, *An Autobiographical Study,* in *The Standard Edition of the Complete Psychological Works*, vol. XX, p. 9.

26. Freud, *New Introductory Lectures on Psychoanalysis,* in *The Standard Edition of the Complete Psychological Works*, vol. XXII, p. 139.

27. Gay, *Freud*, pp. 138–39.

28. Gilman, *The Case of Sigmund Freud.*

29. Jones, *The Life and Work of Sigmund Freud*, vol. I, p. 22.

30. Freud, *An Autobiographical Study,* in *The Standard Edition of the Complete Psychological Works*, vol. XX, p. 9.

31. Freud, *The Interpretation of Dreams,* in *The Standard Edition of the Complete Psychological Works*, vol. IV, p. 197.

32. Freud, *Letters of Sigmund Freud*, p. 78.

33. Jones, *The Life and Work of Sigmund Freud*, vol. I, p. 143.

34. Vitz, *Sigmund Freud's Christian Unconscious*, p. 91.

35. Jones, *The Life and Work of Sigmund Freud*, vol. I, p. 143.

36. Jones, *The Life and Work of Sigmund Freud*, vol. I, pp. 149–50.

37. Freud, *Introductory Lectures on Psychoanalysis,* in *The Standard Edition of the Complete Psychological Works*, vol. XV, pp. 207–208.

38. Freud, *The Complete Letters of Sigmund Freud to Wilhelm Fliess*, p. 272.

39. Freud, *A Short Account of Psychoanalysis,* in *The Standard Edition of the Complete Psychological Works,* vol. XIX, p. 198.

40. Freud, *A Short Account of Psychoanalysis,* in *The Standard Edition of the Complete Psychological Works,* vol. XIX, p. 198.

41. Lewis, *Surprised by Joy,* p. 7.

42. Lewis, *Surprised by Joy,* p. 24.

43. Lewis, *Surprised by Joy,* pp. 33–34.

44. Lewis, *Surprised by Joy,* p. 59.

45. Lewis, *Surprised by Joy,* pp. 59–60.

46. Lewis, *Surprised by Joy,* pp. 62–63.

47. Lewis, *Surprised by Joy,* p. 30.

48. Lewis, *Surprised by Joy,* p. 110.

49. Lewis, *Surprised by Joy,* p. 107.

50. Lewis, *They Stand Together,* p. 53.

51. Green and Hooper, *C. S. Lewis,* p. 45.

52. Lewis, *Surprised by Joy,* pp. 139–40.

53. Lewis, *Surprised by Joy,* p. 148.

54. Lewis, *The Letters of C. S. Lewis,* p. 135.

55. Lewis, *Surprised by Joy,* p. 197.

56. Lewis, *Letters, C. S. Lewis–Don Giovanni Calabria,* pp. 45–47.

57. Lewis, *Letters, C. S. Lewis–Don Giovanni Calabria,* pp. 51–53.

58. Lewis, *Letters, C. S. Lewis–Don Giovanni Calabria,* p. 15.

59. Lewis, letter to Firor dated March 27, 1951 (unpublished), Marion E. Wade Center, Wheaton College, Wheaton, Ill., and Bodleian Library, Oxford University. Used by permission.

60. Sayer, *Jack,* p. 135.

二、造物者

1. Freud, *The Future of an Illusion,* in *The Standard Edition of the Complete Psychological Works,* vol. XXI, p. 29.

2. Freud, *Letters of Sigmund Freud*, p. 453.

3. Freud, *The Question of a Weltanschauung*, in *The Standard Edition of the Complete Psychological Works*, vol. XXII, p. 156.

4. Freud, *The Question of a Weltanschauung*, in *The Standard Edition of the Complete Psychological Works*, vol. XXII, p. 168.

5. Freud, *Civilization and Its Discontents*, in *The Standard Edition of the Complete Psychological Works*, vol. XXI, pp. 84–85.

6. Freud, *Civilization and Its Discontents*, in *The Standard Edition of the Complete Psychological Works*, vol. XXI, p. 43.

7. Freud, *Civilization and Its Discontents*, in *The Standard Edition of the Complete Psychological Works*, vol. XXI, p. 142.

8. Freud, *Psychoanalysis and Faith*, p. 125.

9. Lewis, *Surprised by Joy*, p. 7.

10. Freud, *The Future of an Illusion*, in *The Standard Edition of the Complete Psychological Works*, vol. XXI, p. 33.

11. Freud, *The Future of an Illusion*, in *The Standard Edition of the Complete Psychological Works*, vol. XXI, p. 30.

12. Freud, *The Future of an Illusion*, in *The Standard Edition of the Complete Psychological Works*, vol. XXI, p. 35.

13. Gay, *A Godless Jew*, p. 42.

14. Freud, *Psychoanalysis and Faith*, p. 115.

15. Freud, *The Future of an Illusion*, in *The Standard Edition of the Complete Psychological Works*, vol. XXI, p. 35.

16. Freud, *Leonardo da Vinci and a Memory of His Childhood*, in *The Standard Edition of the Complete Psychological Works*, vol. XI, p. 122.

17. Freud, *Leonardo da Vinci and a Memory of His Childhood*, in *The Standard Edition of the Complete Psychological Works*, vol. XI, p. 123.

18. Freud, *Totem and Taboo*, in *The Standard Edition of the Complete Psychological Works*, vol. XIII, p. 147.

19. Freud, *The Question of a Weltanschauung*, in *The Standard Edition of the*

Complete Psychological Works, vol. XXII, p. 163.

20. Freud, *The Question of a Weltanschauung*, in *The Standard Edition of the Complete Psychological Works*, vol. XXII, p. 163.

21. Freud, *The Question of a Weltanschauung*, in *The Standard Edition of the Complete Psychological Works*, vol. XXII, p. 163.

22. Freud, *The Future of an Illusion*, in *The Standard Edition of the Complete Psychological Works*, vol. XXI, p. 24.

23. Freud, *The Future of an Illusion*, in *The Standard Edition of the Complete Psychological Works*, vol. XXI, p. 24.

24. Lewis, *Mere Christianity*, bk. I, ch. 5.

25. Lewis, *Mere Christianity*, bk. V, ch. 1.

26. Lewis, *The Problem of Pain*, p. 9.

27. Lewis, *Surprised by Joy*, p. 172.

28. Lewis, *Mere Christianity*, bk. III, ch. 10.

29. Newberg et al., *Why God Won't Go Away*.

30. Lewis, *Miracles*, p. 7.

31. Lewis, *Mere Christianity*, bk. III, ch. 10.

32. Lewis, *The Problem of Pain*, p. 148.

33. Lewis, *Surprised by Joy*, p. 6.

34. Freud, *Screen Memories*, in *The Standard Edition of the Complete Psychological Works*, vol. III, pp. 312–13.

35. Freud, *Some Reflections on Schoolboy Psychology*, in *The Standard Edition of the Complete Psychological Works*, vol. XIII, pp. 243–44.

36. Lewis, *Surprised by Joy*, p. 160.

37. Jones, *The Life and Work of Sigmund Freud*, vol. I, p. 197.

38. Freud, *An Autobiographical Study*, in *The Standard Edition of the Complete Psychological Works*, vol. XX, p. 8.

39. Lewis, *Surprised by Joy*, p. 115.

40. *extrinsically* and *intrinsically* religious: Allport and Ross, "Personal religious orientation and prejudice."

41. Strawbridge W. J., R. D. Cohen, S. J. Shema, and G. A. Kaplan, *Am J Public Health* 87, no. 6 (June 1997): 957–61; Koenig H. G., L. K. George, and B. L. Peterson, *Am J Psychiatry* 155, no. 4 (April 1998): 536–42: McCullough, M. E., and D. B. Larson, Twin Res 2, no. 2 (June 1999): 126–36; Koenig, H. G., *Int J Psych Med* 31, no. 1 (2001): 97–109; Koenig, H. G., D. B. Larson, and S. S. Larson, *Annals Pharmacotherapy* 35, no. 3 (March 2001): 352–59; and Koenig, H. G., *JAMA* 284, no. 13 (October 4, 2000): 1708.

42. Freud, *Leonardo da Vinci and a Memory of His Childhood*, in *The Standard Edition of the Complete Psychological Works*, vol. XI, p. 123.

43. Freud, *The Future of an Illusion*, in *The Standard Edition of the Complete Psychological Works*, vol. XXI, p. 48.

44. Freud, *The Future of an Illusion*, in *The Standard Edition of the Complete Psychological Works*, vol. XXI, pp. 7–8.

45. Freud, *Psychoanalysis and Faith*, p. 140.

46. Freud, *Psychoanalysis and Faith*, p. 10.

47. American Psychiatric Association, *Diagnostic and Statistical Manual of Mental Disorders*, pp. 417–23.

48. Freud, *Obsessive Actions and Religious Practices*, in *The Standard Edition of the Complete Psychological Works*, vol. IX, p. 117.

49. Gallup and Jones, *The Next American Spirituality*, p. 177.

50. Freud, *Civilization and Its Discontents*, in *The Standard Edition of the Complete Psychological Works*, vol. XXI, p. 32.

51. Gallup and Jones, *The Next American Spirituality*, p. 177.

52. Lewis, *Mere Christianity*, bk. III, ch. 4.

53. Freud, *Psychoanalysis and Faith*, p. 122.

三、良知

1. Freud, *The Question of a Weltanschauung*, in *The Standard Edition of the Complete Psychological Works*, vol. XXII, p. 159.

2. Lewis, *Mere Christianity*, bk. I, ch. 4.

3. Lewis, *Mere Christianity*, bk. I, ch. 4.

4. Lewis, *Mere Christianity*, bk. I, ch. 5.

5. Freud, *The Question of a Weltanschauung*, in *The Standard Edition of the Complete Psychological Works*, vol. XXII, pp. 163–64.

6. Lewis, *Mere Christianity*, bk. I, ch. 2.

7. Lewis, *Mere Christianity*, bk. I, ch. 2.

8. Lewis, *The Problem of Pain*, p. 21.

9. Lewis, *Mere Christianity*, bk. I, ch. 1.

10. Lewis, *Mere Christianity*, bk. I, ch. 1.

11. Lewis, *The Abolition of Man*, p. 51.

12. Lewis, *Mere Christianity*, bk. I, ch. 1.

13. Lewis, *Mere Christianity*, bk. I, ch. 2.

14. Lewis, *The Problem of Pain*, pp. 37–40.

15. Freud, *New Introductory Lectures on Psychoanalysis*, in *The Standard Edition of the Complete Psychological Works*, vol. XXII, p. 61.

16. Hale, *James Jackson Putnam and Psychoanalysis*, letter from Freud to Putnam dated August 8, 1910.

17. Freud, *Psychoanalysis and Faith*, pp. 61–62.

18. Freud, *The Question of a Weltanschauung*, in *The Standard Edition of the Complete Psychological Works*, vol. XXII, p. 171.

19. Einstein and Freud, *Why War*, in *The Standard Edition of the Complete Psychological Works*, vol. XXII, p. 213.

20. Hale, *James Jackson Putnam and Psychoanalysis*, letter from Freud to Putnam dated November 13, 1913.

21. Freud, *An Outline of Psychoanalysis*, in *The Standard Edition of the Complete Psychological Works*, vol. XXIII, p. 205.

22. Freud, *The Future of an Illusion*, in *The Standard Edition of the Complete Psychological Works*, vol. XXI, p. 11.

23. Freud, *The Question of Lay Analysis*, in *The Standard Edition of the Complete Psychological Works*, vol. XX, p. 190.

24. Lewis, *The Problem of Pain*, p. 56.

25. Lewis, *Mere Christianity*, bk.I, ch. 5.

26. Jones, *The Life and Work of Sigmund Freud*, vol. II, pp. 416–17.

27. Jones, *The Life and Work of Sigmund Freud*, vol. II, pp. 416–18.

28. Lewis, *Miracles*, p. 35.

29. Lewis, *The Screwtape Letters*, pp. 162–63.

30. Nicholi, *The Harvard Guide to Psychiatry*, p. 282; and American Psychiatric Association, *Diagnostic and Statistical Manual of Mental Disorders*, p. 349.

31. Freud, *New Introductory Lectures on Psychoanalysis*, in *The Standard Edition of the Complete Psychological Works*, vol. XXII, p. 61.

32. Freud, *An Autobiographical Study*, in *The Standard Edition of the Complete Psychological Works*, vol. XX, p. 68.

33. Lewis, *The Problem of Pain*, p. 21.

34. Freud, *Civilization and Its Discontents*, in *The Standard Edition of the Complete Psychological Works*, vol. XXI, p. 131.

35. Freud, *Civilization and Its Discontents*, in *The Standard Edition of the Complete Psychological Works*, vol. XXI, p. 132.

36. Jones, *The Life and Work of Sigmund Freud*, vol. II, p. 354.

37. Jones, *The Life and Work of Sigmund Freud*, vol. II, p. 360.

38. Gay, *Freud*, pp. 327–35.

39. Abraham and Freud, *A Psychoanalytic Dialogue*, letter from Freud to Abraham dated May 13, 1913.

40. Freud, *The Question of a Weltanschauung*, in *The Standard Edition of the Complete Psychological Works*, vol. XXII, p. 168.

41. Freud, *The Future of an Illusion*, in *The Standard Edition of the Complete Psychological Works*, vol. XXI, p. 39.

42. Freud, *The Future of an Illusion*, in *The Standard Edition of the Complete Psychological Works*, vol. XXI, p. 41.

43. Lewis, *Letters, C. S. Lewis–Don Giovanni Calabria*, pp. 89–91.

44. Lewis, *Mere Christianity*, bk. III, ch. 8.

45. Freud, *Civilization and Its Discontents*, in *The Standard Edition of the Complete Psychological Works*, vol. XXI, p. 126.
46. Lewis, *Mere Christianity*, bk. III, ch. 5.
47. Jones, *The Life and Work of Sigmund Freud*, vol. II, p. 416.
48. Jones, *The Life and Work of Sigmund Freud*, vol. II, pp. 416–18.
49. Wilson, *The Moral Sense*.

四、大轉變

1. Freud, *The Question of a Weltanschauung*, in *The Standard Edition of the Complete Psychological Works*, vol. XXII, p. 168.
2. Gallup et al., *Surveying the Religious Landscape*, p. 67.
3. Freud, *The Future of an Illusion*, in *The Standard Edition of the Complete Psychological Works*, vol. XXI, p. 28.
4. Freud, *Psychoanalysis and Faith*, p. 76.
5. Freud, *A Religious Experience*, in *The Standard Edition of the Complete Psychological Works*, vol. XXI, p. 169.
6. Nicholi, "A New Dimension of the Youth Culture," *American Journal of Psychiatry*, 131: 396-401, 1974.
7. Nicholi, "A New Dimension of the Youth Culture," *American Journal of Psychiatry*, 131: 396-401, 1974.
8. Lewis, *Surprised by Joy*, pp. 16–21.
9. Lewis, *Surprised by Joy*, p. 190.
10. Lewis, *God in the Dock*, p. 260.
11. Lewis, *Surprised by Joy*, p. 184.
12. Lewis, *Surprised by Joy*, pp. 228–29.
13. Lewis, *The Letters of C. S. Lewis to Arthur Greeves*, p. 427.
14. Lewis, *Surprised by Joy*, p. 236.
15. Lewis, *Surprised by Joy*, p. 236.
16. Lewis, *Miracles*, p. 139, footnote 1.
17. Lewis, *The Letters of C. S. Lewis to Arthur Greeves*, p. 31.

18. Lewis, *God in the Dock*, p. 158.

19. Lewis, *Surprised by Joy*, p. 236.

20. Lewis, *God in the Dock*, p. 156.

21. Lewis, *Mere Christianity*, bk. IV, ch. 1.

22. Lewis, *Mere Christianity*, bk. II, ch. 3.

23. Freud, *Psychoanalysis and Faith*, p. 125.

24. Chesterton, *The Everlasting Man*, p. 201.

25. Lewis, *God in the Dock*, p. 156.

26. Lewis, *Mere Christianity*, bk. II, ch. 3.

27. Chesterton, *The Everlasting Man*, p. i.

28. Lewis, *Miracles*, p. 116.

29. Lewis, *The Letters of C. S. Lewis to Arthur Greeves*, p. 425.

30. Lewis, *The Letters of C. S. Lewis to Arthur Greeves*, p. 447.

31. Lewis, *The Letters of C. S. Lewis*, p. 197.

32. Lewis, letter to Bodle dated December 31, 1947 (unpublished), Marion E. Wade Center, Wheaton College, Wheaton, Ill., and Bodleian Library, Oxford University. Used by permission.

33. Lewis, *Surprised by Joy*, p. 4.

34. Lewis, *The Letters of C. S. Lewis to Arthur Greeves*, pp. 426–27.

35. Erikson., *Young Man Luther*, p. 261.

五、快樂

1. Nicholi, *The Harvard Guide to Psychiatry*, p. 290.

2. Freud, *Civilization and Its Discontents*, in *The Standard Edition of the Complete Psychological Works*, vol. XXI, p. 76.

3. Freud, *Civilization and Its Discontents*, in *The Standard Edition of the Complete Psychological Works*, vol. XXI, p. 76.

4. Freud, *The Future of an Illusion*, in *The Standard Edition of the Complete Psychological Works*, vol. XXI, p. 15.

5. Freud, *Civilization and Its Discontents*, in *The Standard Edition of the*

Complete Psychological Works, vol. XXI, p. 82.

6. Freud, *Civilization and Its Discontents*, in *The Standard Edition of the Complete Psychological Works*, vol. XXI, p. 101.

7. Freud, *Civilization and Its Discontents*, in *The Standard Edition of the Complete Psychological Works*, vol. XXI, p. 82.

8. Freud, *Civilization and Its Discontents*, in *The Standard Edition of the Complete Psychological Works*, vol. XXI, pp. 79–80.

9. Freud, *Civilization and Its Discontents*, in *The Standard Edition of the Complete Psychological Works*, vol. XXI, p. 77.

10. Freud, *Civilization and Its Discontents*, in *The Standard Edition of the Complete Psychological Works*, vol. XXI, p. 81.

11. Freud, *Moses and Monotheism*, in *The Standard Edition of the Complete Psychological Works*, vol. XXIII, p. 123.

12. Freud, *Civilization and Its Discontents*, in *The Standard Edition of the Complete Psychological Works*, vol. XXI, p. 76.

13. Lewis, *Mere Christianity*, bk. II, ch. 3.

14. Lewis, *Mere Christianity*, bk. II, ch. 3.

15. Lewis, *God in the Dock*, p. 318.

16. Lewis, *The Problem of Pain*, p. 115.

17. Lewis, letter to Ms. Jacob dated July 3, 1941 (unpublished), Marion E. Wade Center, Wheaton College, Wheaton, Ill., and Bodleian Library, Oxford University. Used by permission.

18. Lewis, *The Letters of C. S. Lewis*, p. 248.

19. Lewis, *The Letters of C. S. Lewis*, p. 227.

20. Lewis, *The Problem of Pain*, p. 48.

21. Lewis, *The Problem of Pain*, p. 52.

22. Lewis, *The Problem of Pain*, pp. 53–54.

23. Nicholi, *The Harvard Guide to Psychiatry*, p. 623.

24. Freud, *The Letters of Sigmund Freud to Eduard Silberstein*, p. 15.

25. Freud, *The Letters of Sigmund Freud to Eduard Silberstein*, pp. 135–38.

26. Freud, *Letters of Sigmund Freud*, p. 26.
27. Freud, *Letters of Sigmund Freud*, p. 123.
28. Jones, *The Life and Work of Sigmund Freud*, vol. I, p. 84.
29. Jones, *The Life and Work of Sigmund Freud*, vol. I, p. 82.
30. Freud, *Letters of Sigmund Freud*, p. 175.
31. Jones, *The Life and Work of Sigmund Freud*, vol. I, p. 303.
32. Freud, *The Complete Letters of Sigmund Freud to Wilhelm Fliess*, p. 440.
33. Schur, *Freud*, p. 430.
34. Freud, *The Letters of Sigmund Freud and Arnold Zweig*, p. 101.
35. Nicholi, *The Harvard Guide to Psychiatry*, p. 292.
36. Jones, *The Life and Work of Sigmund Freud*, vol. III, p. 68.
37. Freud, *Civilization and Its Discontents*, in *The Standard Edition of the Complete Psychological Works*, vol. XXI, p. 88.
38. Freud, *Psychoanalysis and Faith*, pp. 132–34.
39. Lewis, *The Letters of C. S. Lewis to Arthur Greeves*, pp. 55–56.
40. Lewis, *Surprised by Joy*, p. 23.
41. Lewis, *Surprised by Joy*, pp. 63–66.
42. Lewis, *Surprised by Joy*, pp. 62–66.
43. Lewis, *Surprised by Joy*, pp. 62–66.
44. Lewis, *Surprised by Joy*, p. 115.
45. Lewis, *Surprised by Joy*, pp. 114–15.
46. Lewis, *Surprised by Joy*, p. 114–17.
47. Glover, *C. S. Lewis*, pp. 32–33.
48. Lewis, *Surprised by Joy*, p. 233.
49. Lewis, *The Letters of C. S. Lewis to Arthur Greeves*, p. 26.
50. Lewis, *The Letters of C. S. Lewis to Arthur Greeves*, p. 477.
51. Lewis, *The Weight of Glory*, p. 15.
52. Freud, *Letters of Sigmund Freud*, p. 4.
53. Freud, *Letters of Sigmund Freud*, p. 175.
54. Freud, *Letters of Sigmund Freud*, p. 127.

55. Jones, *The Life and Work of Sigmund Freud*, vol. II, p. 347.

56. Jones, *The Life and Work of Sigmund Freud*, vol. II, p. 400.

57. Freud, *An Autobiographical Study*, in *The Standard Edition of the Complete Psychological Works*, vol. XX, p. 49.

58. Gay, *Freud*, p. 571.

59. Lewis, *They Asked for a Paper*, p. 123.

60. Lewis, *The Letters of C. S. Lewis to Arthur Greeves*, p. 339.

61. Lewis, *The Letters of C. S. Lewis to Arthur Greeves*, pp. 379–80.

62. Lewis, *Mere Christianity*, bk. III, ch. 8.

63. Lewis, *Mere Christianity*, bk. III, ch. 8.

64. Lewis, *Preface to Paradise Lost*, pp. 70–71.

65. Lewis, *Letters, C. S. Lewis–Don Giovanni Calabria*, pp. 51–53.

66. Koenig, H. G., L. K. George, and B. L. Peterson, "Religiosity and remission of depression in medically ill older patients." *Am J Psychiatry* 155, no. 4 (April 1998): 536–92.

67. Freud, *Civilization and Its Discontents*, in *The Standard Edition of the Complete Psychological Works*, vol. XXI, p. 88.

68. Lewis, *The Letters of C. S. Lewis to Arthur Greeves*, p. 49.

六、性

1. Freud, *An Outline of Psychoanalysis*, in *The Standard Edition of the Complete Psychological Works*, vol. XXIII, p. 152.127.

2. Freud, *An Autobiographical Study*, in *The Standard Edition of the Complete Psychological Works*, vol. XX, p. 38.

3. Freud, *Group Psychology and the Analysis of the Ego*, in *The Standard Edition of the Complete Psychological Works*, vol. XVIII, p. 91.

4. Freud, *The Freud/Jung Letters*, p. 28.

5. Jones, *The Life and Work of Sigmund Freud*, vol. I, p. 350.

6. Freud, *An Outline of Psychoanalysis*, in *The Standard Edition of the Complete Psychological Works*, vol. XXIII, pp. 153–54.

7. Freud, *An Outline of Psychoanalysis*, in *The Standard Edition of the Complete Psychological Works*, vol. XXIII, p. 154.

8. Freud, *An Outline of Psychoanalysis*, in *The Standard Edition of the Complete Psychological Works*, vol. XXIII, p. 154.

9. Freud, *The Complete Letters of Sigmund Freud to Wilhelm Fliess*, p. 272.

10. Freud, *An Outline of Psychoanalysis*, in *The Standard Edition of the Complete Psychological Works*, vol. XXIII, pp. 148–49.

11. Freud, *The Question of Lay Analysis*, in *The Standard Edition of the Complete Psychological Works*, vol. XX, p. 209.

12. Freud, *The Complete Correspondence of Sigmund Freud and Ernest Jones*, p. 32.

13. Freud, *Civilization and Its Discontents*, in *The Standard Edition of the Complete Psychological Works*, vol. XXI, p. 104.

14. Freud, *The Sexual Enlightenment of Children*, in *The Standard Edition of the Complete Psychological Works*, vol. IX, p. 137.

15. Freud, *Two Encyclopaedia Articles*, in *The Standard Edition of the Complete Psychological Works*, vol. XVIII, p. 252.

16. Freud, *On the Universal Tendency to Debasement in the Sphere of Love*, in *The Standard Edition of the Complete Psychological Works*, vol. XI, p. 188.

17. Jones, *The Life and Work of Sigmund Freud*, vol. III, pp. 163–64.

18. Nicholi, *The Harvard Guide to Psychiatry*, pp. 19–22.

19. Freud, *An Autobiographical Study*, in *The Standard Edition of the Complete Psychological Works*, vol. XX, p. 27.

20. Freud, *Further Recommendations on Technique*, in *The Standard Edition of the Complete Psychological Works*, vol. XII, p. 169.

21. Lewis, *Mere Christianity*, bk. III, ch. 4.

22. Lewis, *Mere Christianity*, bk. III, ch. 5.

23. Lewis, *Mere Christianity*, bk. III, ch. 5.

24. Lewis, *Mere Christianity*, bk. III, ch. 5.

25. Lewis, *Mere Christianity*, bk. III, ch. 5.

26. Lewis, *Mere Christianity*, bk. III, ch. 5.

27. Lewis, *Mere Christianity*, bk. III, ch. 5.

28. Lewis, *Mere Christianity*, bk. III, ch. 5.

29. Lewis, *Mere Christianity*, bk. III, ch. 5.

30. Lewis, *Mere Christianity*, bk. III, ch. 5.

31. Lewis, *The Four Loves*, p. 131.

32. Lewis, *The Four Loves*, pp. 131–32.

33. Lewis, *The Four Loves*, p. 133.

34. Lewis, *The Four Loves*, p. 133.

35. Lewis, *The Four Loves*, p. 133.

36. Lewis, *The Four Loves*, p. 136.

37. Lewis, *The Four Loves*, p. 136.

38. Freud, *Civilization and Its Discontents*, in *The Standard Edition of the Complete Psychological Works*, vol. XXI, p. 66.

39. Lewis, *The Four Loves*, p. 139.

40. Lewis, *They Asked for a Paper*, pp. 129–30.

41. Lewis, *The Four Loves*, p. 141.

42. Lewis, *The Four Loves*, p. 140.

43. Lewis, *Mere Christianity*, bk. III, ch. 6.

44. Jones, *The Life and Work of Sigmund Freud*, vol. II, pp. 416–18.

45. Letter to Martha Bernays dated October 28, 1883, in E. Freud, "Some Early Unpublished Letters of Freud."

46. Freud, *The Letters of Sigmund Freud to Eduard Silberstein*, p. 153.

47. Jones, *The Life and Work of Sigmund Freud*, vol. I, pp. 175–77.

48. Jones, *The Life and Work of Sigmund Freud*, vol. II, p. 421.

49. Jones, *The Life and Work of Sigmund Freud*, vol. I, p. 134.

50. Jones, *The Life and Work of Sigmund Freud*, vol. I, p. 112.

51. Jones, *The Life and Work of Sigmund Freud*, vol. I, p. 102.

52. Gay, *Freud*, p. 38.

53. Jones, *The Life and Work of Sigmund Freud*, vol. II, p. 241.

54. Jones, *The Life and Work of Sigmund Freud*, vol. I, p. 148.

55. Freud, *The Complete Letters of Sigmund Freud to Wilhelm Fliess*, p. 54.

56. Freud, *Some Neurotic Mechanisms in Jealousy, Paranoia, and Homosexuality*, in *The Standard Edition of the Complete Psychological Works*, vol. XVIII, p. 228.

57. Freud, *Contributions to a Discussion on Masturbation*, in *The Standard Edition of the Complete Psychological Works*, vol. XII, p. 252.

58. Freud, *"Civilized" Sexual Morality and Modern Nervous Illness*, in *The Standard Edition of the Complete Psychological Works*, vol. IX, p. 198.

59. Freud, *New Introductory Lectures on Psychoanalysis*, in *The Standard Edition of the Complete Psychological Works*, vol. XXII, p. 127.

60. Nicholi, *The New Harvard Guide to Psychiatry*, p. 214.

61. Freud, *Abstracts of the Scientific Writings of Dr. Sigm. Freud*, in *The Standard Edition of the Complete Psychological Works*, vol. III, p. 251.

62. Freud, *Extracts from the Fliess Papers*, in *The Standard Edition of the Complete Psychological Works*, vol. I, p. 267.

63. Freud, *The Complete Correspondence of Sigmund Freud and Ernest Jones*, p. 294.

64. Lewis, *Surprised by Joy*, pp. 68–69.

65. Lewis, *The Letters of C. S. Lewis to Arthur Greeves*, p. 66.

66. Lewis, *The Letters of C. S. Lewis to Arthur Greeves*, p. 424.

67. Lewis, *The Letters of C. S. Lewis to Arthur Greeves*, p. 424.

68. Lewis, *Surprised by Joy*, p. 69.

69. Lewis, *The Problem of Pain*, pp. 37–40.

70. Lewis, *The Letters of C. S. Lewis to Arthur Greeves*, p. 214.

71. Lewis, *The Letters of C. S. Lewis to Arthur Greeves*, p. 221.

72. Sayer, *Jack*, p. 68.

73. Davidman, "The Longest Way Round," p. 23.

74. Lewis, *The Letters of C. S. Lewis to Arthur Greeves*, p. 534.

75. Green and Hooper, *C. S. Lewis*, p. 269.

76. Green and Hooper, *C. S. Lewis*, p. 269.

77. Nicholi, "A New Dimension of the Youth Culture," *American Journal of*

Psychiatry, 131: 396-401, 1974.

78. Lewis, *Mere Christianity*, bk. III, ch. 5.

七、愛

1. Freud, *Civilization and Its Discontents*, in *The Standard Edition of the Complete Psychological Works*, vol. XXI, p. 102.

2. Freud, *Civilization and Its Discontents*, in *The Standard Edition of the Complete Psychological Works*, vol. XXI, p. 103.

3. Freud, *Two Encyclopaedia Articles*, in *The Standard Edition of the Complete Psychological Works*, vol. XVIII, p. 258.

4. Freud, *Group Psychology and the Analysis of the Ego*, in *The Standard Edition of the Complete Psychological Works*, vol. XVIII, p. 90.

5. Freud, *Group Psychology and the Analysis of the Ego*, in *The Standard Edition of the Complete Psychological Works*, vol. XVIII, p. 90.

6. Freud, *Group Psychology and the Analysis of the Ego*, in *The Standard Edition of the Complete Psychological Works*, vol. XVIII, p. 91.

7. Freud, *Group Psychology and the Analysis of the Ego*, in *The Standard Edition of the Complete Psychological Works*, vol. XVIII, p. 101.

8. Freud, *Group Psychology and the Analysis of the Ego*, in *The Standard Edition of the Complete Psychological Works*, vol. XVIII, p. 101.

9. Freud, *Some Reflections on Schoolboy Psychology*, in *The Standard Edition of the Complete Psychological Works*, vol. XIII, p. 243.

10. Nicholi, *The Harvard Guide to Psychiatry*, p. 13.

11. Freud, *An Outline of Psychoanalysis*, in *The Standard Edition of the Complete Psychological Works*, vol. XXIII, p. 174.

12. Freud, *The Freud Jung Letters*, pp. 12–13.

13. Lewis, *The Four Loves*, p. 11.

14. Lewis, *The Four Loves*, p. 33.

15. Lewis, *The Four Loves*, p. 49.

16. Lewis, *The Letters of C. S. Lewis*, p. 256.

17. Lewis, *The Four Loves*, pp. 53–54.

18. Lewis, *The Four Loves*, pp. 56–57.

19. Lewis, *The Four Loves*, p. 56.

20. Lewis, *The Four Loves*, p. 56.

21. Lewis, *The Four Loves*, pp. 54–56.

22. Lewis, *The Four Loves*, p. 67.

23. Lewis, *The Four Loves*, p. 68.

24. Lewis, *The Four Loves*, p. 66.

25. Lewis, *The Four Loves*, p. 80.

26. Lewis, *The Four Loves*, pp. 82–83.

27. Lewis, *The Four Loves*, p. 88.

28. Lewis, *The Four Loves*, pp. 88–90.

29. Lewis, *The Four Loves*, p. 91.

30. Lewis, *The Four Loves*, pp. 98–99.

31. Lewis, *The Four Loves*, pp. 104–105.

32. Lewis, *The Four Loves*, p. 118.

33. Lewis, *Mere Christianity*, bk. III, ch. 8.

34. Lewis, *The Weight of Glory*, pp. 55–66.

35. Lewis, *The Weight of Glory*, p. 60.

36. Lewis, *The Weight of Glory*, p. 65.

37. Freud, *Civilization and Its Discontents*, in *The Standard Edition of the Complete Psychological Works*, vol. XXI, p. 102.

38. Freud, *Civilization and Its Discontents*, in *The Standard Edition of the Complete Psychological Works*, vol. XXI, pp. 109–10.

39. Freud, *Civilization and Its Discontents*, in *The Standard Edition of the Complete Psychological Works*, vol. XXI, p. 110.

40. Freud, *Civilization and Its Discontents*, in *The Standard Edition of the Complete Psychological Works*, vol. XXI, p. 111.

41. Freud, *Civilization and Its Discontents*, in *The Standard Edition of the Complete Psychological Works*, vol. XXI, p. 112.

42. Lewis, *Mere Christianity*, bk. III, ch. 7.

43. Wortis, J., "Fragments of a Freudian Analysis." *American Journal of Orthopsychiatry* 10 (1940): 843–49.

44. Freud, *The Correspondence of Sigmund Freud and Sándor Ferenczi*, p. 457.

45. Jones, *The Life and Work of Sigmund Freud*, vol. II, p. 33.

46. Abraham and Freud, *A Psychoanalytic Dialogue*, letter from Freud dated December 26, 1908.

47. Hale, *James Jackson Putnam and Psychoanalysis*, p. 175.

48. Freud, *The Complete Correspondence of Sigmund Freud and Ernest Jones*, p. 190.

49. Freud, *The Correspondence of Sigmund Freud and Sándor Ferenczi*, p. 433.

50. Hale, *James Jackson Putnam and Psychoanalysis*, p. 189.

51. Abraham and Freud, *A Psychoanalytic Dialogue*, letter from Freud dated July 26, 1914.

52. Binswanger, *Sigmund Freud*, p. 9.

53. Freud, *An Autobiographical Study*, in *The Standard Edition of the Complete Psychological Works*, vol. XX, p. 53.

54. Jones, *The Life and Work of Sigmund Freud*, vol. II, p. 182.

55. Freud, *Psychoanalysis and Faith*, pp. 61–62.

56. Freud, *Psychoanalysis and Faith*, letter from Pfister dated December 25, 1920.

57. Freud, *Civilization and Its Discontents*, in *The Standard Edition of the Complete Psychological Works*, vol. XXI, p. 112.

58. Freud, *Civilization and Its Discontents*, in *The Standard Edition of the Complete Psychological Works*, vol. XXI, p. 111.

59. Lewis, *The Four Loves*, p. 168.

60. Lewis, *Surprised by Joy*, p. 100.

61. Lewis, *Surprised by Joy*, p. 110.

62. Lewis, *All My Road Before Me*, p. 23.

63. Lewis, *All My Road Before Me*, p. 24.

64. Lewis, *All My Road Before Me*, p. 71.

65. Lewis, *All My Road Before Me*, p. 73.
66. Lewis, *All My Road Before Me*, p. 85.
67. Lewis, *All My Road Before Me*, p. 91.
68. Lewis, *All My Road Before Me*, p. 91.
69. Lewis, *All My Road Before Me*, p. 92.
70. Lewis, *All My Road Before Me*, p. 108.
71. Lewis, *All My Road Before Me*, p. 419.
72. Lewis, *The Letters of C. S. Lewis*, p. 242.
73. Lewis, letter to Dom Bede Griffiths dated May 17, 1952 (unpublished), Marion E. Wade Center, Wheaton College, Wheaton, Ill., and Bodleian Library, Oxford University. Used by permission.
74. Kenneth Tynan in *The New Yorker*, August 14, 2000, p. 65.
75. Lewis, *The Weight of Glory*, p. 15.
76. Lewis, *The Weight of Glory*, p. 15.

八、苦

1. Freud, *The Interpretation of Dreams*, in *The Standard Edition of the Complete Psychological Works*, vol. IV, p. 196.
2. Freud, *An Autobiographical Study*, in *The Standard Edition of the Complete Psychological Works*, vol. XX, p. 9.
3. Jones, *The Life and Work of Sigmund Freud*, vol. II, p. 149.
4. Freud, *On the History of the Psychoanalytic Movement*, in *The Standard Edition of the Complete Psychological Works*, vol. XIV, pp. 39–40.
5. Abraham and Freud, *A Psychoanalytic Dialogue*, letter from Freud dated July 23, 1908.
6. Letter from Freud to L. Binswanger dated July 29, 1912.
7. Freud, *An Autobiographical Study*, in *The Standard Edition of the Complete Psychological Works*, vol. XX, p. 49.
8. Freud, *A Phobia in a Five-Year-Old Boy*, in *The Standard Edition of the Complete Psychological Works*, vol. X, p. 36.

9. Freud, *Moses and Monotheism*, in *The Standard Edition of the Complete Psychological Works*, vol. XXIII, pp. 90–92.

10. Freud, *Moses and Monotheism*, in *The Standard Edition of the Complete Psychological Works*, vol. XXIII, pp. 90–92.

11. Yerushalmi, *Freud's Moses*, p. 54.

12. Freud, *Shorter Writings*, in *The Standard Edition of the Complete Psychological Works*, vol. XXIII, p. 301.

13. Freud, *The Complete Correspondence of Sigmund Freud and Ernest Jones*, p. 521.

14. Schur, *Freud*, p. 351.

15. Deutsch, F., "Reflections on Freud's One Hundredth Birthday." *Psychosom Med* 18 (1956): 279–83.

16. Jones, *The Life and Work of Sigmund Freud*, vol. III, p. 94.

17. Freud, *Psychoanalysis and Faith*, p. 123.

18. Freud, *The Question of a Weltanschauung*, in *The Standard Edition of the Complete Psychological Works*, vol. XXII, p. 167.

19. Lewis, *Surprised by Joy*, pp. 18–19.

20. Lewis, *Surprised by Joy*, pp. 20–21.

21. Lewis, *The Letters of C. S. Lewis*, p. 166.

22. Lewis, *Surprised by Joy*, p. 195.

23. Lewis, *Surprised by Joy*, p. 195.

24. Lewis, *Surprised by Joy*, p. 196.

25. Lewis, *Surprised by Joy*, p. 196.

26. Sayer, *Jack*, p. 132.

27. Lewis, *A Grief Observed*, p. 1.

28. Lewis, *A Grief Observed*, p. 1.

29. Lewis, *A Grief Observed*, p. 1.

30. Lewis, *A Grief Observed*, p. 2.

31. Lewis, *A Grief Observed*, pp. 8–9.

32. Lewis, *A Grief Observed*, pp. 9–10.

33. Lewis, *A Grief Observed*, p. 20.

34. Lewis, *A Grief Observed*, p. 62.

35. Lewis, *A Grief Observed*, pp. 46–47.

36. Lewis, *A Grief Observed*, p. 67.

37. Lewis, *A Grief Observed*, pp. 4–5.

38. Lewis, *A Grief Observed*, pp. 50–51.

39. Lewis, *A Grief Observed*, p. 7.

40. Lewis, *A Grief Observed*, p. 54.

41. Lewis, *A Grief Observed*, p. 71.

42. Lewis, *A Grief Observed*, pp. 80–81.

43. Lewis, *A Grief Observed*, p. 61.

44. Lewis, *The Problem of Pain*, pp. 110–11.

45. Jones, *The Life and Work of Sigmund Freud*, vol. II, pp. 416–18.

46. Freud, *An Outline of Psychoanalysis*, in *The Standard Edition of the Complete Psychological Works*, vol. XXIII, p. 201.

47. Freud, *The Future of an Illusion*, in *The Standard Edition of the Complete Psychological Works*, vol. XXI, p. 16.

48. Freud, *The Future of an Illusion*, in *The Standard Edition of the Complete Psychological Works*, vol. XXI, p. 16.

49. Freud, *The Question of a Weltanschauung*, in *The Standard Edition of the Complete Psychological Works*, vol. XXII, p. 167.

50. Freud, *The Question of a Weltanschauung*, in *The Standard Edition of the Complete Psychological Works*, vol. XXII, p. 167.

51. Lewis, *Mere Christianity*, bk. II, ch. 2.

52. Freud, *Civilization and Its Discontents*, in *The Standard Edition of the Complete Psychological Works*, vol. XXI, p. 120.

53. Lewis, *Mere Christianity*, bk. II, ch. 3.

54. Lewis, *Mere Christianity*, bk. II, ch. 3.

55. Lewis, *Mere Christianity*, bk. II, ch. 1.

56. Lewis, *The Problem of Pain*, p. 24.

57. Jones, *The Life and Work of Sigmund Freud*, vol. I, p. 175.

58. Jones, *The Life and Work of Sigmund Freud*, vol. I, p. 173.

59. Freud (quoting Goethe's *Faust*), in *The Freud/Jung Letters*, p. 260.

60. Vitz, *Sigmund Freud's Christian Unconscious*, p. 149; and Bakan, *Sigmund Freud and the Jewish Mystical Tradition*.

61. Freud, *A Seventeenth-Century Demonological Neurosis*, in *The Standard Edition of the Complete Psychological Works*, vol. XIX, p. 79.

62. Freud, *A Seventeenth-Century Demonological Neurosis*, in *The Standard Edition of the Complete Psychological Works*, vol. XIX, p. 81.

63. Lewis, *The Problem of Pain*, p. 26.

64. Lewis, *The Problem of Pain*, p. 28.

65. Lewis, *The Problem of Pain*, pp. 31–32.

66. Lewis, *The Problem of Pain*, pp. 32–34.

67. Lewis, *The Problem of Pain*, p. 40.

68. Lewis, *The Problem of Pain*, p. 46.

69. Lewis, *The Problem of Pain*, p. 47.

70. Lewis, *The Problem of Pain*, p. 89.

71. Lewis, *The Problem of Pain*, p. 69.

72. Lewis, *The Letters of C. S. Lewis to Arthur Greeves*, pp. 514–15.

73. Lewis, *The Problem of Pain*, p. 93.

74. Freud, *The Future of an Illusion*, in *The Standard Edition of the Complete Psychological Works*, vol. XXI, pp. 49–50.

75. Freud, *The Complete Correspondence of Sigmund Freud and Ernest Jones*, p. 646.

76. Freud, *The Complete Correspondence of Sigmund Freud and Ernest Jones*, p. 643.

77. Jones, *The Life and Work of Sigmund Freud*, vol. III, p. 19.

78. Lewis, *The Problem of Pain*, p. 15.

79. Freud, *Civilization and Its Discontents*, in *The Standard Edition of the Complete Psychological Works*, vol. XXI, p. 85.

九、死亡

1. Freud, *Totem and Taboo*, in *The Standard Edition of the Complete Psychological Works*, vol. XIII, p. 87.

2. Freud, *The Complete Letters of Sigmund Freud to Wilhelm Fliess*, p. 268.

3. Freud, *Interpretation of Dreams*, in *The Standard Edition of the Complete Psychological Works*, vol. IV, p. 205.

4. Jones, *The Life and Work of Sigmund Freud*, vol. II, p. 368.

5. Freud, *Thoughts for the Times on War and Death*, in *The Standard Edition of the Complete Psychological Works*, vol. XIV, p. 299.

6. Freud, *Thoughts for the Times on War and Death*, in *The Standard Edition of the Complete Psychological Works*, vol. XIV, p. 296.

7. Freud, *Thoughts for the Times on War and Death*, in *The Standard Edition of the Complete Psychological Works*, vol. XIV, p. 289.

8. Freud, *The Complete Letters of Sigmund Freud to Wilhelm Fliess*, p. 85.

9. Freud, *An Autobiographical Study*, in *The Standard Edition of the Complete Psychological Works*, vol. XX, p. 52.

10. Freud, *The Letters of Sigmund Freud to Eduard Silberstein*, p. 185.

11. Freud, *Lou AndreasSalomé, Briefwechsel*, pp. 47–48 (translation F. Lee).

12. Freud, *Letters of Sigmund Freud*, p. 339.

13. Freud, *The Freud/Jung Letters*, p. 219.

14. Jones, *The Life and Work of Sigmund Freud*, vol. II, p. 194.

15. Freud, *Letters of Sigmund Freud*, p. 434.

16. Freud, *The Complete Letters of Sigmund Freud to Wilhelm Fliess*, p. 181.

17. Jones, *The Life and Work of Sigmund Freud*, vol. III, p. 279.

18. Freud, *The Interpretation of Dreams*, in *The Standard Edition of the Complete Psychological Works*, vol. IV, p. 254.

19. Lewis, *Surprised by Joy*, pp. 170–73.

20. Freud, *The Complete Letters of Sigmund Freud to Wilhelm Fliess*, p. 201.

21. Freud, *The Complete Letters of Sigmund Freud to Wilhelm Fliess*, p. 202.

22. Freud, *Letters of Sigmund Freud*, pp. 326–27.

23. Schur, *Freud*, p. 329.

24. Freud, *Letters of Sigmund Freud*, p. 386.

25. Jones, *The Life and Work of Sigmund Freud*, vol. III, p. 20.

26. Freud, *Letters of Sigmund Freud*, p. 344.

27. Schur, *Freud*, p. 360.

28. Jones, *The Life and Work of Sigmund Freud*, vol. III, p. 152.

29. Freud, *The Complete Letters of Sigmund Freud to Wilhelm Fliess*, p. 344.

30. Schur, *Freud*, p. 514.

31. Balzac, *The Wild Ass's [Fatal] Skin*, London: J. M. Dent & Sons, 1960, p. 10.

32. Schur, *Freud*, p. 528.

33. Lewis, *The Letters of C. S. Lewis to Arthur Greeves*, p. 128.

34. Lewis, *The Screwtape Letters*, pp. 99–100.

35. Lewis, *Miracles*, pp. 129–30.

36. Lewis, *Mere Christianity*, bk. III, ch. 4.

37. Lewis, *The Letters of C. S. Lewis*, p. 308.

38. Lewis, *The Letters of C. S. Lewis to Arthur Greeves*, pp. 436–37.

39. Lewis, *Surprised by Joy*, pp. 197–98.

40. Lewis, *The Letters of C. S. Lewis*, p. 166.

41. Lewis, *The Weight of Glory*, p. 31.

42. Lewis, *The Screwtape Letters*, pp. 31–32.

43. Lewis, *The Letters of C. S. Lewis*, p. 59.

44. Lewis, *The Letters of C. S. Lewis*, p. 137.

45. Lewis, *Surprised by Joy*, p. 215.

46. Lewis, *The Letters of C. S. Lewis*, p. 293.

47. Lewis, *A Grief Observed*, p. 16.

48. Lewis, *A Grief Observed*, p. 12.

49. Lewis, *A Grief Observed*, pp. 58–59.

50. Lewis, *Letters to an American Lady*, pp. 67–69.

51. Lewis, *Letters to an American Lady*, pp. 80–81.

52. Lewis, *Letters to an American Lady*, pp. 111–12.

53. Lewis, *Letters to an American Lady*, p. 114.

54. Lewis, *The Letters of C. S. Lewis to Arthur Greeves*, p. 566.

55. Lewis, *The Letters of C. S. Lewis*, p. 307.

56. Sayer, *Jack*, pp. 407–408.

57. Green and Hooper, *C. S. Lewis*, p. 295.

58. Sayer, *Jack*, p. 408.

59. Wilson, *C. S. Lewis*, p. 292.

60. David Cower in Pierre Choderlos de Laclos, *Les Liaisons Dangereuses*, Oxford: Oxford University Press, 1995, p. xxx.

61. Como, *C. S. Lewis at the Breakfast Table*, p. 104.

62. Lewis, *Letters to an American Lady*, pp. 80–81.

63. Letter from Warren H. Lewis to Mrs. Frank J. Jones dated December 7, 1963 (unpublished), Marion E. Wade Center, Wheaton College, Wheaton, Ill., and Bodleian Library, Oxford University. Used by permission.

後記

1. Jones, *The Life and Work of Sigmund Freud*, vol. III, p. 131.

2. Jones, *The Life and Work of Sigmund Freud*, vol. III, p. 140.

3. Lewis, *A Grief Observed*, pp. 76–77.

4. Lewis, *Letters to Malcolm*, p. 75.

BIBLIOGRAPHY

參考書目

Abraham, H. C., and E. L. Freud (eds.). *A Psychoanalytic Dialogue: The Letters of Sigmund Freud and Karl Abraham, 1907–1926*. Translated by B. Marsh and H. C. Abraham. New York: Basic Books, 1965.

Allport, G. W., and J. M. Ross. "Personal religious orientation and prejudice." *J Pers Soc Psychol* 5, no. 4 (April 1967): 432–43.

American Psychiatric Association. *Diagnostic and Statistical Manual of Mental Disorders* (DSM-IV). 4th ed. Washington, D.C., 1994.

Bakan, D. *Sigmund Freud and the Jewish Mystical Tradition*. Princeton, N.J.: Van Nostrand, 1958.

Barondes, S. H. *Mood Genes: Hunting for Origins of Mania and Depression*. New York: Oxford University Press, 1999.

Binswanger, L. *Sigmund Freud: Reminiscences of a Friendship*. New York and London: Grune and Stratton, 1957.

Bonaparte, M., A. Freud, and E. Kris, (eds.). *The Origins of Psycho-Analysis*. Translated by Eric Mossbacher and James Strachey. New York: Basic Books, 1954.

Chesterton, G. K. *The Everlasting Man*. Garden City, N.Y.: Image Books, 1955.

Como, J. T. (ed.) *C. S. Lewis at the Breakfast Table and Other Reminiscences*. San Diego, Calif.: Harcourt Brace Jovanovich, 1979.

Davidman, Joy. "The Longest Way Round," in *These Found the Way*, edited by D. W. Soper. Philadelphia: Westminster, 1951.

Erikson, Erik H. *Young Man Luther*. New York: Norton, 1958.

Feuerbach, L. *The Essence of Christianity*. Translated by George Eliot. Buffalo, N.Y.: Prometheus Books, 1989.

Freud, E. "Some Early Unpublished Letters of Freud," in *International Journal of Psychiatry* (1969): 419–27.

Freud, S. *The Complete Correspondence of Sigmund Freud and Ernest Jones, 1908–1939*. Edited by R. Andrew Paskauskas. Cambridge, Mass.: Belknap Press of the Harvard University Press, 1993.

_____. *The Complete Letters of Sigmund Freud to Wilhelm Fliess, 1887–1904*. Edited by J. M. Masson. Cambridge, Mass.: Belknap Press of the Harvard University Press, 1985.

_____. *The Correspondence of Sigmund Freud and Sándor Ferenczi*. Edited by Eva Brabant, Ernst Falzeder, and Patrizia Giampieri-Deutsch. Cambridge, Mass.: Belknap Press of the Harvard University Press, 1993.

_____. *The Freud/Jung Letters*. Edited by William McGuire. Princeton, N.J.: Princeton University Press, 1974.

_____. *Letters of Sigmund Freud*. Edited by Ernst L. Freud. New York: Dover Publications, 1992.

_____. *The Letters of Sigmund Freud and Arnold Zweig*. Edited by Ernst L. Freud. New York: Harcourt, Brace, 1970.

_____. *The Letters of Sigmund Freud to Eduard Silberstein, 1871–1881*. Edited by Walter Boehlich. Cambridge, Mass.: Belknap Press of the Harvard University Press, 1990.

_____. *Lou Andreas-Salomé, Briefwechsel*. Published by Ernst Pfeiffer. Frankfurt am Main: S. Fischer Verlag, 1966.

_____. *Psychoanalysis and Faith: The Letters of Sigmund Freud and Oskar Pfister*. Edited by Heinrich Meng and Ernst L. Freud. New York: Basic Books, 1963.

_____. *The Standard Edition of the Complete Psychological Works of Sigmund Freud*. Translated under the general editorship of James Strachey in collaboration with Anna Freud, assisted by Alix Strachey and Alan Tyson. 24 vols. London: The Hogarth Press, 1962.

Gallup, George, George Gallup, Jr., and D. Michael Lindsay. *Surveying the Religious Landscape: Trends in U.S. Beliefs.* Morehouse Publishing, 1999.

Gallup, George, and Timothy Jones. *The Next American Spirituality: Finding God in the Twenty-first Century.* Colorado Springs, Colo.: Cook Communications, 2000.

Gay, P. *Freud: A Life for Our Times.* New York: Doubleday, 1988.

_____. *A Godless Jew: Freud, Atheism, and the Making of Psychoanalysis.* New Haven, Conn.: Yale University Press, 1987.

Gilman, S. L. *The Case of Sigmund Freud.* Baltimore: Johns Hopkins University Press, 1993.

Glover, D. E. *C. S. Lewis: The Art of Enchantment.* Athens, Ohio: Ohio University Press, 1981.

Green, R. L., and W. Hooper. *C. S. Lewis: A Biography.* New York: Harcourt Brace Jovanovich, 1974.

Griffin, W. *Clive Staples Lewis: A Dramatic Life.* San Francisco: Harper and Row, 1986.

Hale, Nathan G. (ed.). *James Jackson Putnam and Psychoanalysis.* Translated by J. B. Heller. Cambridge, Mass.: Harvard University Press, 1971.

Jones, E. *The Life and Work of Sigmund Freud.* Vol. I: *The Formative Years and the Great Discoveries* (1856–1900); Vol. II: *Years of Maturity* (1901–1919); and Vol. III: *The Last Phase* (1919–1939). New York: Basic Books, 1957.

Kung, H. *Freud and the Problem of God.* New Haven, Conn.: Yale University Press, 1979.

Lewis, C. S. *The Abolition of Man.* New York: Macmillan, 1947.

_____. *All My Road Before Me: The Diary of C. S. Lewis, 1922–1927.* Edited by Walter Hooper. San Diego, Calif.: Harcourt Brace Jovanovich, 1991.

_____. *The Four Loves.* New York: Harcourt, Brace, 1960.

_____. *God in the Dock: Essays on Theology and Ethics.* Edited by Walter Hooper. Grand Rapids, Mich.: William B. Eerdmans Publishing Company, 1970.

_____. *A Grief Observed*. New York: Bantam Books, 1961.

_____. *Letters to an American Lady*. Edited by Clyde S. Kilby. Grand Rapids, Mich.: William B. Eerdmans Publishing Company, 1967.

_____. *The Letters of C. S. Lewis*. Edited with a memoir by W. H. Lewis. New York: Harcourt, Brace, 1966. (See also the revised and expanded edition by Walter Hooper; San Diego, Calif.: Harcourt, Brace, 1993).

_____. *The Letters of C. S. Lewis to Arthur Greeves (1914–1963)*. Edited by Walter Hooper. New York: Collier Books, 1979.

_____. *Letters, C. S. Lewis–Don Giovanni Calabria: A Study in Friendship*. Translated and edited by Martin Moynihan. Ann Arbor, Mich.: Servant Books, 1988.

_____. *Letters to Malcolm: Chiefly on Prayer*. New York: Harcourt, Brace, 1964.

_____. *Mere Christianity*. Westwood, N.J.: Barbour and Company, 1952.

_____. *Miracles: A Preliminary Study*. New York: Macmillan, 1947.

_____. *A Preface to Paradise Lost*. London: Oxford University Press, 1970.

_____. *The Problem of Pain*. New York: Collier Books, 1962.

_____. *The Screwtape Letters, with Screwtape Proposes a Toast*. Revised edition. New York: Collier Books, 1982.

_____. *Surprised by Joy: The Shape of My Early Life*. San Diego, Calif.: Harcourt Brace Jovanovich, 1956.

_____. *They Asked for a Paper: Papers and Addresses*. London: Geoffrey Bles, 1962.

_____. *They Stand Together: The Letters of C. S. Lewis to Arthur Greeves (1914–1963)*. Edited by Walter Hooper. New York: Macmillan, 1979.

_____. *The Weight of Glory and Other Addresses*. Grand Rapids, Mich.: William B. Eerdmans Publishing Company, 1949.

Newberg, Andrew B., Eugene d'Aquili, and Vince Rause. *Why God Won't Go Away: Brain Science and the Biology of Belief*. New York: Ballantine Books, 2001.

Nicholi, A. M. "A New Dimension of the Youth Culture." *Am J Psych* 131 (1974):

396–401.

Nicholi, A. M. (ed.) *The Harvard Guide to Psychiatry*. Cambridge, Mass.: Belknap Press of the Harvard University Press, 1999.

_____. *The New Harvard Guide to Psychiatry*. Cambridge, Mass.: Belknap Press of the Harvard University Press, 1988.

Sayer, G. *Jack: A Life of C. S. Lewis*. Wheaton, Ill.: Crossway Books, 1994.

Schur, M. *Freud: Living and Dying*. New York: International Universities Press, 1972.

Vitz, P. C. *Sigmund Freud's Christian Unconscious*. New York: Guilford Press, 1988.

Wilson, A. N. *C. S. Lewis: A Biography*. New York: Norton, 1990.

Wilson, James Q. *The Moral Sense*. New York: Free Press, 1993.

Yerushalmi, Yosef Hayim. *Freud's Moses: Judaism Terminable and Interminable*. New Haven, Conn.: Yale University Press, 1991.

ACKNOWLEDGMENTS

致謝

謹此感謝：

Dr. Vernon Grounds 對我的啟蒙，鼓勵我投身精神醫學的領域，在我專心撰寫此書時，贈我系列文章與書籍，多年未曾間斷。

Vester Hughes，二十多年前就建議我撰寫此書，並應允協助研究的展開。Howard 與 Barbara Dan Butt 的努力，使研究得以完成。Kenneth 與 Nancy McGee 多年來的支持與鼓勵，對此書的完成極為關鍵。

過去三十年來修我這門課的數百位學生，為我帶來靈感並給我督促。

Jeremy Fraiberg、Cathy Struve、Sandra Lee 及其他以前的學生，十五年來，協助整理佛洛伊德與路易斯的作品及書寫資料，其中有些還是上窮碧落下黃泉才蒐羅到的未經付梓資料。

Professor Peter Gomes 鼓勵我參與哈佛卓越講座（Harvard Noble Lectures），是為此書之開端。

惠頓學院（Wheaton College）偉德中心（Wade Center）的

Marjorie Mead，協助未付梓書信的蒐羅。

Victor Boutrous、Douglas Coe、Herbert Hess、Sally Frese、Paul Klassen、Jeremy Fraiberg、Drs. Chester Pierce 與 Irving Weisner 費心詳閱初稿。

Dean Overman 及一路走來給我鼓勵的許多朋友，包括 Marcia、Robin Brown 賢伉儷，Lessie、Brit Nicholson 賢伉儷，Jean、Jim Petersen 賢伉儷及 Rebecca Andy Wasynczuk 賢伉儷。

Simon and Schuster 資深編輯 Bruce Nichols，提議將卓越講座講演內容擴充成一本書，並多次協助校正，並感謝其編輯團隊優越的編輯。

醫學哲學博士 Frederick Lee，我以前的醫學院學生，現任副教授，傑出的科學研究人員及貼心的醫師，朋友兼同事，得其大力協助，此書之撰寫方得以實現。

Index

索引

A

Abraham, 亞伯拉罕 94

Abraham, Karl, 卡爾‧亞伯拉罕 115, 185, 187

Acts of the Apostles, 使徒行傳 82

Adam, 亞當 94, 128

Adams, John, 約翰‧亞當斯 123

Addison, Joseph, 約瑟夫‧艾迪森 131

Adler, Alfred, 阿爾弗雷德‧阿德勒 185,

Adonis, 安東尼斯 90, 242

Aeneid (Virgil),《埃涅伊德》〔魏吉爾〕247

Agape, 聖愛 122, 148, 171-173, 183

Allegory of Love, The (Lewis),《愛情寓言》〔路易斯〕5, 171

Allport, Gordon W., 戈登‧艾爾波特 54

"Amazing Grace" (Newton),《奇異恩典》〔牛頓〕81

Ambition, happiness and, 快樂與野心 122-129

American Journal of Psychiatry,《美國精神醫學期刊》83

American Psychiatric Association, 美國精神病學會 83

code of ethics, 倫理規章 139

Anal stage of development, 肛門期 136

"Analysis of a Phobia in a Five-Year Old Boy" (Freud),〈一個五歲男孩恐懼症之分析〉〔佛洛伊德〕198

Anthropology, 人類學 71, 74

Anti-Semitism, 反猶太主義 20-22, 57, 186, 195-201

Aphrodite, 艾芙蘿黛蒂 147

Astronomy, 天文 3

Atheism 無神論

Freud and, 佛洛伊德與無神論 17-18, 39-41, 49, 53, 84, 152

Lewis and, 路易斯與無神論 4, 12, 27, 32-33, 35, 36, 39, 46, 48-52, 81, 83, 86, 87, 91, 118-120, 208, 215, 223, 231

Augustine, St., 奧古斯丁 81, 96

Austen, Jane, 奧斯丁 247

Autobiographical Study, An (Freud),
《佛洛伊德自傳》〔佛洛伊
德〕133

B

Babylonians, 巴比倫 63

Bacchus, 巴克斯 90

Balder, 巴爾德 90, 242

Balzac, Honoré, 巴爾札克 216, 237-
239

Barfield, Owen, 巴爾菲德 121

Berdach, Rachel, 拉菲爾 237-239

Bide, Peter, 拜德 163

Binswanger, Ludwig, 賓斯旺格 233

Bleuler, Eugen, 布魯勒 185

Bon, Gina, 吉娜‧波恩 157

Bonaparte, Marie, 瑪莉‧波拿巴
152

Boswell, James, 包斯威爾 91

Brentano, Franz, 布倫塔諾 17-18

Breuer, Josef, 布洛伊爾 22, 152, 184

Brill, Abraham, 布里爾 187

Brücke, Ernst, 布魯克 20

Buddha, 佛陀 92

Bunyan, Paul, 班揚 55, 96

C

Calso, Heinele, 海涅利 223, 233

Cambridge University, 劍橋大學 205

Candide (Voltaire),《憨第德》〔伏
爾泰〕107

Castration complex, 閹割恐懼 198,
199

Catholic Church, 天主教 13-14, 196

Chesterton, G.K., 切斯特頓 86, 92-
93

Childhood sexuality, 幼年性慾 24-
25, 133-138

Chinese, ancient, 中國 63

Chronicles of Narnia (Lewis),《納尼
亞傳奇》〔路易斯〕4

Circumcision, 割禮 198, 199

Civilization and Its Discontents
(Freud),《文明及其缺憾》〔佛
洛伊德〕44, 57, 73, 104, 110,
116, 137, 166, 213-215

Cleaver, Eldridge, 克里福 81

Cocaine, 古柯鹼 70, 114, 125

Cognitive behavior therapy, 認知行
為治療 115

Colson, Charles, 寇爾森 81

Communion, 聖餐 72

Confucius, 孔子 92

Conscience. 良知，參閱 Moral
conscience 道德良知

Conversion, 皈信 80-99, 129-131
Freud on, 佛洛伊德論皈信 81-
83, 98

of Lewis, 路易斯的皈信 36, 39, 80-89, 119-120, 126-129, 160, 192-193

Cowie, Miss, 考伊小姐 29

Creation, 創造 93-95, 221

D

Dangerous Acquaintances (Laclos), 《危險關係》〔德拉克洛〕 248-249

Dante Alighieri, 但丁 86, 247

Darwin, Charles, 達爾文 3, 42, 71, 74

David, 大衛 94

Day, Dorothy, 戴伊 81

Depression, 憂鬱症 102
 Freud and, 佛洛伊德與憂鬱症 70-71, 113-116, 131, 195
 incidence of, 憂鬱症的影響 201
 Lewis and, 路易斯與憂鬱症 116, 129, 205

Destructive instinct, 破壞本能 136

Deutsch, Felix, 德伊奇 201-203, 235

Deutsch, Helen, 海倫 235

Devil, the 魔鬼
 Freud on, 佛洛伊德論魔鬼 214-218
 Lewis on, 路易斯論魔鬼 216

Dickens, Charles, 狄更斯 247

Diderot, Denis, 狄德羅 42

Dionysius, 戴奧尼索斯 242

Divine Comedy (Dante Alighieri), 《神曲》〔但丁〕 247

Divorce, 離婚 143

Draper, John William, 德雷柏 19

Dumas, Alexander, 大仲馬 248

Dyson, H. V. V., 戴森 86, 95

E

Edwards, Jonathan, 愛德華茲 81

Ego, 自我 67, 71

Egyptians, ancient, 古埃及 63

Einstein, Albert, 愛因斯坦 2, 66, 252

Eitingon, Max, 艾丁根 187

Emperor, the Sages, and Death, The (Berdach), 《帝王、哲人與死亡》〔勃達奇〕 236

Enlightenment, 啟蒙運動 42

Epistemology, 認識論 60

"Epithalamium" (Freud), 〈新婚禮讚〉〔佛洛伊德〕 113

Erikson, Erik, 艾瑞克森 98

Eros (romantic love), 性慾、性愛〔情愛〕 136, 136-148, 166-168, 172, 176, 180, 183

Essence of Christianity, The (Feuerbach), 《基督教的本質》〔費爾巴哈〕 19

Eve 夏娃 94, 128

Everlasting Man (Chesterton),《永生之人》〔切斯特頓〕86, 92

Existential despair, 存在的絕望 130

Extrinsic religiosity, 外在型信仰 54

F

Fall, the, 墮落 94, 128, 221, 241

Fatal Skin (Balzac),《驢皮記》〔巴爾札克〕216, 237-239

Faust (Goethe),《浮士德》〔歌德〕216, 239

Federn, Paul, 保羅‧費德恩 185

Ferenczi, Sándor, 桑多爾‧費倫齊 125, 185, 187

Feuerbach, Ludwig, 費爾巴哈 18-19, 35, 42

Fichtl, Paula, 寶拉 200, 235

Fielding, Henry, 費爾丁 247

First International Psychoanalytical Congress, 國際精神分析大會 185

First Principles of Practical Reason, 實踐理性第一原則 64

Flaubert, Gustave, 福樓拜 216

Fliess, Wilhelm, 菲利斯 13, 23, 114, 155, 184, 230, 232

Fluss, Emil, 福勞斯 124

Fluss, Gisela, 吉莎拉‧福勒斯 113, 150, 158

Forgiveness, 赦免，寬恕 76, 92, 130

Four Loves, The (Lewis),《四種愛》〔路易斯〕144, 172

Francis of Assisi, St., 亞西西的聖方濟 181

Frazer, James, 弗雷澤 32

Free will, 自由意志 108, 214, 219, 222

Freud, Amalia Nathansohn, 艾瑪莉亞‧佛洛伊德 13, 15, 24, 49, 123, 154, 226, 230, 234

Freud, Anna, 安娜‧佛洛伊德 52, 155-157, 200, 202, 215, 239

Freud, Clement, 克萊蒙‧佛洛伊德 251

Freud, Jacob, 雅各‧佛洛伊德 13-16, 23, 49, 50, 123, 152, 155-156, 196, 230

Freud, Jill Fluett, 吉兒‧弗勒埃特 251

Freud, Julius, 朱利亞 13, 226

Freud, Martha Bernays, 瑪莎‧佛洛伊德 21-22, 114, 124-125, 150-155, 202, 232

Freud, Oliver, 奧利佛 156

Freud, Sigmund 佛洛伊德

　　ambition of, 佛洛伊德的抱負 122-126

　　anti-Semitism and, 佛洛伊德與反猶太主義 20-22, 57, 185-186, 195-201

as atheist, 無神論者佛洛伊德 17-19, 36-39, 53-55, 84

childhood of, 童年 13-16, 34-35, 50-51, 113, 123-124

on conversion, 論皈信 81-82, 98

death of, 佛洛伊德之死 216, 235-239

depression and, 佛洛伊德憂鬱症 70, 113-116, 131

on the devil, 論魔鬼 216-218

early religious experiences of, 早年宗教經驗 13-15, 43-45

on existence of God, 論上帝的存在 9, 17-18, 37-39, 42-45, 62

father, relationship with, 與父親的關係 14-15, 23-24, 48-51, 123, 232, 234, 255

Future of an Illusion by,《一個幻覺的未來》42, 43, 212, 222

on guilt, 論罪惡感 70-73, 76

on happiness, 論快樂 103-108, 113, 131

influences on, 影響佛洛伊德的人事物 15-18, 35

The Interpretation of Dreams by,《夢的解析》23, 123, 185, 196, 226, 229–231

Jung, relationship with, 與榮格的關係 185-187

on love, 論愛 133-136, 166-171, 175, 180-182

on masturbation, 論自慰 156

on moral conscience, 論道德良知 59-60, 65-78, 108

Moses and Monotheism by,《摩西與一神教》9, 53, 108, 198

Oedipus complex theory and, 戀母情結〔伊底帕斯情結〕23-24, 136, 218, 234

An Outline of Psychoanalysis by,《精神分析綱要》66, 212

on own behavior, 論自己的行為 68, 69, 75, 77

on pain and suffering, 論痛苦與磨難 194-200, 212-214, 222-224, 252

on parental authority, 論父母的權威 24, 43-45, 46, 49-50

pessimism and negativity of, 悲觀主義與負面思想 112, 116-117

relationships and, 人際關係 184-189, 192

on role of women, 論女性的角色 151

self-analysis of, 自我分析 123, 136, 226, 234

on sexuality, 論性 24-25, 68, 105-107, 132-145, 149

sexual life of, 佛洛伊德的性生活 149-157, 164-165

spiritual worldview, argument against, 反精神世界觀論點 37-38, 41-42, 54-56, 57

Totem and Taboo by,《圖騰與禁忌》43, 72, 73

transference and, 移情作用 140, 150, 170-171, 255

Freud, Sophie, 蘇菲・佛洛伊德 223, 232, 233

Friendship, 友情 172, 175-180, 187, 192

"Further Recommendations on Technique" (Freud),〈再論精神治療技術〉〔佛洛伊德〕140

Future of an Illusion (Freud),《一個幻覺的未來》〔佛洛伊德〕42, 44, 212, 222,

G

Gay, Peter, 彼得・蓋伊 19, 74, 154

Gilman, Sándor, 桑鐸爾・吉爾曼 20

God, existence of 上帝的存在
Freud on, 佛洛伊德的主張 9, 17-20, 37, 43-45, 62, 194,
Lewis on, 路易斯的主張 10, 47, 53, 61, 252-254

God in the Dock (Lewis),《上帝待審》〔路易斯〕110

Goethe, Johann Wolfgang von, 歌德 216, 239

Golden Bough (Frazer),《金枝》〔弗雷澤〕32

Gospel According to St. John, 約翰福音 72, 80, 95

Greeves, Arthur, 亞瑟・葛里夫斯 32, 39, 90, 96, 117, 121, 127, 158, 159, 240, 247

Gresham, Joy Davidman 喬伊, 參閱路易斯

Grief Observed, A (Lewis),《正視悲傷》〔路易斯〕121, 206, 219, 244

Group Psychology and the Analysis of the Ego (Freud),《群體心理學與自我的分析》〔佛洛伊德〕167

Guilt, 罪惡感 59, 67, 71-74, 76, 105

H

Hajek, Marcus, 馬庫斯・海耶克 202

Hallucinatory psychosis, 幻想型精神病 83, 98

Happiness, 快樂 102-131
ambition and, 快樂與野心 122-129
definitions of, 快樂的定義 103-104

Freud and, 佛洛伊德與快樂 104-108, 112, 131

Lewis and, 路易斯 108-109, 121, 131

Hegel, Georg Wilhelm Friedrich, 黑格爾 19

Heine, Heinrich, 海涅 237, 252

Heracles, 赫克力斯 33

Herbert, George, 喬治‧赫伯特 247

Hippocratic oath, 希波克拉底誓言 139

History of the Conflict Between Religion and Science (Draper), 《宗教與科學衝突史》〔德雷伯〕 19

History of the Warfare of Science with Technology in Christendom (White), 《科學與基督教神學爭鬥史》〔懷特〕 19

Hugo, Victor, 雨果 248

Hypnotism, 催眠術 140

I

Iliad (Homer), 《伊里亞德》〔荷馬〕 247, 248

Imitation of Christ, The (Thomas à Kempis), 《效法基督》〔湯瑪斯‧侃皮士〕 39

Incarnation, 道成肉身 93

Inklings, 淡墨會 191

Internalization, 內化 67

Interpretation of Dreams, The (Freud), 《夢的解析》〔佛洛伊德〕 23, 123, 185, 196, 226, 229-231

Intrinsic religiosity, 內在型信仰 54

J

James, William, 威廉‧詹姆斯 228

Jefferson, Thomas, 湯瑪斯‧傑佛遜 123

Jesus of Nazareth, 耶穌 38, 80, 92-96, 236, 241, 255

Johnson, Samuel, 約翰遜 86, 91

Jones, Ernest, 歐內斯特‧瓊斯 1, 21, 77, 137, 154, 157, 186, 187, 201, 223, 230, 232, 234

Jung, Carl G., 榮格 134, 171, 185, 217, 229

Freud, relationship with, 與佛洛伊德的關係 185-187

K

Kant, Immanuel, 康德 37, 61

Kirkpatrick, W. T., 寇克派崔克 26, 31, 117

L

Laclos, Pierre Choderlos de, 德拉克洛 248

Ladborough, Richard W., 拉伯洛 248

Lazarus, 拉撒路 236

Lazarus (Heine),《拉撒路》〔海涅〕237, 252

"Learning in Wartime" (Lewis),〈戰時所見〉〔路易斯〕243

Leonardo da Vinci, 達文西 43

Leviticus, 利未記 181

Lewis, Albert James, 亞伯特‧路易斯 25, 29, 50-51, 189

Lewis, C. S. 路易斯

on affection, 論情感 171-175

The Allegory of Love by,《愛情寓言》5, 171

ambition of, 路易斯的志向 126-129

as atheist, 無神論者時期 4, 12, 32-33, 36, 47, 49-53, 84-85, 86-87, 89-91, 95-96, 118, 214-215, 223, 231

autobiography of, 自傳 12, 25, 26, 39, 47, 51, 87, 117, 126, 130, 157, 164, 189, 203, 240, 244

Bible, study of, 對聖經的研究 89-91, 92, 121-123, 183, 222

birth of, 出生 25

childhood of, 童年 26-27, 35, 50, 116-117, 183

conversion of, 皈信 37, 39-40, 77, 80, 84-89, 119, 126-127, 127-129, 159-160, 192

on Dark Power, 論黑暗的力量 40, 214, 215

on death, 論死亡 225, 226, 240-246

death of, 路易斯之死 249-250

death of mother, 母親之死 28, 50, 203-204

death of wife, 妻子之死 206-208, depression and, 憂鬱症 116, 141, 205-216

on the devil, 論魔鬼 216

on divorce, 論離婚 146

early religious experiences of, 早年的宗教經驗 26-27, 30-31, 39, 50-51, 53-54

education of, 路易斯的教育 4, 27-33, 189, 204

on ethics, 論道德 62

on existence of God, 論上帝的存在 8-9, 47, 55, 60, 252-255

family of, 家庭 25

father, relationship with, 與父親的關係 25-26, 35, 50-51, 97, 243-244

on friendship, 論友情 175-180

A Grief Observed by,《正視悲傷》121, 206, 219, 244

on happiness, 論快樂 102-103,

108-109, 121, 131, 222-224

imaginary meeting with Freud, 想像與佛洛伊德的相遇 251-253

influences on, 影響路易斯的人事物 31, 34, 87, 88, 92-93

Inner Rings and, 核心圈子 178-179

letter writing and, 寫信 191-192

Loki Bound by,《洛基的禁錮》118

on love, 論愛 144-149, 166, 170-175, 182-184, 192, 233

marriage of, 婚姻 121, 161-164, 206- 208

Miracles by,《奇蹟》90, 192, 241

on moral conscience, 論道德良知 40, 59-64, 69-70, 73, 76-78

at Oxford University, 在牛津大學 5, 33, 86, 87, 95, 98, 159, 160, 205

on pain and suffering, 論痛苦與磨難 108, 117-118, 203-204, 213-215, 219-220

pessimism and negativity of, 悲觀主義與負面心態 28, 108, 116-118, 131

A Preface to Paradise Lost by,《失樂園序》128, 131, 252

on pride (self-conceit), 論驕傲〔自大〕76, 127-128, 178

The Problem of Pain by,《痛苦的奧秘》46, 65, 67, 119, 195, 211, 219, 240, 252-253

on psychoanalysis, 論精神分析 141

relationships and, 人際關係 189-190, 191

The Screwtape Letters by,《魔鬼家書》69, 160, 216, 240, 243, 249

on sexuality, 論性 110, 132, 142-147

sexual life of, 性生活 157-164

spiritual worldview of, 精神世界觀 32, 45-55, 79, 87, 117, 118-122, 129-133

temperament of, 性情 80, 84

in World War I, 一次世界大戰 33-34, 119, 204-205, 242-243

Lewis, Florence Hamilton, 芙蘿倫絲・路易斯 26, 28, 203-204, 207

Lewis, Joy Davidman, 喬伊 161-164, 206-208, 244-245

Lewis, Warren, 華倫・路易斯 27-29, 163, 189, 203, 249

Libido, 力比多 136, 166, 168

Livingstone, David, 李文斯頓 81

Lord of the Rings (Tolkien),《魔戒》

〔托爾金〕191

Love, 愛 132, 166-184

    Agape, 聖愛、無私的愛、無條件的愛 116, 148, 171, 183-184

    Eros (romantic love), 性愛、情愛 136, 144-147, 166, 168, 172, 180, 183

    Freud on, 佛洛伊德論愛 133, 166-171, 175, 180-182

    Lewis on, 路易斯論愛 143-147, 166, 171-180, 182-184, 193, 220

    Philia (friendship), 友情 172, 175-178, 183

    serving others, 對他人的愛 180-183

    Storge (family affection), 親情 172-175, 180, 183

Lucretius, 盧克修斯 119

M

Macaulay, Rose, 蘿絲・麥考尼 191

MacDonald, George, 喬治・麥唐納 32, 86

Malachi, 馬拉基 92

Marx, Karl, 馬克思 19

Masturbation, 自慰 156, 159

Micah, 彌迦 92

Mill, J. S., 米爾 151

Milton, John, 米爾頓 86, 129, 217, 252

Miracles (Lewis), 《奇蹟》〔路易斯〕90, 241

Mohammed, 穆罕默德 92

Mohammedans, 伊斯蘭教 40

Moore, Edward "Paddy," 派迪・摩爾 33, 34, 191

Moore, Mrs., 摩爾夫人 33, 191, 251

Moral conscience, 道德良知 59-78

    Freud on, 佛洛伊德論道德良知 59-60, 65-78, 108

    Lewis on, 路易斯論道德良知 40, 59-64, 69-70, 73, 76-78

Moral relativism, 道德相對論 59, 76

Moses, 摩西 92

Moses and Monotheism (Freud), 《摩西與一神教》〔佛洛伊德〕9, 53, 108, 198

Muggeridge, Malcolm, 穆格里奇 81

Myths, 神話 90-91, 93, 94, 242

N

Natural Law, 自然法則 64

Nazi Germany, 納粹德國 1, 16, 64, 66, 75, 200

Neurasthenia, 神經衰弱症 156

New Testament, 新約 61, 72, 76, 80, 87–95, 97, 111, 121, 141, 143, 171, 210, 221, 241, 255

Newton, John, 約翰・牛頓 81

Newton, Sir Isaac, 艾薩克・牛頓爵士 55

Newtonian physics, 牛頓物理學 3

Nicodemus, 尼可底母 80

Nietzsche, Friedrich, 尼采 103

Norse mythology, 挪威神話 90

O

Obsessional neurosis, 強迫型精神病 98

"Obsessive Actions and Religious Practices" (Freud), 〈強迫行為與宗教儀式〉56

Obsessive-compulsive disorder (OCD), 強迫性精神官能症 55

Odin, 奧丁 33

Odyssey (Homer),《奧德塞》〔荷馬〕247

Oedipus complex theory, 戀母情節〔伊底帕斯情結〕23–24, 136, 218, 234

Old Testament, 舊約 61, 76, 80, 121, 221

On the History of the Psychoanalytic Movement (Freud),《精神分析運動史》〔佛洛伊德〕197

Oral stage of development, 口腔期 135-136

Outline of Psychoanalysis, An (Freud),

《精神分析綱要》〔佛洛伊德〕66, 133, 212

Out-of-wedlock pregnancy, 婚外懷孕 143

Oxford University, 牛津大學 4, 33, 86, 87, 95, 159, 160, 205

P

Pain and suffering, 痛苦與磨難 194–224

Freud and, 佛洛伊德的 195–203, 212–215, 222–224, 226

Lewis and, 路易斯的 46, 108–109, 119–120, 194–195, 203–206, 214–215, 219–224, 252

Paradise Lost (Milton),《失樂園》〔米爾頓〕129, 217, 252

Parental authority, 父母權威 25, 43–45, 46, 49

Parricide, 弒父 72–74

Pascal, Blaise, 巴斯卡 7, 81

Patmore, Coventry, 巴特摩爾 247

Paul, St., 聖保羅 55, 76, 82, 96–98, 168, 246, 253

Pessimism and negativity 悲觀主義與負面思想

of Freud, 佛洛伊德的 112, 115–116

of Lewis, 路易斯的 28, 108, 116–120, 131

Peter (apostle), 彼得〔使徒〕94

Pfister, Oskar, 費斯特 42, 52, 55, 58, 66, 81, 92, 98, 116, 187, 203, 215

Phallic stage of development, 性器期 135

Phantastes (MacDonald),《仙緣》〔麥唐納〕32

Philia (friendship), 友情 172, 175–180, 183

Pilgrim's Regress (Lewis),《天路歸程》〔路易斯〕5

Pitter, Ruth, 露絲・皮特 191

Planck, Max, 普朗克 2

Plato, 柏拉圖 86, 91, 92, 168, 247

Preface to Paradise Lost, A (Lewis),《失樂園序》〔路易斯〕128, 131, 252

Prelude (Wordsworth),《序曲》〔華茲華斯〕247

Pride (self-conceit), 傲慢 76, 126–127, 178

Problem of Pain, The (Lewis),《痛苦的奧祕》〔路易斯〕46, 65, 67, 119, 195, 211, 219, 240, 252-253

Psychoanalysis, 精神分析學 43, 66, 134, 136–141, 167, 188, 197, 226–227

Psychosis, 精神官能症 57

Putnam, James Jackson, 普特南 65, 68, 77, 149, 186, 188, 212

Q

"Question of a *Weltanschauung*, The" (Freud),《世界觀的問題》〔佛洛伊德〕9

R

Rank, Otto, 蘭克 185, 187

Redemption, 救贖 76, 89, 131, 221

Reik, 瑞克 187

"Religious Experience, A" (Freud),〈一次宗教經驗〉〔佛洛伊德〕83, 212

Repression, 壓抑 2, 142, 168

Roosevelt, Franklin, 羅斯福 16

S

Sachs, Hanns, 沙克斯 187

Sarah, 撒拉 94

Sayer, George, 沙耶爾 34, 121, 159, 191, 205

Sayers, Dorothy, 桃樂絲 191

Schopenhauer, Arthur, 叔本華 103, 226

Schur, Max, 馬克思・舒爾 235–236, 239

Scott, Sir Walter, 司各脫 247

Screwtape Letters, The (Lewis),《魔

鬼家書》〔路易斯〕69, 160, 191, 216, 240, 243, 249

Self-interest, enlightened, 理智的自我利益 75

Sexuality 性
    Freud and, 佛洛伊德論性 24–25, 68, 105–107, 132–145, 149
    Lewis and, 路易斯論性 110, 132, 142–147

Sexually transmitted diseases, 性病 143

Shadowlands,《影子大地》4

Short Account of Psychoanalysis, A (Freud),《精神分析概述》〔佛洛伊德〕24

Siegfried and the Twilight of the Gods,《齊格菲與諸神的黃昏》90

Silberstein, Eduard, 席爾伯斯坦 16, 37, 113, 150

Singer, Charles, 查理・辛格 37

Socrates, 蘇格拉底 6, 91, 188, 225

Spenser, Edmund, 史賓塞 86

Spirits in Bondage (Lewis),《受縛的靈魂》〔路易斯〕34

Standard Edition of the Complete Psychological Works of Sigmund Freud,《佛洛伊德心理學作品全集》216

Stekel, Wilhelm, 威廉・史德喀爾 185, 187

Stoics, 斯多噶學派 241

Storge (family affection), 親情 172–175, 180, 183

Suicide, 自殺 102, 217

Superego, 超我 67, 71, 105

Surprised by Joy (Lewis),《驚喜之旅》〔路易斯自傳〕12, 25, 29, 39, 50, 88, 117, 126, 130, 157, 164, 189, 203, 240, 244

T

Tao, 道 64

Tausk, Victor, 托斯克 185

Temporal lobe epilepsy, 顳葉癲癇症 82

Temptation of St. Anthony (Flaubert),《聖安東尼的誘惑》〔福樓拜〕216

Thomas à Kempis, 侃皮士 39

"Thoughts for the Times on War and Death" (Freud),〈戰爭與死亡之我思〉〔佛洛伊德〕227

Time and Tide,《時潮雜誌》200

Tolkien, J.R.R., 托爾金 86, 95–96

Tolstoy, Leo, 托爾斯泰 81

Totem, 圖騰 71

Totem and Taboo (Freud),《圖騰與禁忌》〔佛洛伊德〕43, 72, 74

Traditional Morality, 倫理 63

Transference, 移情作用 140, 150, 170–171, 255
Trollope, Anthony, 托洛勒普 247
Tynan, Kenneth, 泰南 192

U

University of Vienna, 維也納大學 17, 20, 84, 196

V

van Emden, J. E. G., 范艾姆登 187
Venus, 維納斯 144
Vienna Psychiatric Clinic, 維也納精神專科醫院 156
Vienna Psychoanalytical Society, 維也納精神分析學會 156, 184
Virgil, 衛吉爾 30, 86
Visher, Theodore, 維舍 68
Voltaire, 伏爾泰 42, 107

W

Weldon, T. D., 威爾頓 87, 89
White, Andrew Dickson, 懷特 19
Whitlock, Dorothy, 桃樂絲 191
Wilberforce, William, 威伯福斯 81
Williams, Charles, 威廉斯 146
Wishful thinking, 願想 12, 85
Wordsworth, William, 華茲華斯 247
Work, happiness and, 快樂與工作 105–107
World War I, 第一次世界大戰 33–34, 119, 204–205, 242-243

Z

Zweig, Stefan, 茨威格 1

Holistic　154

兩種上帝
我們該信什麼，該怎麼活？
心理學家佛洛伊德與文學家路易斯的終極辯論

The Question of God: C.S. Lewis and Sigmund Freud Debate God, Love, Sex, and the Meaning of Life

阿曼德・尼科利（Dr. Armand M. Nicholi, Jr.）──著　鄧伯宸──譯

出版者─心靈工坊文化事業股份有限公司
發行人─王浩威　總編輯─徐嘉俊
執行編輯─徐嘉俊　內頁排版─李宜芝
通訊地址─10684台北市大安區信義路四段53巷8號2樓
郵政劃撥─19546215　戶名─心靈工坊文化事業股份有限公司
電話─02）2702-9186　傳真─02）2702-9286
Email─service@psygarden.com.tw　網址─www.psygarden.com.tw/

製版・印刷─彩峰造藝股份有限公司
總經銷─大和書報圖書股份有限公司
電話─02）8990-2588　傳真─02）2990-1658
通訊地址─248新北市新莊區五工五路二號
初版一刷─2023年12月　ISBN─9789863573340　定價─580元

國家圖書館出版品預行編目資料

兩種上帝：我們該信什麼，該怎麼活？心理學家佛洛伊德與文學家路易斯的終極辯論 / 阿
曼德.尼科利(Armand M. Nicholi, Jr.)著；鄧伯宸譯. -- 初版. -- 臺北市：心靈工坊文化事業股
份有限公司, 2023.12
　面；　公分
譯自：The question of God : C.S. Lewis and Sigmund Freud debate God, love, sex, and the meaning
　of life
ISBN 978-986-357-334-0(平裝)

1.CST: 佛洛伊德(Freud, Sigmund, 1856-1939) 2.CST: 路易斯(Lewis, C. S. (Clive Staples),
1898-1963.) 3.CST: 學術思想 4.CST: 神學 5.CST: 人生哲學

242.1　　　　　　　　　　　　　　　　　　　　　　　　　　　　112017492

心靈工坊 PsyGarden 書香家族 讀 友 卡

感謝您購買心靈工坊的叢書，爲了加強對您的服務，請您詳填本卡，
直接投入郵筒（免貼郵票）或傳眞，我們會珍視您的意見，
並提供您最新的活動訊息，共同以書會友，追求身心靈的創意與成長。

書系編號－HO154　　　書名－兩種上帝：我們該信什麼，該怎麼活？心理學家佛洛伊德與
文學家路易斯的終極辯論

姓名　　　　　　　　　　　　　是否已加入書香家族？ □是 □現在加入

電話（公司）　　　　　（住家）　　　　　　手機

E-mail　　　　　　　　　生日　年　　月　　日

地址 □□□

服務機構／就讀學校　　　　　　　　　　　職稱

您的性別—□1.女 □2.男 □3.其他

婚姻狀況—□1.未婚 □2.已婚 □3.離婚 □4.不婚 □5.同志 □6.喪偶 □7.分居

請問您如何得知這本書？
□1.書店 □2.報章雜誌 □3.廣播電視 □4.親友推介 □5.心靈工坊書訊
□6.廣告DM □7.心靈工坊網站 □8.其他網路媒體 □9.其他

您購買本書的方式？
□1.書店 □2.劃撥郵購 □3.團體訂購 □4.網路訂購 □5.其他

您對本書的意見？
封面設計　　　　　□1.須再改進 □2.尚可 □3.滿意 □4.非常滿意
版面編排　　　　　□1.須再改進 □2.尚可 □3.滿意 □4.非常滿意
內容　　　　　　　□1.須再改進 □2.尚可 □3.滿意 □4.非常滿意
文筆／翻譯　　　　□1.須再改進 □2.尚可 □3.滿意 □4.非常滿意
價格　　　　　　　□1.須再改進 □2.尚可 □3.滿意 □4.非常滿意

您對我們有何建議？

廣　告　回　信
台北郵局登記證
台北廣字第１１43號
免　貼　郵　票

台北市106 信義路四段53巷8號2樓

讀者服務組　收

免　　　貼　　　郵　　　票　　　（對折線）

加入心靈工坊書香家族會員
共享知識的盛宴，成長的喜悅

請寄回這張回函卡（免貼郵票），
您就成為心靈工坊的書香家族會員，您將可以──

⊙隨時收到新書出版和活動訊息

⊙獲得各項回饋和優惠方案